# LET'S TALK ABOUT LIFE!

## An Integrated Approach to Russian Conversation

# LET'S TALK ABOUT LIFE!

## An Integrated Approach to Russian Conversation

EMILY TALL

VALENTINA VLASIKOVA

*State University of New York at Buffalo*

JOHN WILEY & SONS, INC.

New York · Chichester · Brisbane · Toronto · Singapore

COVER PHOTO Stock Boston
COVER DESIGN Meryl Lavavi
ACQUISITIONS EDITOR Carlos Davis
MARKETING MANAGER Leslie Hines
SENIOR PRODUCTION EDITOR Jeanine Furino
DESIGNER Lee Goldstein
MANUFACTURING COORDINATOR Dorothy Sinclair
PHOTO RESEARCHER Mary Ann Price
OUTSIDE PRODUCTION MANAGEMENT Ingrao Associates

**Library of Congress Cataloging-in-Publication Data**

Tall, Emily.
Let's talk about life! : an integrated approach to Russian conversation / by Emily Tall, Valentina Vlasikova.
p. cm.
Includes bibliographical references.
ISBN 0–471–30939–7 (pbk. : alk. paper)
1. Russian language—Conversation and phrase books—English.
I. Vlasikova, Valentina. II. Title.
PG2121.T35 1996
891.73'421—dc20 95-52906
CIP

This book was set in Times Transcyrillic by Alexander Graphics
and printed and bound by R. R. Donnelley & Sons. The cover was printed by Lehigh Press.

Recognizing the importance of preserving what has been written, it is a policy of John Wiley & Sons, Inc. to have books of enduring value published in the United States printed on acid-free paper, and we exert our best efforts to that end.



ISBN 0-471-30939-7 / (pbk)

Printed in the United States of America

10 9 8 7 6 5 4 3 2

# PREFACE

*Let's Talk About Life: An Integrated Approach to Russian Conversation* is a proficiency-oriented textbook for third-year and fourth-year students of Russian. Its goal is to prepare students to converse on topics that engage their minds and emotions and that are of concern to them and to their Russian counterparts. The book is based on the premise that comprehension is essential to the development of conversation. It fills a gap in postintermediate and advanced-level materials by integrating authentic reading and listening with extensive practice in the development of vocabulary and conversational skills.

**Themes.** The book is divided into nine thematic chapters, one on each of the following topics: personal life, university life, rock music, alcohol and narcotics, sexuality, religion, men and women, social problems (crime, the economy, ecology), and an optional chapter on Russia and the West. The material is designed to be covered in one semester, but could be used for two semesters in combination with grammar, word formation, and other topics.

**Chapter Sections.** Each chapter contains four sections. The first presents vocabulary pertinent to the topic. The second contains a variety of contemporary readings: short stories, essays, news and feature articles, and letters to the editor. The third section focuses on listening. Taped interviews with nine different native speakers, male and female, provide students with 10 to 15 minutes per chapter of unrehearsed conversation as well as valuable cultural insights on each topic. The interviews are divided into segments for easy listening and include aids to comprehension and pre- and postlistening exercises. Each lesson includes an optional section on word study and concludes with a summing up section that facilitates review and integration of the material.

Throughout the book a wide range of exercises develop speaking skills and encourage meaningful conversation. Tasks are personalized and designed to simulate real-life situations.

**Glossary.** In addition to its nine lessons, *Let's Talk about Life* contains a Russian–English glossary.

**Supplements.** The audio supplement comprises the interviews as well as the five rock songs from Chapter 3. The teacher's manual includes suggestions on how to use the book, a sample syllabus, a section on aids to reading, tape scripts of the interviews, and a list of supplementary readings and films.

## TO THE TEACHER

**What to Cover.** Each chapter of *Let's Talk about Life* can be covered in six 50-minute classes, with the first class devoted to vocabulary, the next three to reading, the fifth to listening, and the sixth to summing up. Speaking, of course, occurs every day. Using this approach, seven lessons can be covered in a 15-week semester, with the remaining hours devoted to testing, films, or additional work on any one chapter.

This type of schedule is by no means obligatory. The structure of the book allows for maximum flexibility. Teachers may find that they wish to cover fewer chapters and spend more time on them, depending on their own preference and that of the class. Coverage could also be cut to four or five days by using only one reading, for example (major readings are marked), or by omitting the summing-up section. The important thing is to keep discussion going in Russian, to develop student self-expression on whatever topics are covered, and to maintain student interest.

The structure of Chapters 8 and 9 differs slightly from that of the others. Chapter 8 is divided into three shorter sections: crime, economic problems, and ecology. There is no interview for the ecology section and, to facilitate comprehension, its rather specialized vocabulary is presented in readings and a dialog first, with a list of words for active use at the end. Chapter 9 ("Russia and the West") consists mainly of readings and discussion, with vocabulary presented in an introductory section on national stereotypes.

**Level.** Students beginning this text should be at the intermediate or intermediate-high level, according to the ACTFL Proficiency Guidelines. Although the readings and listening material require advanced skills, care has been taken to work up to this level and to adjust tasks accordingly. For longer, journalistic texts students should be encouraged to skim and scan for information, to look at topic sentences, and to use guessing strategies (see the teacher's manual).

The main functions of the readings and taped interviews are to provide comprehensible input, background information, and stimulus for conversation. Speaking skills will inevitably lag behind comprehension, and conversation activities in *Let's Talk about Life* take this into account. Some can take place without teacher participation, but for others the teacher should play the role of the native speaker in sustaining the conversation.

**Writing.** Teachers may select the exercises to be written for homework. The goal for writing is for students to be able to express their views as they would in a letter, that is, in informal conversational style. Written assignments in the summing-up section can serve as review and preparation for the last day's activities.

**Authenticity.** All texts except four are taken from published Russian and émigré sources. The essay on happiness was written by a native speaker of Russian. The essays on changes in Russian higher education, Russia's religious revival, and the law on freedom of religion were written by a native speaker in Russia based on material from the Russian press. Some selections have been shortened.

**Vocabulary.** In addition to the vocabulary section at the beginning of each chapter, students should be encouraged to develop their own personalized vocabulary. If they need a word to answer a question or complete an assignment in the text, they should learn it. When a large number of descriptive adjectives is presented, they should concentrate on those they need to describe themselves, their friends, or whatever the task requires.

**Glossary.** The Russian–English glossary may not contain every word that a student may need defined. Students may have forgotten vocabulary from first- or second-year textbooks, for example. We encourage students to purchase a good bilingual dictionary, such as the *English–Russian Russian–English Dictionary* by Kenneth Katzner. A dictionary of roots, such as George P. Patrick's *Roots of the Russian Language,* is also helpful.

**The Topics Themselves.** The authors of this textbook do not intend to advocate any particular point of view. Our goal in class is to build up a warm and supportive atmosphere and to encourage student self-expression. Although in our experience students enjoy talking about themselves, they should not be required to answer any question they consider intrusive. In such cases, they can always participate in the discussion by talking about people they know or people in general.

The authors welcome any comments and suggestions.

## TO THE STUDENT

**Congratulations!** You've made your way through intermediate Russian, know the basic grammar (more or less), and are able to perform basic conversational tasks such as talking about yourself and interacting on an everyday level. You've had some experience reading and listening and you may have socialized with Russians or been to Russia. If so, you may have felt frustrated that you couldn't express all your thoughts or discuss serious topics. You have probably wished that you had more vocabulary. *Let's Talk about Life* will provide you with carefully selected readings, listening material, and graded exercises to help you close that gap. We think that the readings will interest and challenge you — perhaps even inspire and move you — and give you an insight into what Russians think on a variety of topics.

The book begins with the individual — you — and moves outward. Chapter 1 deals with personal life, and Chapter 2 with university life. Chapters 3 through 5 cover rock and roll, alcohol, narcotics, and sexuality. After that you probably need to recover; Chapter 6 is on religion. Chapter 7 deals with men and women, Chapter 8 addresses some social problems common to both our countries, and Chapter 9 takes on the age-old — but still very relevant — question of Russia and the West.

We offer the following advice.

1. Don't think that you need to learn every word in order to express yourself or understand what's going on. In carrying on a conversation it's often enough to understand just the gist, to react to what the other person is saying, show your interest, and ask a few questions. Asking for explanations is perfectly okay, too. It's the way all of us learn.
2. Don't try to translate your thoughts from English to Russian. Think directly in Russian. This may be hard at first, but it's the only way. Think in Russian and keep it simple.
3. Don't be discouraged if you find the readings or listening material difficult. With time you will master them. This process mirrors what happens when you go to Russia, and that's why you're taking this course.
4. Remember the Russian proverb «Повторенье — мать ученья» — *Repetition is the mother of learning*. Read the texts several times and listen to the tapes as often as you can. Have a good dictionary handy as well as a chart of grammatical endings, and get into the habit of using them. You will find that it pays off.
5. Take the oral homework assignments seriously. The difficulty of Russian means that words and forms don't stick in your memory as readily as they do for other languages. You know a lot, but you can't access it quickly yet. Homework assignments give you time to think and look up what you need.
6. This book uses a personalized approach. This means that you should focus on learning to say what *you* need to express *your* thoughts.

We hope that you will enjoy studying with this book and that you will have many opportunities to "talk about life" with your Russian friends.

# ACKNOWLEDGMENTS

We wish to thank the many individuals who gave of their time to bring this project to fruition. Edward Dumanis was ready at a moment's notice with solutions to all of our computer problems. Our students at the State University of New York at Buffalo endured many preliminary drafts and provided valuable feedback. Aleksandr Antonov of Tver State University assisted us in finding up-to-date texts and creating activities. Colleagues Jeffra Flaitz, Carol Hosenfeld, Dorothy Rissel, and Barbara Campbell kept us abreast of the latest methodology. Professor Donald K. Jarvis of Brigham Young University encouraged us at an early stage of the tape program. Professor William S. Hamilton of Wake Forest University reviewed the word-study sections. Inna Glazyrina and the late Aleksei Polikarpov of Moscow held us to the highest editorial standards and fellow *seelangers* brought joy to our hearts with their answers to our last-minute questions. Yekaterina Genieva of the State Library of Foreign Literature in Moscow contacted copyright holders. Reviewers Radha Balasubramanian (University of Arizona), Irina Belodedova (New York University), John Caemmerer (National Foreign Language Center), Grace Feidler (University of Arizona), Thomas J. Garza (University of Texas at Austin), Kathryn Henry (University of Iowa), Howard Keller (Indiana University), John Leafgren (University of Arizona), Barbara Monahan (Brown University), and Kevin Moss (Middlebury College) caused us to examine our basic assumptions and made valuable suggestions. Special thanks to our editor, Anne Dempsey, for her patience and encouragement, and to the Russians who took part in the interviews. We are immensely grateful to all of them.

EMILY TALL
VALENTINA VLASIKOVA

State University of New York at Buffalo

# CONTENTS

# TO THE STUDENT: CONVERSATIONAL GAMBITS

Russians love to talk. Whether around the kitchen table over innumerable cups of tea, at gatherings of friends over vodka and *zakuski*, or relaxing in the country at a *dacha*, their conversations range from personal matters to the meaning of life.

Foreigners are usually surrounded with attention and care and are asked many questions about life in the United States. Throughout this course you will have many opportunities to express your opinions on a range of topics and to find out the opinions of others. The expressions that follow will help you do that. Knowing a variety of conversational gambits can enable you to keep the conversation going and give you the chance to hear more Russian and thus improve your own.

## HOW TO TAKE PART IN DISCUSSIONS

### ASKING AN OPINION

1. Как вы думаете,...? *What do you think,...?*
2. Что вы думаете о...? *What do you think about...?*
3. Как вы отно́ситесь к...? *How do you feel about...?*

### ASKING FOR CONFIRMATION OF AN OPINION

1. Вы не думаете, что...? *You don't think that...?*
2. Вам не кажется, что...? *Don't you think that...?*

### EXPRESSING YOUR OWN OPINION

1. По-мо́ему,... *In my opinion,...*
2. Мне кажется, что... *I think that...*
3. Я думаю, что... *I think that...*
4. На мой взгляд,... *In my view... (slightly more formal than* по-моему)
5. Наско́лько я знаю... *As far as I know...*

### AGREEING

1. Это правда. *That's true.*
2. Вы пра́вы. *You're right.*
3. Я (с вами) согла́сен/согла́сна. *I agree (with you).*
4. Соверше́нно ве́рно. *That's right (strong confirmation of someone's opinion).*
5. Я тоже так думаю. *I think so too.*
6. Может быть. *Maybe; perhaps.*
7. Думаю, что да. *I think so.*

You will also hear

1. Несомне́нно. *There's no doubt/question.*
2. Я не сомнева́юсь, что... *I don't doubt that...*
3. Безусло́вно. *Certainly.*
4. Разуме́ется. *Of course.*
5. Само́ собо́й разуме́ется (*often shortened to* само собой). *It goes without saying; it's obvious.*

## DISAGREEING

1. Это не правда. *That's not true.*
2. Вы не правы. *You're wrong.*
3. Вы ошиба́етесь. *You're mistaken.*
4. Я (с вами) не согла́сен/согла́сна. *I don't agree (with you).*
5. Я не думаю. *I don't think so.*
6. Нет, наоборо́т. *No, it's the other way around; no, on the contrary.*
7. Это чепуха́! *That's nonsense.*
8. Это глу́пости! *That's dumb.*
9. Что ты, с ума́ сошёл/сошла́? *Are you crazy or something?*

## LACK OF UNDERSTANDING

1. Повторите, пожалуйста. *Would you please repeat that?*
2. (Простите) я не по́нял/поняла́. *(Excuse me) I don't understand.*
3. Что вы сказали? *What did you say?*
4. Извините, не так бы́стро./Ме́дленнее, пожалуйста. *Could you please speak more slowly?*

## SURPRISE, DISBELIEF

1. Не может быть! *Impossible!*
2. (В это) тру́дно пове́рить. *(That's) hard to believe.*
3. Что вы говорите! *What do you know!*
4. Да что́ вы! *Come on!*

## DOUBT, UNCERTAINTY, PROBABILITY

1. Не думаю. *I don't think so.*
2. Я не уверен/уве́рена. *I'm not sure.*
3. Трудно сказать. *It's hard to say.*
4. Наверное. *Probably.*

## ASKING FOR CLARIFICATION

1. Что вы име́ете в виду́? *What do you have in mind?*
2. В каком смы́сле? *In what sense?*
3. Что это зна́чит? *What does that mean?*

4. Что вы хотите сказать? *What do you mean?*
5. Вы уве́рены? *Are you sure?*
6. Это правда? *Is that true?*

## INDIFFERENCE

1. Мне всё равно. *I don't care.*
2. Это меня не интересу́ет. *I'm not interested (in that).*

## CHANGING THE SUBJECT

1. Я не хочу говорить об этом. *I don't want to talk about that.*
2. На другу́ю те́му... *On another subject...*
3. Перейдём на другу́ю те́му. *Let's talk about something else (somewhat formal).*
4. Хва́тит (об этом). *That's enough (about that).*

## ADDING SOMETHING

1. Я хочу доба́вить... *I'd like to add...*
2. Вы слышали? *Have you heard?*

## ENTERING THE DISCUSSION

1. Можно? *May I?*

## Диалоги

■ Прочитайте диалоги. Подчеркните речевые стереотипы и объясните их значение.

Разговор Андрея и Коли, студентов филологического факультета МГУ.

А: Как ты думаешь, экзамен по английскому трудный?

К: Я думаю, что не очень. Он будет, в основно́м, разгово́рным. Мне кажется, не больше 5–7 мину́т на студента.

А: Ты что, с ума́ сошёл? 5 минут с профессором? Я не сдам!

К: Глу́пости, сдашь!

После экзамена.

А: Ты слышал, я провали́лся?

K: Да что́ ты! А ты ему сказал, что бабушка умерла?

А: Само́ собо́й, но это его не интересу́ет.

K: Ну что́ ж, пошли в кино.

После кино в общежитии. Разговор Коли с другом Алёшей.

А: Как ты отно́сишься к Спилбергу?

K: По-моему, он ничего.

А: А тебе не кажется, что «Е.Т.» всё-таки самый лучший его фильм?

K: Может быть, но я предпочита́ю «Jaws».

УРОК
# 1

Вся семья вместе, так и душа на месте

# ЛИЧНАЯ ЖИЗНЬ: СЕМЬЯ, ЛЮБОВЬ, СЧАСТЬЕ

Жизнь прожи́ть — не по́ле перейти.

Пословица

# ЧАСТЬ I СЛОВА

**роди́ться**
**пойти в школу** *to start school*
**поступи́ть в университет**
**зако́нчить, око́нчить** (pf.) **школу, университет**
**жени́ться (на ком)** *to get married (of a man)*
**пожени́ться** *(pl. only)*
**жена́т/не жена́т** *(to be) married / single (of a man)*
**холосто́й** *bachelor*
**выходить/выйти за́муж (за кого)** *to get married (of a woman)*
**за́мужем/не за́мужем** *(to be) married / single (of a woman)*
**разво́д** *divorce*
**разводи́ться/развести́сь (с кем)** *to get divorced*
он развёлся с жено́й, она развела́сь с му́жем, они развели́сь
**разведён/разведена́** *divorced*
**выйти** (pf.) **на пенсию, быть на пенсии**
**умира́ть/умере́ть** *to die*
(умру́, умрёшь; у́мер, умерла́, у́мерли)
**име́ть детей** *to have children*
у кого-нибудь один ребёнок/ ~ дво́е, тро́е, че́тверо дете́й/ ~ нет дете́й
**усынови́ть, удочери́ть** (pf.) *to adopt (a boy, a girl)*
меня усынови́ли / удочери́ли *I'm adopted*

### Автобиография

■ 1. Заполните пропуски в автобиографии этой москвички.

Я ____________ в 1946 году в Москве. В 1952 году я ____________ в первый класс и в 1962 ____________ школу. Через год я ____________ в МГУ, а до поступления я один год работала. На первом курсе две девочки ________________ замуж ________________ иностранцев, а мой близкий знакомый «смог» в один год ________________ и развестись. В результате, он получил московскую прописку. Но, вообще, жениться и выходить ________________ в студенческом возрасте было не принято.

После университета я и мои друзья ________________ работать. Жизнь проходит удивительно быстро! У многих уже выросли дети. У меня ________________ нет. Я думала о том, чтобы усыновить или удочерить кого-нибудь, но потом решила, что это очень большая ответственность и купила собаку.

Две мои знакомые уже ________________ на пенсию. Одна стала бабушкой, и у очень многих умерли родители. Мой отец умер, но мама ещё жива. Вот так сложилась жизнь!

■ 2. А теперь напишите свою биографию.

**Давайте поговорим!**

1. С партнёром или в группе. Представьтесь и узнайте как можно больше друг о друге. Потом расскажите самое интересное другим студентам.

   Вот несколько тем:

   Семья: братья и сёстры, родители.

   Де́тство: счастли́вое?

   Дом: где живёте? Друзья́: много/мало/не́сколько хороших? О чём вы с ними разговариваете? Их вку́сы и интере́сы, черты́ хара́ктера.

   Образова́ние: в какой школе вы учились, где сейчас у́читесь, какой ваш люби́мый предме́т в университете и почему.

   Пла́ны на бу́дущее: аспиранту́ра, работа, путеше́ствия. Свобо́дное вре́мя: хо́бби, спорт, телевизор, кино, музыка. Что делаете вечером, в выходны́е дни? Что читаете? Путеше́ствия: в каких стра́нах вы уже были, в каких шта́тах, где вам бо́льше всего понравилось? Куда вы хотите поехать, почему? Где любите отдыхать — на мо́ре, в гора́х?

2. С партнёром. Узна́йте, что у вас о́бщего друг с дру́гом и чем вы отлича́етесь. Что вы предпочита́ете (больше любите)? Расскажите об этом. Слова: что у нас общего, у нас много/мало общего, у нас нет ничего общего. У обо́их/обе́их... Ни он/ни я.... Он не тако́й..., как я. Он гора́здо ..., чем я. Она очень отлича́ется от меня, мы очень ра́зные. Как? В каком смысле?
3. С партнёром. Найдите тему или предмет, которыми вы интересуетесь. Узнайте, что у вас общего и чем вы отличаетесь друг от друга. Потом расскажите об этом.

**Сочинение**

Сравни́те себя с сестро́й или бра́том.

## ЧАСТЬ II ЧТЕНИЕ

## MAIN READING

### ТЕКСТ 1 ПАМЯТИ МАТЕРИ

**До чтения**

**Ответьте на вопросы**

1. Кого из ро́дственников вы осо́бенно любите? Что вы больше всего любите в нём/ней?
2. Его/её жизнь была лёгкой или тяжёлой? Норма́льной?
3. Как его/её жизнь была свя́зана с жизнью страны́? Например, может быть, отец воева́л во Вьетна́ме или в другом месте. Может быть, ваши дедушки и бабушки или родители приехали в Америку, потому что (1) хотели лучшей жизни для своих детей; (2) их

преследовали по религиозным причинам; (3) они хотели жить в демократической стране.

4. Что вы знаете о русской истории XX века? Какие были самые главные события и личности (Октябрьская революция, гражданская война, голод, террор, лагеря, Сталин, Великая Отечественная [вторая мировая] война)?

Эти слова вам помогут ответить:

лёгкая жизнь: не было никаких проблем; всё было легко; он сделал всё, что хотел; были деньги

трудности: у него было много проблем; смерть, бедность, болезнь; потерял работу, долго не мог найти работу

экономическая депрессия, война, безработица

Теперь прочитайте рассказ.

---

## ПАМЯТИ МАТЕРИ

Я никогда не говорила ей, что я её люблю. Да разве только я её любила? Много лет назад, когда она ждала троллейбус на углу улицы Горького[1] и площади Пушкина, высокий средних лет мужчина[2] наклонился к ней и поцеловал её руку. «Ты только подумай, — говорила она мне потом со смущённой° улыбкой, — вот так, посреди улицы, на глазах у прохожих. Я просто онемела. Ну кто такое мог сделать? А он меня обнял и говорит: ‘Ну неужели не узнаёте? Да ведь это же я, Рудик’. И тут уж я заплакала, не могла удержаться».

embarrassed

Рудик, застенчивый мальчик-немец из детского интерната на Урале[3], где в годы войны она была директором. Одинокий, отчаявшийся, никому, казалось, не нужный. Родители в концлагере[4], он попал к ней в интернат. Ребята его били, дразнили° —

teased

---

1. Улица Горького сейчас Тверская. Это главная улица в центре Москвы.
2. мужчина средних лет — мужчина 40–50-ти лет
3. Во время войны многие дети были эвакуированы на Урал и в Среднюю Азию.
4. концлагерь — концентрационный лагерь

«фашист недобитый». Немало сил ей пришлось[5] потратить[6], чтобы убедить ребят, что Рудик не фашист, что он такой же, как и они. Она брала мальчика на выходные[7] к себе домой, она ставила заплаты° на его прохудившуюся курточку, делилась° последним куском. — patches / shared

Маленькая станция Бисерть, затерянная° среди невысоких, покрытых густым сосновым лесом Уральских гор... Здесь находился её интернат, здесь жили пятьдесят московских детей в возрасте от трёх до четырнадцати лет. Всех их она уберегла°, выходила, помогла перенести тяготы войны. — lost / protected

Судьба° одного человека — судьба целого поколения°. Поколение наших отцов и матерей, поколение, которое строило магнитки[8] и днепрогэсы[9], ютилось° в общежитиях и коммуналках[10], аплодировало любому слову «великого вождя»[11] и цепенело от ужаса°, услышав об очередном аресте друга, который внезапно оказался врагом народа[12]. Всё это было. Но было и другое — преданность°, самопожертвование°, стойкость°. — fate / generation / huddled / horror / devotion / self-sacrifice / fortitude

Однажды её вызвали в известное зловещее учреждение[13] и предложили написать донос[14] на человека, с которым она работала вместе много лет. Она отказалась. «Подумайте хорошенько, — сказали

---

5. пришлось *had to*. Приходиться/прийтись is used impersonally with an infinitive and the logical subject in the dative to show necessity. This expression is stronger than надо/нужно and may imply that the action is somewhat undesirable, difficult, or unpleasant.
6. потратить силы *to go to a lot of effort*
7. выходной — нерабочий день
8. Магнитка — завод на Урале
9. Днепр — река на Украине; гэс — гидроэлектростанция
10. коммуналка — коммунальная квартира
11. великий вождь — Сталин
12. «враг народа» *enemy of the people*. Типичное обвинение сталинского периода.
13. известное зловещее учреждение — НКВД (Народный комиссариат внутренних дел); позже — МГБ (Министерство государственной безопасности); затем — КГБ (Комитет государственной безопасности)
14. донос *denunciation*. Работники НКВД часто принуждали людей писать доносы на знакомых, друзей или коллег, в которых они обвинялись в антисоветской деятельности.

ей. — Вы можете очень навредить° себе своим отказом. Идите домой, а через пару дней позвоните нам. Мы очень на вас надеемся»°. Она не позвонила, хотя понимала, чем это ей грозит°. Было это в тридцать восьмом году[15].

harm · rely · threaten

Тогда же, в тридцать восьмом, арестовали мужа её знакомой. Жена его осталась в безвыходном положении — одна, без работы, с двумя маленькими детьми[16]. Много ли нашлось в то время людей, которые осмелились° помочь, протянуть руку? Она осмелилась. Более того[17], совершила невероятное — уговорила° руководителя организации, где работала сама, взять подругу на работу.

dared · convinced

Летний вечер пятьдесят первого года. Вдвоём с приятелем мы, весело переговариваясь, бежим к метро «Маяковская». Его отец, режиссёр московского радио, принёс нам билеты на выступление Ильи Эренбурга[18]. Настроение у меня отличное: школьные экзамены позади, впереди долгожданные летние каникулы, будущее представляется мне в невероятно розовом свете. Моё единственное выходное платье тщательно отутюжено, щёки горят, приятель смотрит на меня влюблённым взглядом.

«Поторапливайся, — берёт он меня за руку, — мы опаздываем». Я собираюсь ответить ему что-то шутливое, но умолкаю° на полуслове — в толпе людей, выходящих из метро, я замечаю мою маму. Взгляд усталый, лицо измученное, — такой я её никогда не видела. Много лет она проработала в ВЦСПС[19] инструктором, — и вот её уволили°. Евреям не место в советских профсоюзах, которые, как всем известно, являются «школой коммунизма».[20]

fall silent · fired

Меня охватывает чувство вины°, чувство стыда, неизвестно за что — за своё прекрасное настроение, за

guilt

---

15. 1937–1938 годы — самые страшные годы сталинского террора.

16. Родственникам «врагов народа» было невозможно найти работу.

17. более того *what is more*

18. Илья Эренбург — известный советский писатель

19. ВЦСПС — Всесоюзный Центральный Совет Профессиональных Союзов

20. Начиная с сорок восьмого года развернулась кампания против «космополитизма», от которой больше всего пострадали евреи.

то, что я в такое время думаю только об удовольствиях и ничем, решительно ничем не могу ей помочь. «Ты извини, мне что-то[21] расхотелось[22] идти на выступление, — говорю я своему оторопевшему спутнику. — Как-нибудь в другой раз[23], хорошо?»

Работы не было. Ни машинисткой, ни стенографисткой, ни бухгалтером — никем в те годы женщина с еврейской фамилией не могла устроиться. Жить нам было не на что, спасти° нас могло только чудо°.

save

miracle

И чудо произошло. На захудалом заводике на окраине Москвы позарез был нужен начальник° административно-хозяйственного отдела. Зарплата копеечная, работы — воз. И она пошла, и много лет этот воз тянула. На камнях (землёй этот ужас назвать было нельзя) вместе с другими энтузиастами — она умела заражать людей своей верой в успех доброго дела — разбила прекрасный сад, георгины, розы. Друзья пишут, что этот сад и поныне цветёт, и многие, видя его, недоумевают, как и откуда он появился среди камней и голого асфальта.

boss

Мама умела хранить° чужие тайны, умела утешить° в трудную минуту, поэтому у неё можно было встретить самых разных людей. Одни приходили за советом, другие — просто так, посидеть за чашкой чая.

keep / console

Наверно, ей Богом было предназначено помогать людям, что она повседневно, на протяжении всей жизни, по мере сил своих[24] делала.

Помню, как уже здесь, в Америке, сама еле живая, положив в сумочку англо-русский словарь и флакон с валокордином[25], везла соседку в больницу или отдел социального обеспечения — «ну как, понимаешь, ей не помочь, я-то хоть немного говорю по-английски, а она — нисколько...»

До последнего дня она не расставалась со словарём, упорно занималась английским — читала,

---

21. что-то = почему-то (coll.)

22. расхотелось antonym of захотелось. The prefix рас-/раз- can mean the reversal of the action.

23. как-нибудь в другой раз *some other time* (coll.)

24. по мере своих сил *as much as she could*

25. валокордин a common heart medicine

переводила, жалуясь при этом на слабеющую память. Как-то[26] я увидела, что она читает роман Х. Потока[27] «Раввин».

— Ну какая же ты молодчина, без словаря читаешь такую нелёгкую книгу, — сказала я совершенно искренне.

— Ну уж, скажешь тоже! — рассердилась она. — Память ни к чёрту не годится[28], не помню, куда словарь положила, вот и приходится без словаря читать. Просто выхода нет.

«Ты не хочешь послушать мои стихи?» — спросила она однажды.

«Стихи?.. — не поняла я. — Ты пишешь стихи?» — «Да, начала писать на старости лет». Это были хорошие стихи. О дружбе, о войне, о детстве, об Америке, новой стране, в которой старым людям из России приходится начинать новую жизнь.

А через год после этого разговора ей присудили первую премию Американской ассоциации поэтов за одно из её стихотворений.

Не было у неё ни громких чинов°, ни особых заслуг — да ведь люди любят не за них, а совсем за другое. За то, что нельзя высказать, а можно только чувствовать. rank

Она радовалась чужим успехам так, как радовалась бы своим, и сочувствовала чужому горю° так, как будто[29] это горе — её. grief

Я знаю много семей здесь, в Америке и там, в далёкой России, где люди, узнав о её смерти, будут горевать вместе со мной. Ибо° она была частичкой их жизни, так же, как они — частью её. Она умерла в канун° Рош-Ашана, еврейского Нового года. Держала в руках телефонную трубку, разговаривала со мной и остановилась на полуслове — перестало биться сердце. Говорят, что в канун Рош-Ашана умирают праведники. because eve

**Раиса Сильвер**

---

[26] как-то *once* (coll.)

[27] Х. Поток *Chaim Potok*, American author

[28] ни к чёрту не годится *good for nothing, of no use*

[29] как будто *as if*

**Ответьте на вопросы**

1. Где мать работала во вре́мя войны́?
2. Кто такой Рудик?
3. Почему он поцелова́л ей руку и о́бнял её посреди́ улицы?
4. Почему она запла́кала?
5. Почему её вы́звали в «изве́стное злове́щее учрежде́ние»?
6. Она согласи́лась им помо́чь?
7. Как она помогла одной своей знако́мой?
8. Что произошло́ в 1951 году?
9. Почему она долго не могла найти работу?
10. Где она всё-таки нашла́ работу?
11. Почему к ней приходи́ли самые разные люди?
12. Чем она занималась в Америке?
13. О чём она писала в своих стиха́х?
14. Почему люди в Америке и в далёкой России любили её?

**Давайте поговорим!**

1. «Судьба́ одного́ человека — судьба́ це́лого поколе́ния». Можно ли это сказать о ваших родителях?
2. Вы любите помогать лю́дям? Как вы это делаете?
3. Расскажи́те об одном человеке, которого вы любите. За что вы его любите?
4. Расскажите о вашей семье́. Опиши́те чле́нов семьи́ (профессию, хара́ктер, вку́сы и т. д.)
5. Вы похо́жи на родителей? Хара́ктером? Внешностью? А на брата или сестру? На други́х ро́дственников?

   Эти слова вам помогут ответить:

   Он/она (+ adj.) У него/неё . . .
   Он/она любит . . .

## WORD STUDY

### Abbreviations and Acronyms

During the Soviet period many new words were formed from the first syllable of one word plus another word: медпункт — медицинский пункт, детдом — детский дом, главврач — главный врач.

Acronyms consisting of letters are often pronounced using the names of the letters. You probably know СССР and МГУ. In the notes to Памяти матери you met НКВД [эн-ка-вэ-дэ], МГБ [эм-гэ-бэ], and КГБ [ка-гэ-бэ]. Sometimes the acronym is read as a single word, as in ГЭС [гэс].

**Roots**

**держ-** ***hold, rule***
(10:1)* удержаться *to restrain oneself (to hold oneself back)*
(14:9) держать *to hold*
задержать *to delay*
поддержка *support*

**би-** ***battle, beat***
(10:2) бить *to beat*
(11:1) недобитый *"not killed yet" The prefix недо- means that the action has not been concluded.*
убивать/убить *to kill*
убийца *murderer*
убийство *murder*

**дел-** ***separate***
(11:1) делиться *to share; to be divided into*
делить, разделять/разделить *to divide*
отдельно *separately*
отдел *department (in a store or ministry)*

**кры- кров-** ***shelter, cover***
покрыть *to cover*
открывать/открыть *to open; to discover*
закрывать/закрыть *to close*
крыша *roof*

**тяг- тяж- тя-** ***tight, stiff***
(11:2) тяготы *difficulties*
тяжёлый *heavy; hard, difficult*
(13:3) тянуть *to pull, drag*
протягивать/протянуть *to extend, hold out*

---

* Numbers refer to pages and paragraphs of Памяти матери.

**черед-** ***line, row, turn***
очередь *line (that one stands in)*
(11:3) очередной *next (in a regular sequence)*

**един- один-** ***one, unit***
(10:2) одинокий *lonely, isolated*
одиночество *loneliness (*-ство *shows an abstract noun)*
однажды *once*
(12:3) единственный *only*
Соединённые Штаты Америки
Организация Объединённых Наций

**стро- стра-** ***build***
(12:3, 5) настроение *mood*
(13:2) устроиться *to get settled, find a job*
строить/построить *to build*
расстраивать/расстроить *to upset (emotionally)*
расстраиваться/расстроиться *to get upset*

**чу-** ***feel***
(14:8) сочувствовать *to sympathize (from* со- *with* and чувствовать *to feel)*
чувство *feeling*
чуткий *sensitive (to what others are feeling)*
предчувствие *premonition*

**Упражнение**

А. Заполните пропуски данными словами: очередь, настроение, убийство, чувство, крыша, одинокий, отдел.

1. У меня сегодня отличное _________________.
2. У него нет друзей, он ни с кем не общается: он очень ___________.
3. Мы говорили об _________________ Джона Кеннеди.
4. (в магазине) Скажите, пожалуйста, где мясной _________________?
5. Перед магазином было много людей, и нам пришлось долго стоять в _________________.

Б. Заполните пропуски следующими глаголами: убить, задержать, делиться, разделить, устроиться, расстроиться, сочувствовать.

1. Извините, что я вас _________________. Пришлось долго ждать автобуса.

2. Когда Джон был в Москве, он потерял свой паспорт. Конечно, он очень ________________.
3. Как ты думаешь, кто ________________ Кеннеди?
4. Маша долго не могла ________________, но, наконец, она нашла работу.
5. Преподаватель сказал студентам: «Этот урок очень длинный. Давайте ________________ его на три части».

## ТЕКСТЫ 2–3 КАК НАЙТИ СПУТНИКА ЖИЗНИ

### НЕОЖИДАННЫЙ ЭФФЕКТ

«Женщину своей мечты...» ищет Жан-Клод Рюиль, 39-летний холостяк из швейцарского города Женева. Во всяком случае в газетах его объявление заняло целых пятьсот строк! Столь необычное и многословное послание вызвало немалый интерес: лишь в течение двух недель Жан-Клод получил более 250 ответов, причём не только от соотечественниц, но и от иностранок.

---

Из газеты «Новое русское слово»

**Как вы думаете?**

Почему Жан-Клод получил столько ответов?

### КРУГ ДРУЗЕЙ

Прочитайте объявления в «Правде Украины». Из каждого объявления выпишите черты, которые вас интересуют или которые вам нравятся, и скажите, есть ли у вас такие черты или нет.

Аб. **128.** Анна Павловна. 68 лет. Луганск: Всех родных потеряла и уже четыре года живу в одиночестве. Позаботиться о ком-то, слово ласковое сказать — некому. А так хочется быть ещё кому-то полезной. Квартира у меня есть, материально обеспечена.

Аб. **129.** Фёдор Михайлович. 34 года. Киевская область: Незаметно пробежали годы, а я всё живу с родителями, никак не женюсь. Непьющий, трудолюбивый. Работаю в колхозе. Хочу создать семью. Если откликнется женщина с ребёнком, приму его, как родного.

Аб. **130.** Зинаида Михайловна. 35 лет. Житомирская область: По образованию я — мебельщик. Живу в селе, работаю в городе. Но жить только работой с каждым днём труднее. Хочется женского счастья. Попытка создать его в молодости уже была. Но не получилось... Когда была здорова мама, одиночества я не ощущала. А сейчас болезнь отнимает её у меня, и в иные моменты жутко, что рядом нет близкого человека, который бы поддерживал, утешил. Лишь теперь поняла, что без детей женщине жизнь не жизнь. Очень надеюсь на встречу с человеком, мечтающим о хорошей семье. Если его дети осиротели, с радостью стану им мамой. Ни красоты, ни богатства мне не надо. Хоть капельку счастья прошу от судьбы.

Аб. **131.** Леонид. 29 лет. Донецкая область: И жильём, и материально обеспечен. Не имею вредных привычек. Но до сих пор один. Хожу я на судах в загранплавание, подолгу вдали от дома, а за три месяца, что бываю на земле, трудно найти спутницу жизни, да ещё такую, чтоб была терпеливой и верной, способной на настоящую любовь. Если есть она, пусть отзовётся!

Аб. **132.** Елена Владимировна. 42 года. Херсон: К сожалению, отношусь к разведённым. Дети, их двое, выросли. Буду рада знакомству с добрым, трудолюбивым мужчиной. Характер, как мне кажется, у меня неплохой. Ссор, криков, пьянства не выношу. Ценю искренность и прямоту. Хотелось бы, чтоб не писали ради любопытства, на авось.

Аб. **133.** Василий Васильевич. 42 года. Ивано-Франковская область: Был женат, однако, столкнувшись с подлостью, не простил. Жильём пока не обеспечен. Образование у меня среднетехническое. Любимое занятие — техника. Я невысокого роста, а жену представляю себе сельской женщиной, без вредных привычек, черноволосую, кареглазую, возможно, с одним ребёнком.

Аб. **134.** Тамара Николаевна. 51 год. Хмельницкая область: Моя судьба не из лучших. После войны осталась без отца. Жили с мамой в селе. Тяжело было, но выучилась. 32 года посвятила педагогической работе. А семья не сложилась с самого начала. Муж, оставив меня с сыном, ушёл. Сын вырос добрым, и невестка у меня хорошая, но живут они далеко. Прихожу после работы в свою прекрасную квартиру, а там — пусто без близких. Ни работа по дому, ни работа на огороде не заглушает одиночества. С надеждой жду встречи с хорошим, добрым человеком, который никогда не унизит, не оскорбит. Только предупреждаю — я из крупных женщин. Высокая.

Аб. **135.** Евгений. 33 года. Львов: Я оптимист, верю в лучшее будущее. Вот только подругу жизни всё ещё не нашёл. Хотелось бы, чтобы она была украинкой, желательно из западных областей, и неплохой хозяйкой. Образование не имеет значения.

Живу с родителями. Рабочий. Материально обеспечен. Рост 164 см., внешность обычная, но имею один физический недостаток — небольшую хромоту. Характер спокойный. По отношению к другим стараюсь быть честным и порядочным.

Аб. **136:** Елена Сергеевна. 40 лет. Днепропетровск: Жизнь сложилась так, что пришлось самой ставить дочь на ноги. Теперь у неё своя семья. И я ведь ещё не старая, а осталась наедине со своим одиночеством. По образованию — экономист, круг интересов широкий. Мечтаю встретить человека, который был бы мне близким по духу, надёжным другом.

Свадьба моряка в Архангельске

**Давайте поговорим!**

**О человеке можно сказать, что он**

аккура́тный *neat*
весёлый *cheerful*
глу́пый *dumb, stupid*
добросо́вестный *conscientious*
до́брый *kind*
засте́нчивый *shy*
интересный *interesting; attractive*
лени́вый *lazy*
отве́тственный *responsible*
приле́жный *diligent*
самоуве́ренный *self-assured*
серьёзный *serious*
симпати́чный *nice*
скро́мный *modest*
ску́чный *boring*
сме́лый *daring, bold*
смешно́й *funny*
споко́йный *calm*
тала́нтливый *talented*
ти́хий *quiet*
трудолюби́вый *industrious, hardworking*
у́мный *bright, smart*
упря́мый *stubborn*
че́стный *honest*
ще́дрый *generous*
энерги́чный *energetic*

### Упражнения

А. Заполните пропуски словами из списка.

1. Она очень до́брый человек, гото́ва отда́ть всё, что у неё есть. Она __________________.
2. Он много занима́лся и очень хорошо сдал экзамен. Он ___________. А его сосед не любит заниматься. Он __________________.
3. В комнате чи́сто и у́брано. Человек, который там живёт, _________.
4. Он не хочет быть в це́нтре внима́ния и мало говорит о себе́. Он __________________.
5. Она никогда не говорит непра́вду. Она __________________.
6. Он думает, что знает отве́ты на все вопросы. Он _________________.
7. Она уме́ет делать всё — и танцева́ть, и занима́ться спо́ртом, и играть на скри́пке. Она __________________.

Б. Ответьте на вопросы.

1. Что вы можете сказать о себе? Какой вы человек?
2. Что вы можете сказать о свои́х друзья́х и знакомых по гру́ппе?
3. Какие люди вам нравятся, а какие нет? Почему?
4. Если человек много знает, много читал, видел, о нём можно сказать, что он «интересный человек». Вы можете так сказать о себе, о своих друзья́х, знако́мых?

❐ **Пословицы**

### Счастье

Не в деньга́х счастье.

Вся семья вме́сте, так и душа́ на месте.

Не было бы сча́стья, так несча́стье помогло́.

### Работа

Работа не волк, в лес не убежи́т.

От рабо́ты ко́ни до́хнут.

### Старость

Ста́рость не ра́дость.

### Дружба

Не имéй сто рублéй, а имéй сто друзéй.

Старый друг лучше новых двух.

Друзья́ познаю́тся в бедé.

### Упражнение

■ Выберите пословицу, которая подходит к следующим предложениям.

1. Лучше иметь друзей, чем деньги.
2. Лучше быть молодым, чем старым.
3. Пойдём в кино, работу закончим завтра.
4. Он очень богáт, но одинóк.
5. Настоя́щие друзья помогают в несчáстье.

## ТЕКСТ 4 БИЛЕТ

**Прочитайте рассказ.**

Ах, как ему хотелось, чтобы люди узнали, увидели, что он уже не дитя°. Но они не верили. Мать возила на автобусе в школу, и ни разу ни один кондуктор не смог убедить° её взять билет и на сына. Если кондуктор попадался уж очень настырный, мать выдвигала Ромку на середину прохода и заявляла:

*child; persuade*

— Да вы сами посмотрите!

И, к Ромкиному горю и стыду, как правило, кондукторы соглашались. Немного ворчали°, конечно, но всё-таки соглашались. Действительно, в проходе стоял, понурив голову и приподняв плечи, мальчик не мальчик, а так, кегля какая-то...

*grumbled*

Ещё хуже приходилось Ромке, когда надо было самому незаметно вползать в автобус и прятаться за полу чьего-нибудь пальто. Денег на билет мать не давала.

— Ничего, не обеднеют! — говорила она неизвестно о ком, собирая Ромку в дорогу.

— А если... портфель заметят?

— Скажешь, что учишься в музыкальной школе. Там с шести принимают.

К счастью, за проезд с него никто не спрашивал, но эти поездки протяжённостью в десять минут были для него длинным и вьюжным годом, были опасностью в чистом виде, были унижением° и болью... humiliation

Однажды Ромка не выдержал° и отправился из школы пешком. Дорога была скользкая — лужи и подтаявший лёд — и шла мимо стройки. Новые ботинки коротко познакомились с кирпичной крошкой, известью и глиной. Ромка вымыл их в луже. Они сначала были ничего, но, обсохнув, потрескались, стали серыми. В тот день он был нещадно° бит; всхлипывающий и затихающий в плаче, он слышал, как мать говорила далёким, чужим, немаминым голосом: bear; mercilessly

— Не моги, не моги[1] обманывать!

Как быть, что делать?

Однажды ночью решение пришло. Ромка долго ворочался с боку на бок и в тихой радости поджимал к подбородку колени...

Едва[2] рассвело, как он выскользнул из постели, тихо оделся и, прихватив портфель, пробрался к выходу. Дорогу ему преградил запирающий створку двери металлический крюк°. Он показался Ромке железным гусем из сказки, приставленным охранять все входы и выходы. Сердце тяжело перекатывалось в груди, как свинцовый шар в деревянной колотушке. hook

Ромка попытался пальцем вытолкнуть из кольца гусиный клюв. Ничего не вышло... Он ухватился за холодную гусиную шею и рванул° её кверху. Гусь недовольно крякнул, но не поддался. Тогда Ромка быстро подсел, выставил плечо и, упершись ногой, дёрнулся всем телом вверх. yanked

Железо лязгнуло, дверь медленно пошла по кругу и глухо стукнула о водосточную трубу. Ромка зажмурился от страха° и не дыша вышел. fear

Он уже был за калиткой°, когда раздалось из форточки: gate

— Куда понёсся в такую рань? А ну, давай в дом! Не емши[3]!

---

[1] не моги (substandard) *you shouldn't*

[2] едва..., как *scarcely...when*

[3] не емши (substandard) *without eating*

Молоко горчило, хлеб был кислым, а привычная чашка казалась уродливой. Когда они, спустя час, шли к автобусу, Ромка ни о чём не думал, тихо глядел на выскакивающие из-под пальто мыски ботинок...

Сели. Мать передала пятак. Старичок кондуктор повертел у носа монету и простуженно прокричал с другого конца:

— Гражданка в сиреневом платке, а мальчонка что, не ваш? Сам по себе?

Мать отвернулась и сказала ни для кого:

— Не положено ему[4]. Ещё и не учится.

И лицо её сделалось злым и независимым.

Ромке сделалось жарко-жарко, в висках° сжало, он стиснул зубы, рванулся из рук матери и вдруг зарыдал, протискиваясь между пассажирами: temples

— Я уже учусь! Учусь! Я... Мне уже скоро десять лет! Я просто маленький!

Он добрался до кондуктора, рванул замок портфеля и плача стал судорожно вытаскивать тетради:

— Вот... вот по русскому!...Вот видите, третий «В» написано... Вот по арифметике! Вот!...

Листы промокательной бумаги выпархивали из тетрадей. Ромка ловил их, они мокли от его слёз и падали к ногам пассажиров. Он то кидался поднимать их, то со страхом оглядывался на мать.

Поднялся шум. Ромка ничего не разобрал из того, что кричали вокруг: он плакал.

...На следующее утро мать вела упирающегося Ромку к остановке. В последний момент он попытался вырваться°, но она ловко подхватила его и втолкнула в автобус. break loose

Протянула монету, заколебалась, но всё-таки сказала, хотя и как могла равнодушно:

— Два!..

Ромка, услышав это, выпрямился° и притих. straightened up

**Эмиль Дрейцер**

[4] не положено ему *he's not supposed to*

### Ответьте на вопросы

1. Какой был конфли́кт у Ромки с матерью?
2. Сколько билетов брала́ Ро́мкина мать в автобусе? Почему?
3. Какие чу́вства испы́тывал Ромка, когда мать покупа́ла билет?
4. Что Ромка сделал, чтобы не ехать в школу на автобусе?
5. Удало́сь ли ему это?
6. Кто и как победи́л в конфли́кте?
7. Что Ромка сделал в са́мом конце́ рассказа?

### Давайте поговорим!

1. Какие конфликты с родителями быва́ют у вас или у ваших друзей? Кто обычно побежда́ет?
2. Какие у вас самые я́ркие воспоминания о детстве?
3. Как вы думаете, ваша жизнь ста́нет лучше, когда вы зако́нчите университет? Что будет лучше? Что будет тяжеле́е? Как вы представля́ете себе жизнь после университета?

### Упражнение

■ Эти выражения помогут вам говорить о чувствах.

*I feel good* мне хорошо, я хорошо себя чувствую
*I'm in a good/bad mood* я в хорошем/плохо́м настрое́нии
*I'm angry* я зол/зла
*I'm fed up, sick and tired of everything* мне всё надое́ло
*I'm glad* я рад(а)
*I'm happy* я сча́стлив(а)
*I'm sad* мне гру́стно
*I'm tired* я устал(а)
*I'm thrilled* я восхищён/восхищена́, я в восто́рге

■ Опишите ситуацию, в которой вы могли бы использовать предыдущие выражения. Например:

1. Я устал, всю ночь не спал.
2. Я очень рада, сегодня приезжает моя сестра.
3. Мне грустно, когда кончается лето.

## ТЕКСТ 5 ЧТО ТАКОЕ СЧАСТЬЕ?

**Ответ написал Эрик Рахлин, 55 лет, композитор, пианист, москвич.**

Счастье... Я думаю, это некое[1] ощущение, что всё хорошо, надёжно, долговременно.

В каждом возрасте есть такие моменты, когда кажется, что достигнуто равновесие между желаемым и реальным[2]. Оглядываясь назад, я могу вспомнить очень ранние моменты в детстве, когда родители были молоды и окружали меня заботой и любовью.

Несмотря на[3] тяжёлые условия жизни (годы Сталинщины[4]), моя семья — отец, мать, сестра и я — жила дружно. Пожалуй, некоторые негативные воспоминания в связи с[5] сестрой: думаю, она ревновала родителей ко мне. Она старше на 7 лет.

Когда я завёл свою семью, то ощущение счастья было в первые 6–7 лет, когда дети были маленькие, и мы с женой старались дать им «счастливое детство».

Бывают мгновения счастья. Это уже относится к деятельности. Например, если удачно сыграл музыку в концерте или слушал замечательное исполнение. Или более простые радости[6]: хорошая погода, плаванье, игра в теннис, катание на лошади, на лодке, путешествия... Чтение гениальных стихов или прозы тоже доставляют минуты счастья. Театр, игра актёров...

Счастье редко продолжительно. Жизнь полосата: чёрное — горе, белое — счастье. Они чередуются...

### Упражнения

**А.**

■ Выберите правильный ответ.

**1.** «Равновесие между желаемым и реальным» у автора значит, что
   а. у него было больше, чем он хотел.

---

1. некий *some kind of*
2. желаемое *what is desired;* реальное *what one really has*. The neuter singular of an adjective can function as a noun referring to an abstract concept, as in старое и новое, *the old and the new*.
3. несмотря на + acc. *in spite of*
4. Сталинщина The suffix -щина denotes a system, a collectivity of customs and habits, a culture, or, sometimes, the people involved, often with a negative connotation.
5. в связи с + inst. *in connection with*
6. Note the difference between счастье *happiness*, and радость *joy*.

б. у него было всё, что он хотел.
в. у него было меньше, чем он хотел.

**2.** Счастье у автора связано с
а. детством
б. юностью
в. учёбой
г. старостью
д. любовью (к кому?)

**3.** Автор думает, что
а. можно быть счастливым всю жизнь.
б. в жизни нет счастья.
в. счастье быстро проходит.
г. в жизни бывают и счастливые, и несчастливые моменты.

**Б.**

■ Запомните эти слова.

**счастье** *happiness*
Что такое счастье?
**несча́стье** *unhappiness, misfortune*
С ней случи́лось несча́стье: она потеря́ла большую су́мму денег.
У моей подруги умерла́ мать. Како́е несча́стье!
**счастли́вый (сча́стлив)** *happy*
**несчастли́вый, несча́стный** *unhappy*
Как я сча́стлива! Наконец, сдала́ экзамен на «отли́чно»!
«Все счастли́вые се́мьи похо́жи друг на друга, каждая несчастли́вая семья несча́стлива по-сво́ему» Л. Толстой, «Анна Каренина».
Он чу́вствовал себя несча́стным, потому что его бро́сила жена.

■ Заполните пропуски словами, данными выше.

**1.** У меня было ________________ детство: мать и отец любили друг друга, и нас, детей, любили.
**2.** Я человек ________________: доволен своей жизнью и больше ничего не хочу.
**3.** Моя сестра очень ________________: она провалилась на двух экзаменах и теперь не сможет поехать на каникулы.

**В.**

■ Запомните эти слова.

**воспоминáния** (pl.) *memories*
У меня остáлись прекрáсные воспоминания о поéздке в Россию.
**вспоминáть/вспóмнить** *to remember, reminisce*
Я часто вспоминаю своё дéтство.

— Ты не знаешь, где моя газета?

— Нет, не знаю...(через нéсколько секунд). Ах, вспóмнила! Я её дала Мише.

**помнить/вспóмнить**

— Ты был на лекции? Что сказал профессор? Когда будет тест?

— Не помню тóчно. Кажется, через неделю.

— Что вы помните о войне?

— Я почти ничего не помню, я была ребёнком.

**память** (f.)
У меня очень хорошая пáмять. Я помню всё, что читаю.

■ Заполните пропуски словами, данными выше.

1. У меня хорошие ________________ о школе. Я очень любила свою учительницу по географии, и мне всегда было интересно.
2. У меня плохая ________________, всё забываю.
3. Как по-русски «memory»? Не ____________. Ах, ____________, «память».
4. Мама часто ________________ молодость, родителей.

**Давайте поговорим!**

■ Работа в парах или в группе.

1. У вас есть всё, что хотите? Чегó вам не хватáет? Что бы вы хотели имéть? Ответьте, используя следующие модели.

Мне не хватáет (+ gen.) ________________.

Я бы хотел(а) имéть больше ________________.

Мне нýжен/ нужнá/ нýжно/ нужны́ ________________.

Если я/ у меня (use verb in future) ________________, то я буду счáстлив(а).

2. Какие у вас были счастли́вые/несчастли́вые моменты в жизни?

3. Просмотрите текст о счастье ещё раз. Какие были у автора «мгнове́ния сча́стья» или «просты́е ра́дости»? А у вас?
4. Что такое счастье? Что, по вашему мнению, самое хорошее в жизни?

■ Вот что говорят русские:

а. Марина, 48 лет. «Счастье — это когда живёшь в согла́сии с сами́м собой».

б. Магда, 42 года. «Счастье — это когда тебя понимают и подде́рживают».

в. Петя, 18 лет. «Счастье — когда можешь поехать, куда хочешь».

г. Лена, 25 лет. «Счастье — это много денег и можно купить, что хочешь».

Скажите, с каким из высказываний вы согласны? Как вы понимаете счастье?

## ЧАСТЬ III ИНТЕРВЬЮ

### Рассказ о себе

#### *Prelistening*

Интервью с Игорем Р. Игорь — молодой человек, 25 лет, очень интересу́ется музыкой. В 1991 году он приехал в гости к своему американскому другу, Арманду, музыкальному продюсеру.

Как вы увидите, интервью делится на 4 части: (1) юность Игоря; (2) институ́т, где он учился; (3) учёба; (4) му́зыка.

Если бы вы брали интервью, какие бы вопросы вы задали Игорю?

#### *While listening*

Your goal is to learn about the life of the person being interviewed. To this end the questions focus on the main points of the discussion. Some questions are true/false, some are fill-ins, and some ask you for information. You should concentrate on getting the general facts and the answers to the questions, rather than on understanding each individual word. In real life you can always ask for clarification. Vocabulary notes are provided with each question if necessary.

---

<BEEP> indicates end of segment on the student tape.

**A.** Listen to the interview for the first time straight through to get an idea of the content. You already know the general subject matter and the four main areas of discussion. Try to jot down a few facts from each part or to note individual words or phrases that you understand. Don't use a dictionary.

**B.** Listen to the interview again, then turn to the questions that follow. You may have to listen to a segment several times to find the answer. Although some of the open-ended questions can be answered very simply, try to give more than the minimum. You may use a dictionary.

## Часть 1 Юность Игоря

**1.** Игорь роди́лся
а. в Москве
б. в Бря́нске
в. в маленьком посёлке недалеко́ от Москвы
г. в маленьком посёлке недалеко от Бря́нска

население *population*

**2.** Игорь родился в
а. 1966 г.
б. 1967 г.
в. 1968 г.
г. 1969 г.

**3.** Жизнь в посёлке была
а. интересная
б. скучная
в. трудная

**4.** Большинство́ людей в посёлке работало
а. на заводе
б. в колхо́зе
в. на фабрике
г. в институте

**5.** Кто были по профессии отец и мать Игоря?

торго́вля *trade*

**6.** В посёлке жило примéрно _______________ человек.

а. 10 000

б. 12 000

в. 20 000

г. 25 000

**7.** На каком инструмéнте играет Игорь?

**8.** После школы Игорь поступил в _______________ междунарóдных отношéний.

<BEEP>

## Часть 2 Какой это институт?

Слова к упражнению ниже

начáльник *boss*
попáсть (попал) *to get in*
иногорóдний — из другого города (cf. иностранец — из другой страны)
кáдры cadres
пропи́ска — разрешение на право проживания в городе или деревне. Каждый гражданин Советского Союза должен был иметь прописку, ситуация не изменилась и сейчас.
блат *connections, "pull"*
Он поступил в институт по блату.
кóнкурс, балл
Чтобы поступить в институт, надо было пройти конкурс и набрать определённое количество баллов.

■ Заполните пропуски словами из этой части интервью.

**1.** ИМО (Институт междунарóдных отношéний) очень __________.

**2.** Люди думают, что тудá поступáют только дети ___________, и, чтобы туда попáсть, нужен огрóмный блат.

**3.** ИМО готовит кáдры для междунарóдной _______________.

**4.** Сколько факультéтов в институте?

**5.** В институте Игорь хотел заниматься

а. дипломáтией

б. поли́тикой

в. журнали́стикой

г. торго́влей

6. Как Игорь попа́л в ИМО?
7. Что Игорь делал после оконча́ния школы и перед поступле́нием в институт?

обком — областной комитет Коммунистической партии

ВЛКСМ — [вэ-эл-ка-эс-э́м] Всесоюзный Ленинский Коммунистический Союз Молодёжи. Обычно говорят «комсомо́л».

предприя́тие *enterprise (commercial or industrial)*

анса́мбль — музыкальная группа

<BEEP>

## Часть 3 Учёба

1. Понра́вилось ли Игорю учиться в институте?
2. Раньше Игорь думал, что в столи́це ________________, чем в маленьком городе, но когда он поступил в институт, он быстро ________________. (was disappointed)
3. Он пришёл к вы́воду, что в Москве ________________, чем в маленьком городе.

вы́вод *conclusion*

4. Он также пришёл к вы́воду, что ________________ — профе́ссия не для него́. Почему?
5. Он жале́ет или не жале́ет о том, что проучи́лся в ИМО 5 лет? Почему?

те́рра инко́гнита terra incognita *(unknown land)*

<BEEP>

## Часть 4 Музыка

1. Какие музыкальные группы Игорь знал в детстве?
2. Какую новую музыку он узнал позже? Какие группы он называет? Они вам знакомы?
3. Как Игорь начал заниматься бас-гита́рой?
4. Сколько часов в день он занимается?
5. О какой пласти́нке говорит Игорь?

6. Где сейчас второй участник дуэта, о котором говорил Игорь? Что он там делает?

**Давайте поговорим!**

1. Что вам было интересно узнать об Игоре?
2. Просмотрите вопросы, которые вы написали перед тем, как прослушать интервью. На какие из них Игорь ответил? На какие он не ответил?
3. Игорь сейчас живёт в Москве. Вы бы хотели с ним познакомиться? Почему/почему нет? Что бы вы хотели узнать о нём?
4. Вам надо взять интервью у человека, приехавшего из России. Напишите 10 вопросов, которые бы вы хотели задать ему/ей.

## ЧАСТЬ IV ПОДВОДЯ ИТОГИ

**А.** Устные задания.

1. Возьмите интервью у русских в вашем университете или в вашем городе. Узнайте об их жизни и расскажите об этом вашим товарищам.
2. Ролевая игра. Вообразите, что вы русский студент на факультете журналистики. Вы должны взять интервью у приехавших американских студентов для студенческой газеты или для местного телевидения. Другие студенты в группе будут отвечать на ваши вопросы.

**Б.** Письменные задания.

1. Предста́вьте себе, что вы хотите познакомиться с кем-нибудь из России, и вы пишете ему/ей первое письмо. Расскажите о себе, о вашей семье и т. д. (одна страница)
2. Напишите письмо другу/подруге, которого/которую вы давно не видели. Спросите, как он(а) живёт, и расскажите, что у вас нового, что изменилось в вашей жизни за последние годы.

**В.** Дополнительные задания.

Давайте вспомним!

1. Помните ли вы ваш первый день в школе или в университете, вашу первую поéздку (в другой штат, в другой город), ваш первый поцелуй? Напишите 10 строк на одну из этих тем и потом расскажите об этом.
2. Ролевая игра. Вообрази́те, что вы сле́дователь из полиции и ваш товарищ — подозреваемый. Узнайте, что он делал вчера.

■ Работа в парах или в группах.

1. Если бы вы не поступили в ваш университет или институт, где бы вы учились? Что было бы ина́че?
2. Вспомните другие ситуа́ции, где что-то могло́ бы с вами случи́ться, но не случи́лось. Что было бы, если бы это случи́лось?
3. Расскажите, как ваша жизнь сложи́лась бы ина́че, если бы...
4. Обсудите разли́чные слу́чаи из вашей жизни, где надо было сделать вы́бор и обсуди́те возможные результа́ты вашего вы́бора.

   Не забудьте, что когда вы говорите о будущем, после **если** и **когда** употребляется будущее время. Например: Если я поеду в Нью-Йорк, я буду жить у подруги.
5. Задайте друг другу вопросы о возможных событиях в вашей жизни: Вы поéдете в Россию или другую страну? Вы поедете в другой город? Вы посту́пите в аспирантуру? Вы будете бога́тым? Вы вы́йдете за́муж/же́нитесь? У вас будут дети? Какие изменения произойдут в вашей жизни после оконча́ния университета?

УРОК
2

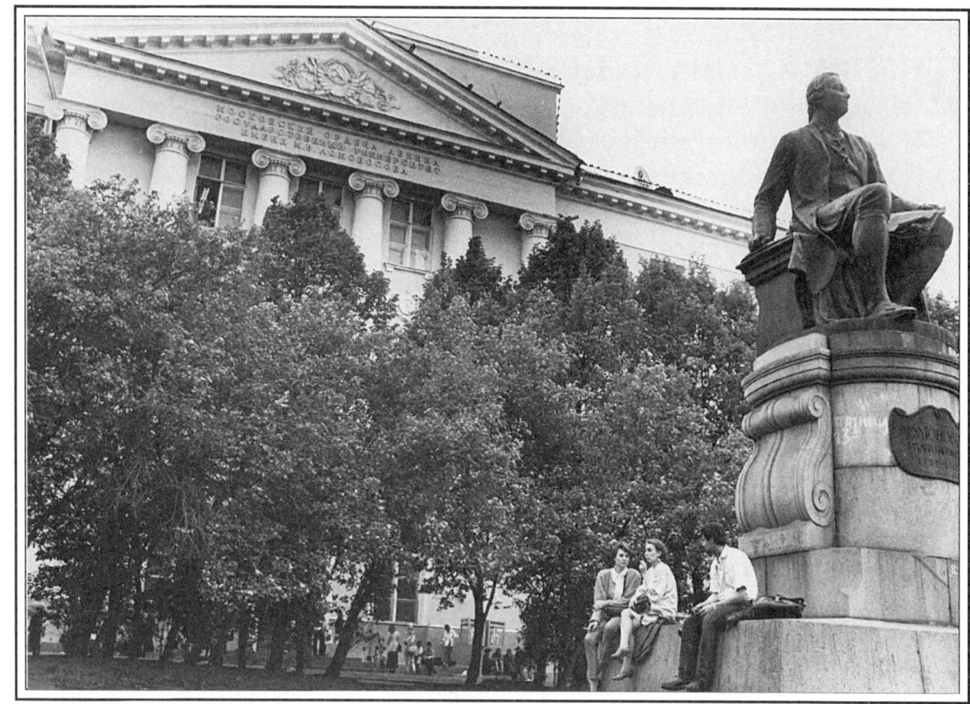

Московский государственный университет

# СТУДЕНЧЕСКАЯ ЖИЗНЬ: УЧЕБА

Век живи́ — век учи́сь.

Пословица

## ЧАСТЬ I СЛОВА И ДИАЛОГИ

**вы́сшее учéбное заведéние** (вуз)

Университет, институт или акадéмия — это вы́сшие учéбные заведéния в России. Обычно говорят просто «вуз».

**поступи́ть в вуз** (pf.)

**сдавáть/сдать вступи́тельный экзамен**

Чтобы поступи́ть в вуз, надо успéшно сдать вступи́тельные экзамены. Абитуриéнты сдаю́т эти экзамены летом.

**учéбный год**

Учéбный год в ву́зах России начинается 1 сентябрá и закáнчивается в конце июня.

**семéстр**

Учебный год в ву́зах дéлится на два семéстра — первый и второй.

**экзаменациóнная сессия** (зи́мняя и лéтняя)

Сéссия — это время экзаменов в концé каждого семестра. В декабрé и ию́не студенты сдают зачёты и экзамены.

**кани́кулы** (зи́мние и лéтние)

После зимней и летней сéссий у студентов бывают кани́кулы. Во врéмя зимних каникул некоторые студенты едут домой на Новый год и Рождествó, а во врéмя летних кани́кул студенты очень часто работают.

**стипéндия, получáть стипéндию**

**брать/взять** (coll. **занимать/заня́ть**) **деньги (в долг) (у родителей, в банке)** *to borrow*

В России студенты, которые хорошо учатся, получают стипéндию. В Америке многие студенты занимают деньги на учёбу.

**плáта за обучéние/учёбу**

**плáтное/бесплáтное обучéние**

Прежде в России обучéние было бесплáтное. Сейчас в нéкоторых школах, коллéджах и ву́зах обучéние плáтное.

**госудáрственный/чáстный**

Прежде в России все школы и вузы были госудáрственными. Теперь есть и госудáрственные, и чáстные.

### Скажите

1. В каком университете вы у́читесь? Он чáстный или госудáрственный?
2. Когда вы поступили в университет?
3. Вы сдавáли вступи́тельные экзамены?

4. Когда начинается учéбный год в вузах США? А в вашем университете? Когда он закáнчивается?
5. Сколько семестров в учéбном году в вашем университете?
6. Где вы обычно провóдите свои зимние и летние канúкулы?
7. Вы получаете стипендию? Какие студенты получают стипендию в американских вузах? Те, которые хорошо учатся? Студенты из бедных семéй?
8. Сколько вы плáтите за обучение?
9. В Америке обучéние плáтное или бесплáтное?

## ДИАЛОГ 1

В России. Встреча на улице. Начало учебного года. Русский студент, Саша, который только что поступил в университет, разговаривает со своим новым американским знакомым, Джейсоном, который приехал на один семестр в тот же университет.

Прочитайте диалог и ответьте на вопросы.

С: Привет, Джейсон! Рад тебя видеть! Как твои делá?

Д: Неплохо. А ты поступил в университет?

С: Да, на филологúческий факультет. Был небольшóй кóнкурс — пять человек на мéсто.

Д: Знáчит, теперь тебя можно назвáть первокýрсником[1]. Поздравлúю!

С: А чем ты будешь заниматься в университете?

Д: Я буду изучать русский язык и слушать лéкции по русской литературе XX вéка. А какие предмéты ты будешь изучать?

С: А я — английский язык, литературу XIX века и лингвúстику.

Д: Желáю тебе успéхов!

С: А я тебе желáю в совершéнстве овладéть русским языком. Ты знаешь, где я живу в общежитии. Заходú в гости.

Д: Спасибо за приглашéние. Обязáтельно зайду. Ну, покá.

**Скажите**

1. На какой факультет поступил Саша?
2. Какой кóнкурс был на его специальность?

---

[1] Не забудьте, что «курс» также значит год обучения в вузе.

3. Чем будет заниматься Джейсон?
4. Что будет изучать Саша?
5. Что пожела́ли друг другу Джейсон и Саша?

**А теперь расскажите о себе**

1. На какой факультет вы поступили?
2. На каком факультете вы учитесь сейчас?
3. Какие предметы вы изучаете?
4. Какие лекции вам больше всего нравятся и почему?
5. Какая у вас специа́льность?

**Упражнение**

Работа в парах. Составьте диалог о встрече друзей в начале учебного года в российском вузе и разыграйте его.

## ДИАЛОГ 2

В Америке. Встреча на улице. Начало семестра. Американский студент, Дейв, разговаривает со своим русским другом, Максимом, который учится в США уже второй год. Оба — студенты философского факультета.

Прочитайте диалог и ответьте на вопросы.

М: Дейв, привет!

Д: Привет, Макс!

М: Как дела?

Д: Нормально, а у тебя?

М: Тоже ничего. Значит, опя́ть учёба начинается?

Д: Не говори́...

М: Ну как, вы́брал предметы?

Д: Да, я записа́лся на три, и ещё работа на полста́вки на ка́федре.

М: Это замеча́тельно! Какие предметы, если не секре́т?

Д: «Исто́рия дре́внего ми́ра». Курс читает до́ктор Ченг, один из лучших профессоро́в. И ещё я записа́лся на «Полити́ческие систе́мы ми́ра» и «Математи́ческую ло́гику».

М: Интересно, а причём тут матема́тика? Ты же фило́соф.

Д: По-мо́ему, каждый фило́соф должен быть знако́м с то́чными нау́ками. Ведь изве́стно, что ещё дре́вние занимались математи́ческой ло́гикой.

М: Ты меня убеди́л. Пожалуй, и я запишу́сь на этот курс.

Д: Хорошая мысль. Ну, счастли́во!

М: До встре́чи.

### Ответьте на вопросы

1. На каком факультете учатся Дейв и Максим?
2. На какие курсы записался Дейв?
3. Кто читает «Историю древнего мира»?
4. Почему Дейв вы́брал ещё и «Математи́ческую логику»?
5. На какой курс решил записаться Максим и почему?

### Скажите

1. На какие курсы вы записались в этом семестре и почему? Какие из них обяза́тельные, а какие — факультати́вные?
2. С кем вы сове́товались, прежде чем вы́брать какой-либо курс?
3. Вы можете вы́брать курсы на любо́м факультете?
4. Какие курсы вам нравятся больше, гуманита́рные или техни́ческие, и почему?

### Упражнение

Работа в парах. Составьте диалог о встрече друзей в начале семестра в американском вузе и разыграйте его.

## ДИАЛОГ 3

В Америке. Встреча в университете. Середина семестра. Дейв и Максим разговаривают о своих преподавателях.

Прочитайте диалог и ответьте на вопросы.

М: Дейв, привет!

Д: Привет, Максим! Как поживаешь, что нового?

М: Всё замеча́тельно, спасибо. Дейв, если я не ошиба́юсь, ты мне говорил, что слушаешь курс по компью́терам?

Д: Да, соверше́нно ве́рно, «Информатику», читает профессор Уилсон.

М: Наве́рное, это очень интересно?

Д: Да. Он всё чётко объясня́ет, не запина́ется, отвечает на вопросы. Полтора́ часа́ пролета́ют — не успева́ешь заме́тить. Чу́вствуется, толко́вый преп[1]. На его контрольных работах надо думать, зубрёжка не поможет. В прошлом семестре он ставил экзамен автома́том[2] тем, у кого су́мма ба́ллов за контрольные была больше 85%.

М: Это мне нравится. А по какому учебнику вы занимаетесь?

Д: Он раздаёт нам ко́пии своих ле́кций, и мы также занимаемся по его учебнику «Компью́тер и человек».

М: Тебе повезло́ с преподава́телем.

**Ответьте на вопросы**

1. Какой курс слушает Дейв и кто его читает?
2. Что сказал Дейв о своём преподавателе?
3. Что нужно делать на его контрольных работах?
4. Кому профессор ставит экзамен автома́том?
5. Какие материалы использует профессор в своих лекциях?

## Поговорим о преподавателях!

### Слова

Вам, наверное, нравится, когда профессор

знает свой предме́т
отдаёт всего себя (кому/чему) *is dedicated (to someone/something)*
пунктуа́льный
понима́ющий *understanding*
досту́пный *accessible*
хорошо отно́сится к студентам *is attentive, compassionate, empathetic; sensitive to the needs of students*
тво́рчески подхо́дит к своей работе *is creative*
уме́ет вдохновля́ть *is inspiring*

---

[1] преп — преподаватель (студенческий жаргон)

[2] ставил экзамен автоматом — освобождал от экзамена

любит своё дело
и когда у него/неё есть хорошее чу́вство ю́мора.

Вам, наверное, не нравится, когда профессор

сухо́й *dry*
неумный
скучный
равноду́шный *indifferent*
неорганизо́ванный
несправедли́вый *unfair*
снисходи́тельный *condescending*
и когда он/она ста́вит много плохих оце́нок и задаёт слишком много на дом.

## Упражнение

■ Заполните пропуски.

1. Профессор, который не опаздывает на лекции — ______________.
2. У профессора, который любит посмеяться — ________________.
3. Профессор, который читал много книг по специальности — _____.
4. Профессор, который всегда готов помочь студентам — _________.
5. Профессор, который так интересно рассказывает, что хочется больше узнать о его предмете — ________________.
6. Профессор, который ставит плохую оценку, в то время, как вы думаете, что заслуживаете хорошую — ________________.

## Скажите

1. Что студентам вашего вуза нравится или не нравится в их преподавателях?
2. Бывает ли иде́альный преподаватель? Возможно, вы его уже встреча́ли?

■ Расскажите об одном профессоре (или учителе), который вам особенно запомнился.

■ Работа в парах. Вы разговариваете со своим приятелем, который решает, какие курсы слушать в этом семестре. Обсудите с ним, какие курсы интересные, каких выбрать преподавателей и т. д.

Подготовка к экзамену

## ДИАЛОГ 4

В России. Конец семестра. Саша и Джейсон разговаривают о предстоящих экзаменах.

Прочитайте диалог и ответьте на вопросы.

Д: Привет, Саша! Куда спеши́шь?

С: В библиотеку. Экзамен по лингви́стике через три дня, а я ещё и не начинал гото́виться.[1]

Д: Но на семина́рах ты выступа́л[2]?

С: Ну, на двух вы́ступил, а на остальны́х молча́л. Сейчас придётся зубри́ть и писать шпарга́лки.

Д: У нас за шпарга́лки могут завали́ть на экзамене.

С: Серьёзно? А у нас многие шпарга́лят. А если провалю́сь на экзамене, то можно будет пересда́ть. А ты чем занимаешься? Учишь русский?

Д: Мне повезло́, у меня хороший преподаватель по языку́. Сейчас зака́нчиваю курсову́ю работу[3] по литературе, а послеза́втра — экзамен по русскому.

С: Ну, ла́дно, ни пу́ха ни пера́!

Д: К чёрту! Так нужно отвеча́ть?

С: У тебя кла́ссный русский!

---

[1] Студенты часто не занимаются в течение семестра. Они начинают заниматься только во время сессии, чтобы сдать экзамены и не потерять стипендию.

[2] Студенты могут не выступать на семинарах весь семестр.

[3] В России курсовые работы сдаются только в конце семестра.

**Ответьте на вопросы**

1. Почему Саша спешит в библиотеку?
2. Он выступа́л на семинарах в тече́ние семестра?
3. Что Джейсон сказал о шпарга́лках?
4. Сможет ли Саша пересда́ть экзамен, если прова́лится?
5. Что делает Джейсон?

**Дополнительные слова по теме**

гото́виться к экзамену/экзаменам
экзамен по (+ dat.)
зубри́ть (trans./intrans.) (даты, слова, пра́вило(а)) *to cram*
провали́ться (pf.) на экзамене — не сдать экзамен
оце́нка *grade*
  Студент получает оце́нку, преподаватель ста́вит оце́нку.
спи́сывать *to cheat*
  Студенты иногда спи́сывают на экзаменах.
курсова́я работа

**Из студе́нческого жарго́на**

засы́паться на экзамене = провали́ться на экзамене
шпарга́лка, шпо́ра — зара́нее подгото́вленный пи́сьменный отве́т
хвост — несданный зачёт, экзамен или курсова́я работа
сдава́ть хвосты́ *to make up exams, papers, etc.*
завали́ть/засы́пать на экзамене — о преподавателе, который на экзамене задаёт много вопросов и ста́вит неудовлетвори́тельную оце́нку.

**Скажите**

1. Вы любите готовиться к экзаменам один или вместе с товарищем? Почему?
2. Вы зубри́те перед экзаменами? Поле́зна ли зубрёжка?
3. Вы когда-нибудь прова́ливались на экзамене? На каком и почему?
4. Вы любите писать курсовы́е работы?
   Сколько курсовы́х работ вы обычно пишете за семестр?
   Какие интересные курсовы́е работы вы написали?
   О чём вы будете писать в этом семестре?

■ Работа в парах. Составьте диалог о встрече однокурсников перед сессией и разыграйте его. Используйте слова из урока.

# ЧАСТЬ II ЧТЕНИЕ

❒ Немного юмора из жизни студентов

Идёт экзамен. Студент просит профессора:
— Задайте мне ещё несколько вопросов.
— Но ведь вы не знаете самого элемента́рного!
— Да, но тогда я скажу родителям, что засы́пался на дополни́тельных вопросах. ❒

Профессор читает лекцию:
— Сейчас мы говорим о поня́тии «ложь». Я уже писал об этом в своём нау́чном труде́ «О лжи». Подними́те руку, кто читал эту книгу.
Все студенты по́дняли руки.
— Отли́чно! — сказал профессор. — Вот прекрасный пример для лекции. Моя книга ещё не вы́шла из печати. ❒

— Что такое экзамен?
— Экзамен — это игра́, в которой один знает, но молчит, а другой не знает, но говорит. ❒

Чего боится студент.
— Почему вы волну́етесь? — профессор спрашивает студента на экзамене. — Неуже́ли вы бойтесь моих вопросов?
— Нет, — отвечает студент. — Я боюсь своих ответов. ❒

## ТЕКСТ 1 ПОМОГАЕТ... ШУМ

Студенты Харьковского[1] автомобильно-дорожного института, изучая иностранные языки, взяли в помощники — звук° и даже шум°. В их вузе разработана новая методика. На чём она основана°? Доказано, что беспрерывная речь[2] продуктивно воспринимается на слух 3–5 минут. Затем наступает торможение°. В этот момент важно встряхнуться° — здесь и помогает шумовой сигнал. Слова, текст запоминаются в тесной связи с умело подобранными звуками — музыкой, шумом моря, трелью соловья°...

sound / noise
based
braking / to shake oneself
nightingale

[1] Харьков — большой индустриальный город на востоке Украины
[2] беспрерывная речь *uninterrupted speech*

А в дальнейшем[3] такие связи помогают быстрее
выуживать из памяти нужные слова и целые фразы:
они как бы[4] всплывают вместе со звуками.

Из журнала «Спутник» (1990)

**Ответьте на вопросы**

1. Где учатся студенты, о которых говорится в тексте?
2. Что они разработали?
3. Какой принцип используется в новой методике?
4. Как эта методика помогает в учебном процессе?
5. А какие методы вы используете, чтобы лучше запомнить новые слова? Как вы оцениваете метод харьковских студентов?
6. Слушаете ли вы музыку, когда занимаетесь, или предпочитаете тишину?
7. Какой ваш любимый звук/шум? Шум моря, водопада или дождя? Песня соловья?

## ТЕКСТ 2 70 ЧЕЛОВЕК НА 1 МЕСТО

Сейчас зима, и у студентов начинается зимняя сессия. Для первокурсников она первая, и готовятся они к ней с особой тщательностью. Ведь в памяти ещё не стёрлись летние волнения, связанные со вступительными экзаменами. Вспоминают это время и те, кто, увы, провалился на приёмных экзаменах и не увидел себя в заветном списке[1]. Правда, у них есть оправдание — конкурс° во многие высшие учебные заведения огромный°. Какие вузы пользовались наибольшей популярностью[2] в 1989 году?

competition
enormous

В Московском университете первенствовал психологический факультет — 15 человек на место. Исторический факультет также оказался в осаде — около 10 человек на место: таков интерес к нашей

[3] в дальнейшем *in the future*

[4] как бы *as if*

[1] список The names of students who get accepted are usually posted at the university.

[2] пользоваться популярностью *to be popular*

истории, возросший в последнее время. Большой популярностью по-прежнему пользуется специальность юриста — было подано 1137 заявлений[3] на 125 мест дневного отделения. Факультет журналистики — на 100 мест дневного отделения — 457 заявлений. На экономическом — конкурс 5 человек на место. В Институте стран Азии и Африки на одно место претендовало 9 человек. А вот во Всесоюзном государственном институте кинематографии заявлений было подано на режиссёрский° факультет 700 на 10 мест. directing

Из журнала «Спутник» (1990)

**Ответьте на вопросы**

1. Какой факультет был самым популярным в 1989 г. ?
2. Какие ещё факультеты были популярны?
3. Знаете ли вы, почему «возрос в последнее время» интерес к истории?
4. Сколько человек подало заявления на режиссёрский факультет ВГИКа?
5. Какие специальности популярны в вашем вузе? Объясните, почему студенты выбирают эти специальности.

**Ролевая игра**

Вы разговариваете со своим другом/подругой, который/которая решает, какие предметы (или специальность) выбрать. Посоветуйте ему/ей. Постарайтесь уговорить его/её выбрать (или не выбирать) те или иные предметы. Слова: ведь, но, слушай, почему бы не выбрать.

## ТЕКСТ 3 «УЧИТЬСЯ ВСЕГДА ПРИГОДИТСЯ»

Необычная защита диплома[1] прошла в Казанском[2] филиале Московского энергетического института. С

[3] заявление *application*; подать заявление *to apply*

[1] защитить диплом *to defend a senior thesis.* В России, чтобы закончить университет, надо защитить диплом.

[2] Казань — столица Татарстана

оценкой «хорошо» защитился студент-заочник А. Шарафутдинов, семь лет назад вышедший на пенсию. Много лет он мечтал о высшем образовании, сменив за последние четверть века несколько вузов. И хотя° полученный с таким трудом диплом вряд ли понадобится[3] его владельцу°, наглядный пример вечного студента положительно сказался° на его сыновьях: все они сейчас учатся в казанских вузах.

although
owner
had an effect

Из журнала «Спутник» (1993)

## Ответьте на вопросы

1. Чем интересен А. Шарафутди́нов?
2. В каком городе произошло́ это собы́тие?
3. Как его приме́р повлия́л на сынове́й?
4. Знако́мы ли вы с пожилы́ми людьми, которые учатся в вузе? Расскажите о них.
5. Вы предпочита́ете молодых преподавателей или преподавателей сре́днего во́зраста? Какие преиму́щества у каждого? (о́пыт, эне́ргия, энтузиа́зм, зна́ния, более широкий кругозо́р)
6. Как молодые люди (ваши друзья, знакомые) отно́сятся к вы́сшему образова́нию?
   Они учатся, потому что
   а. этого хотят родители
   б. хотят получить хорошо опла́чиваемую работу
   в. хотят стать культу́рными людьми
   г. любят учиться
   д. это прести́жно
   е. ...

## Ролевая игра

Вы разговариваете с младшей сестрой (или братом), которая скоро закончит школу и не хочет больше учиться. Обсудите с ней плю́сы и ми́нусы этого реше́ния. Постарайтесь уговори́ть её учиться дальше. (Useful phrase for convincing: Не хочешь ли ты ...? Don't you want ...?)

[3] вряд ли понадобится *will hardly be needed*

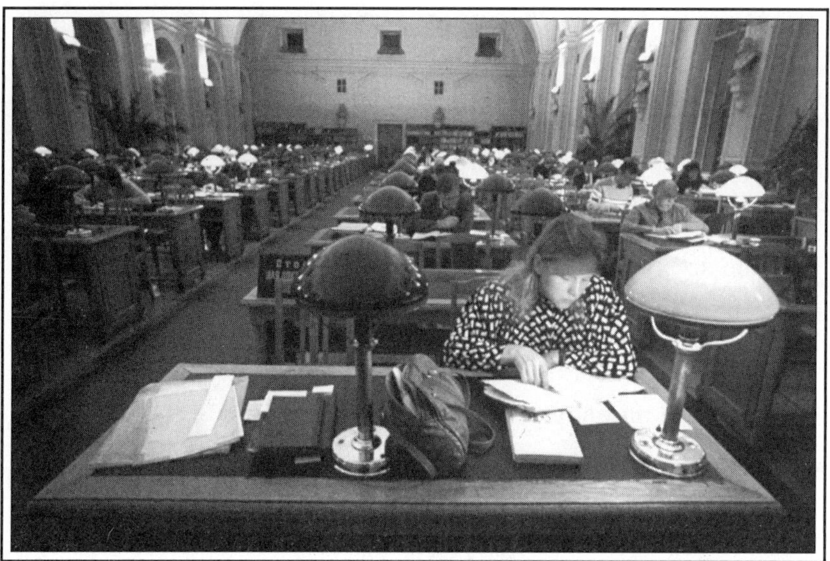

В библиотеке

## MAIN READING

## ТЕКСТ 4 «КАКИЕ ОНИ — БУДУЩИЕ БАКАЛАВРЫ?»

**Просмотрите статью и ответьте на вопросы.**

В соответствии с первой крупной программой студенческого обмена° между СССР и США 55 советских студентов ездили учиться в американские колледжи. Один из них — студент-медик из Москвы Андрей Артёмов — делится своими новыми впечатлениями° с корреспондентом АПН Эдгаром Чепоровым.

exchange

impressions

— Андрей, прежде всего[1] о том, кто идёт учиться в колледжи и какова[2] плата за обучение?

— Чтобы стать студентом колледжа, необходимо, во-первых, желание°, во-вторых, деньги. Обычно колледж — это четыре года учёбы. За это время, изучая различные предметы, выбирая их по вкусу,

desire

[1] прежде всего *first of all*

[2] каков (short predicate adj.) *what*

студент старается° не только получить образование, но и понять самого себя, свои склонности к той или иной области знаний. Средняя° оплата за обучение в частном колледже — 14–15 тысяч в год. Существуют разного рода программы, рассчитанные на поддержку° студентов из малоимущих° семей, выходцев из негритянских семей, латиноамериканцев, матерей-одиночек: и по линии специальных государственных фондов, и тех, которыми располагают сами колледжи. Эти фонды могут покрывать от 30 до 60 процентов всей стоимости обучения.

tries
average
support
disadvantaged

С дипломом бакалавра можно найти работу, получать приличные деньги. Но можно и продолжить образование. Есть два пути°. Первый — одно-двухгодичная учёба по специальной программе с целью совершенствования знаний в одной из областей. Это делают очень многие. Второй — пойти в «профэшенл скул», то есть в профессиональную школу, например, в юридическую или в школу бизнеса. Срок обучения четыре года. Это очень дорогое удовольствие. Но те, кто окончил эти школы, становятся самой привилегированной частью профессионалов. Первый-второй курс в советских институтах соответствует четвёртому году колледжа, последние курсы наших вузов — это уровень профессиональной школы.

ways

— В чём, на твой взгляд, достоинства° обучения в колледже?

advantages

— Прежде всего в большей вероятности° правильного выбора профессии. Затем° — в возможности получить всестороннее образование. Далее — в чрезвычайной демократичности в отношениях студентов с преподавателями. И, наконец, в возможности выбирать предметы по своему усмотрению.

probability
then

Поражает демократизм самой обстановки° в колледже. Студенты обращаются к преподавателям по имени[3], ходят к ним в гости, вместе обедают. На занятиях прежде всего выслушивается мнение студента, а уж потом — педагога. Довольно обычная

setting

[3] обращаться к кому-нибудь по имени *to call someone by his or her first name*

картина: студент сидит перед преподавателем, задрав ноги на стол, и жуёт бутерброд. Это, конечно, экстравагантно, но приемлемо°. Кроме того[4], существуют так называемые «конференции» — раз в неделю в течение 45 минут студент встречается с преподавателем один на один. Обсуждать можно всё. Созданы все условия, чтобы студент «нашёл себя», самовыразился. Короче[5], если ты действительно хочешь чего-то добиться°, у тебя здесь есть для этого все возможности.

acceptable

to achieve

— Интересно узнать, как налажена жизнь в «кампусе» — студенческом городке?

— Большинство американских колледжей расположены в небольших городках с населением 10–15 тысяч человек. Студенческий «кампус» — это в среднем 1,5–3 тысячи студентов и преподавателей, и выглядит он как своеобразный город в городе. Своя библиотека, свой спортивный комплекс, столовая, магазины, службы быта[6]. Обслуги как таковой нет — везде подрабатывают студенты.

У нас «общага» — это огромное здание в 9–12 этажей, длинные коридоры, постоянное мелькание лиц — знакомых, незнакомых. Я москвич, живу дома, и чувство «казённости»[7] никогда не покидало меня, когда я бывал у своих друзей в общежитии. В Америке всё не так. Здесь маленькие, уютные° домики, не выше двух этажей. Выкрашены они в приятные для глаза цвета, и каждый домик имеет не номер, а имя — в честь людей, которые или построили его, или имеют отношение к истории колледжа. Обычно в таком домике живут не более 12 человек.

cozy

Быт американских студентов поначалу кажется несколько° странным. Практически отсутствует мебель. Кровать — это матрац на полу. Рядом — стереосистема, компьютер. На стене 2–3 полки для кассет, плакаты. В углу — груда книг, шкаф для

somewhat

---

[4] кроме того *in addition*

[5] короче *in short*

[6] служба быта *repair shops*

[7] казённость (pejorative) *governmental formality*

одежды. Чаще всего[8] комната выглядит так, словно здесь всю ночь была пирушка°. — lively party

Общественная жизнь кипит[9]. Существует масса всевозможных организаций, клубов, секций — от клуба гомосексуалистов до желающих заниматься вышивкой по шёлку.

— Какие отношения сложились у тебя с американскими сверстниками?

— Выяснилось, что они мало знают об СССР; вопросы задают самые разные — от неимоверно глупых до продуманных и вполне обоснованных. Потом наступает пора дискуссий — на темы политики, торговли, секса, развлечений. Те, кто прошёл через все эти этапы, становятся близкими знакомыми, иной раз друзьями. Но культ индивидуализма, существующий в США, ощущается° (is felt) и в учебных заведениях. Здесь никогда сосед по парте[10] не подскажет на уроке или на экзамене, не подкинет шпаргалку° (crib sheet), не даст посмотреть курсовую работу. Дух жестокого соревнования° (competition), как и в реальной, взрослой жизни, — норма. Если сказать преподавателю, что кто-то списывает° (is copying), то это не только будет поощрено° (encouraged) администрацией, но и у студентов не вызовет отрицательной реакции.

Общий язык с американцами, честно говоря[11], не всегда удаётся найти. Слишком различны интересы, хотя и имеешь дело со сверстниками° (people one's own age). Одна из причин та, что американские студенты взрослеют очень поздно. Колледж — это как бы продолжение школы, но на более высоком уровне обучения.

Свобода, демократия — сколько нас здесь упрекали° (reproached) в их отсутствии в Советском Союзе! Может быть, они во многом и правы, не зря[12] же мы сейчас стараемся перестроиться[13]. Сами же

---

[8] чаще всего *most of the time*

[9] жизнь кипит *life is in full swing* (кипеть *to boil)*

[10] сосед по парте *deskmate*

[11] честно говоря *to tell the truth*

[12] не зря *not for nothing*

[13] перестроиться *to restructure ourselves.* A reference to Gorbachev's reforms, called гласность and перестройка.

американцы просто помешаны на свободе, это у них, что называется, в крови. Ты волен° делать что хочешь, когда хочешь и где хочешь. В общем[14], американская молодёжь более непосредственна и раскованна°, чем мы.

free

uninhibited

---

Из журнала «Спутник» (1990)

**Упражнение**

■ Выразите своё согласие или несогласие со следующими утверждениями. Объясните свой выбор.

1. Студенты вашего вуза стара́ются поня́ть себя.
2. Сре́дняя опла́та за обуче́ние в ча́стном колле́дже — 14–15 ты́сяч в год.
3. С дипло́мом бакала́вра можно найти работу и получать прили́чные деньги.
4. Отноше́ния с преподава́телями в американских колле́джах очень демократи́чны. (Сначала обсудите, какие примеры демократичности приводит Андрей.)
5. В вашем вузе со́зданы все усло́вия, чтобы студент «нашёл себя». (Приведите примеры.)
6. Раз в неделю в тече́ние 45 минут студент встречается с преподавателем один на один.
7. В Америке вместо огро́мных общежи́тий — маленькие ую́тные до́мики.
8. В студе́нческих комнатах практи́чески отсу́тствует ме́бель.
9. Здесь (в Америке) сосед по па́рте не подска́жет на уроке или на экзамене, не подки́нет шпарга́лку, не даст посмотреть курсову́ю работу.
10. Колле́дж — это как бы продолже́ние школы, но на более высоком у́ровне обуче́ния.
11. В Америке ты во́лен делать что хочешь, когда хочешь и где хочешь.

**Давайте поговорим!**

1. Должны́ ли отноше́ния между студентами и преподавателями быть демократи́чными? Что это значит?

---

[14] в общем *in general*

2. Стара́ются ли ваши све́рстники «найти себя»? Как?
3. Вы хотели бы поча́ще встречаться со своими преподавателями «один на один»? Почему или почему нет?
4. Ваш вуз находится в большом городе или в небольшом? Какие преиму́щества в каждом слу́чае?
5. Есть ли в вашем вузе студенты из других стран? Вы дру́жите с ними? Какие проблемы возника́ют между вами из-за ра́зницы культу́р? Удаётся ли вам найти с ними о́бщий язы́к?
6. Как вы отно́ситесь к лю́дям, которые по́льзуются шпарга́лками?

   Возможные ответы:

   а. с презре́нием
   б. я их ненави́жу
   в. я их не люблю
   г. мне неприятно
   д. это нече́стно
   е. мне всё равно
7. По вашему мнению, многие студенты спи́сывают на экзаменах? Почему они списывают? Стресс? Мало времени? Ленивые? Плоха́я па́мять?
8. Как вы думаете, должно ли быть больше (или меньше) свобо́ды в вы́боре предме́тов в вашем вузе?

## Сочинение

1. Письмо. Ваша русская подруга прочитала описание студенческой комнаты в статье Андрея и спрашивает вас, так ли выглядит ваша комната. Ответьте ей.
2. Письмо. Ваш русский друг попросил вас рассказать о вашем университете. Ответьте ему.

## Ролевая игра

Обсудите с вашим 17-летним братом в какой колледж ему поступать. Дайте конкретные примеры. Не соглашайтесь с его выбором.

## WORD STUDY

### Roots

**ступ-** ***step***
поступить/поступать *to enter, join*
вступительный (экзамен) *entrance (exam)*
выступать/выступить *to perform, appear, speak (in public)*
наступать/наступить *to come, arrive*
Сейчас зима. Скоро наступит весна.
преступление *crime (stepping across)*
Ф. М. Достоевский написал роман «Преступление и наказание».

**мн- мин- мят- мя-** ***memory***
память *memory*
помнить *to remember*
памятник *monument*
вспоминать/вспомнить *to recall (to call up from memory), reminisce*
запоминать/запомнить *to commit to memory*
Преподаватель сказал: «Запомните эти слова».

**цен-** ***worth, value***
оценка *grade (in school)*
цена *price*
ценить *to value*

**стой-** ***cost*** (also ***stand***)
стоить *to cost*
стоимость *cost*

**рав- ров- рав-н- ров-н-** ***equality, evenness, level, similarity***
Мне всё равно. *It's all the same to me.*
ровно *exactly*
Я пришла ровно в 6 часов.
равенство *equality*
равноправие *equal rights*
уровень *level*

**бр- бир- бер- бор-** ***take***
брать *to take*
Отец берёт дочку за руку и идёт с ней в парк.
выбирать/выбрать *to choose*
В начале семестра студенты выбирают предметы.

выбор *choice*

У нас на факультете большой выбор предметов.

**помог- помоч- помощ-** ***help***

помогать/помочь *to help*

помощь (f.) *help*

Наш преподаватель очень добрый: к нему всегда можно обратиться за помощью.

помощник *helper*

Студенты Харьковского института взяли в помощники звук и даже шум.

**серед- сред-** ***heart, middle***

среда *Wednesday; environment, surroundings*

Экология — это изучение окружающей среды.

средство *means*

средства к существованию *means of existence*

середина *middle*

В середине комнаты стоит большой стол.

средний *average*

Средняя оплата за обучение в частном колледже — примерно $20 000.

в среднем *on average*

непосредственный *spontaneous, direct*

Американские студенты более непосредственны, чем русские.

## Упражнения

**А.** Подчеркните слова, в которых есть корни, данные вверху. Определите их значение по контексту.

1. В России сейчас большая инфляция — цены растут каждый месяц.
2. Андрей сказал в интервью, что американские студенты более непосредственны, чем русские.
3. Он также сказал, что американский кампус — это в среднем 1,5–3 тысячи студентов и преподавателей.
4. Я очень ценю нашу дружбу.
5. В больших городах много преступности, и ночью люди боятся выходить из дома.
6. Когда я была в Италии, я купалась в Средиземном море.
7. Последние курсы российского вуза — это уровень профессиональной школы в Америке.
8. Лозунг Французской революции: «Свобода, равенство, братство».
9. Американцы верят в равноправие для всех.

10. Студенты Харьковского института выяснили, что беспрерывная речь воспринимается на слух 3–5 минут. Затем наступает торможение.
11. Андрей сказал, что сначала американские студенты задают ему вопросы, а потом наступает пора дискуссий.
12. Слова и текст запоминаются с умело подобранными звуками — музыкой, шумом моря.

**Б.** Заимствования. Просмотрите текст и найдите соответствующие русские слова: correspondent.

(1), Negro (3), Latin American (3), special funds (3), law school (think ''jurist'') (4), privileged (4), egalitarianism (6), pedagogue (7), extravagant (7), athletic center (sports complex) (9), cult of individualism (14), norm (14).

Золотые медалисты-выпускники факультета вычислительной математики и кибернетики при МГУ

## ТЕКСТ 5 ПЕРЕМЕНЫ В РОССИЙСКОЙ ВЫСШЕЙ ШКОЛЕ

### До чтения

1. Российский pertains to the Russian Federation; русский pertains to Russians as an ethnic group. The Российская Федерация contains dozens of ethnic groups, including Russians.
2. Высшая школа refers to higher education.

Российская система образования, имеющая богатую историю и традиции, переживает сейчас тяжёлые времена. Экономические проблемы в стране привели к снижению престижа высшей школы среди молодёжи.

На двадцать процентов сократилось количество° студентов в российских вузах. Из-за значительного уменьшения числа желающих поступить на технические и естественно-научные специальности вузы вынуждены° закрывать эти специальности.

quantity

obliged

Вместе с тем[1] резко вырос конкурс при поступлении на экономические, финансовые и юридические факультеты. Это объясняется возрастанием роли экономических структур в хозяйстве страны и необходимостью подготовки специалистов для этих структур. Экономисты и юристы сейчас самые престижные специальности в России.

Самой серьёзной проблемой высшей школы является нищенское° финансирование вузов. Получив самостоятельность в решении многих вопросов, вузы сами должны решать и свои финансовые вопросы.

paltry

Чтобы выжить в сложных экономических условиях учебные заведения вынуждены сдавать в аренду[2] коммерческим организациям свои здания и общежития, а также приглашать на учёбу иностранцев, которые платят за обучение валютой°. По этой же причине все вузы страны ввели платное обучение по наиболее престижным специальностям, таким как экономика, финансы и юриспруденция.

foreign currency

[1] вместе с тем *at the same time*

[2] сдавать в аренду *to rent out*

Низкая зарплата преподавателей привела к тому, что около 15% преподавателей покинули российские вузы. Одни перешли из государственных учебных заведений в частные, другие совсем ушли из системы образования, а третьи уехали из страны в поисках достойной зарплаты.

Не в лучшем положении находятся и студенты. Сегодня студенческая стипендия в среднем составляет двадцать пять тысяч рублей. Это намного ниже прожиточного минимума. Чтобы хоть как-то сводить концы с концами[3] основной массе студентов приходится подрабатывать. Конечно, студенты пропускают занятия, потому что учебные программы требуют посещать занятия шесть дней в неделю по шесть часов ежедневно.

Возможности найти работу по специальности после окончания вуза ограничены°. Выпускники, особенно физики, химики, математики не могут устроиться на работу, а если удаётся, то получают они гроши. — limited

Многие молодые ребята поступают в вузы, чтобы получить отсрочку и не служить в армии. А своё будущее они видят не в школах, университетах или конструкторских бюро, а в казино, ресторанах или в коммерческих фирмах.

В этом учебном году больше, чем полмиллиона молодых людей стали первокурсниками. Из них почти пятьдесят тысяч человек начали обучение в частных вузах. Первые частные учебные заведения, как альтернатива государственной системе образования, появились в 1989 году.

Частные вузы предоставляют больше возможностей для внедрения оригинальных методик и нетрадиционных педагогических теорий. Однако уровень и качество образования в них, несмотря на высокую плату за обучение, не всегда соответствуют° качеству обучения в государственных вузах. Кроме того, частные вузы, получившие официальную лицензию департамента образования на учебную — correspond

[3] сводить концы с концами *to make ends meet*

деятельность, не имеют пока° права[4] выдавать своим выпускникам диплом об окончании вуза.

for the time being

Несмотря на децентрализацию всей системы образования внутри° самих вузов значительных положительных изменений практически не произошло. К сожалению, вузы заняты сейчас в основном[5] решением финансовых вопросов, а не улучшением учебных программ.

within

В целом[6] же наблюдается снижение качества обучения, ведь и преподаватели, и студенты, помимо основной работы и учёбы, вынуждены искать дополнительные средства к существованию. В вузах всё ещё сохраняется административная бюрократическая система. Трудно изменить за короткий срок стереотипы мышления, которые формировались десятилетиями.

---

По материалам русской прессы (1994)

**Ответьте на вопросы**

1. Почему российская система образования переживает сейчас трудные времена?
2. Почему вузы вынуждены закрывать некоторые специальности?
3. Почему вырос конкурс на экономические, финансовые и юридические факультеты?
4. Какая самая серьёзная проблема у высшей школы?
5. Что вынуждены делать вузы, чтобы выжить в сложных экономических условиях?
6. Почему около пятнадцати процентов преподавателей покинули вузы?
7. Почему студентам приходится подрабатывать?
8. Каковы условия жизни студентов в общежитиях?
9. Почему многие молодые люди поступают сейчас в вузы?
10. Когда появились частные учебные заведения?
11. В чём преимущества частных вузов?
12. Почему качество обучения снизилось?

---

[4] иметь право *to have the right*

[5] в основном *mainly, for the most part*

[6] в целом *on the whole*

13. Почему ещё сохраня́ется администрати́вная бюрократи́ческая система?

## ЧАСТЬ III ИНТЕРВЬЮ

**Разговор с двумя русскими аспирантами из Москвы, Максимом Б. и Романом З. Максим в Америке уже год, а Роман только что приехал. Максим занимается на строительном факультете, а Роман — на математическом.**

### *Prelistening*

1. Что бы вы хотели знать об образовании в России? Напишите 5 вопросов.
2. Как вы думаете, что-нибудь измени́лось в системе образования после разва́ла Советского Союза?

### *While listening*

Listen to the interview. Your goal is to find the answers to the interview questions. Following each question is the name of the student who is answering and key words and phrases used in the answer. Some English translations are provided. Some of the first questions include a shell for you to fill in, but in the others, you are on your own. Sometimes a question is followed up with subquestions, so pay attention to the text so that you can see where an answer is needed.

*Note:* All numbered questions should be answered. Starred questions are those of the interviewer.

*1. Что изменилось в России в системе образования за последнее время?

Максим:
на мой взгляд
свя́зана *tied, connected*
оборо́нная промы́шленность *defense industry*
засекре́чено (cf. секрет)
досту́пно *accessible*
обору́дование *equipment*

---

<BEEP> indicates end of segment on the student tape.

име́ть опыт *to have experience*
из пе́рвых рук

Ответ: Профессора, которые раньше работали ________________, сейчас ________________. Это хорошо, потому что ________________.

*Значит, вы считаете, что стало лучше в этом отношении?

Максим: Да.

***2.** А вы, Роман?

Роман:

присоединя́юсь *I agree (from* со- *and* един-*)*
пережива́ть серьёзные экономи́ческие тру́дности
состоя́ние *condition*
можно охарактеризова́ть
кри́зисный
по́лное отсу́тствие финанси́рования = совсем нет денег

***3.** А как это полное отсутствие финансирования отражается на вузах, например?

Роман:

зарпла́та  ка́дры

Ответ: Самые лучшие студенты __________, потому что __________, а самые лучшие профессора тоже __________, потому что __________.

<BEEP>

***4.** А разве никто не остаётся из хороших студентов?

Роман:

вдали́ от = далеко́ от
положе́ние (the situation) катастрофи́ческое
в ужа́сном состоянии *in awful shape*
опять же
разли́чные програ́ммы

*А вы согласны, Максим? Вы тоже считаете, что так плохо?

Максим:

я могу добáвить *I can add*
конферéнция
регламентúровано свéрху
посещáть конференции
проявлять инициатúву
общáться

Complete either 5 or 6.

**5.** Максим тоже думает, что плохо, потому что ________________.

**6.** Максим думает, что не так плохо, потому что ______________.

<BEEP>

*А как изменилась жизнь студентов?

Роман:

я бы хотел два маленьких замечáния сдéлать
изменúться к хýдшему to change for the worse
буквáльно *literally (from* буква *letter)*
терпúмо *tolerable (from* терпеть *to tolerate)*
пойтú резко вниз
быть в кýрсе *to be informed (of the latest)*
крупнéйшие заведения

**7.** Можете ли вы понять из контекста смысл слова «прикладнáя»? Назовите его антоним.

**8.** Какой вид науки финансúруется (т. е. получает деньги) из госбюджéта, а какой — коммéрческими фúрмами?

**9.** По мнению Романа, что сейчас в катастрофúческом состоянии?

<BEEP>

*Вернёмся к студентам. Я слышала, что они сейчас должны больше работать, подрабатывать, чтобы жить, что стипендии не хватает, правда?

**10.** Максим согласен или нет? Какой пример он привóдит из своей жúзни?

**11.** Как нéкоторые студéнты подрабáтывают? Сколько они получáют? А другие? А Максим? На что он старáлся заработать?

Максим:

сумасшéдшие дéньги
удавáться (кому) *to succeed in*
одинáково *equally*
бéдствовать = быть бедным

Роман:

я присоединя́юсь к ска́занному (very formal) = я тоже так думаю
за прили́чную учёбу

**12.** На что хватало стипендии Романа раньше, а на что — сейчас? Как он жил?

поддéржка *support*
ина́че нельзя *otherwise it's impossible*
прожи́ть

<BEEP>

*Я слышала, что некоторые студенты стали миллионерами. Вы знаете таких?

Максим:

сто́лько же... ско́лько *as much as*
поско́льку *since*
вербова́ть = приглашать на работу

**13.** Сколько миллионéров знает Максим? Сколько они зараба́тывают в мéсяц? Где они работают?

***14.** Почему это иногда опасно?

при себé
в этом смысле *in that sense*

<BEEP>

*Как вы относитесь к частным школам?

Роман:

выбор *choice*

я не отношу́сь к бога́той просло́йке людей = я не богат (прослойка *from* слой *level, stratum*)
привлéчь *attract*
погаша́ть пла́ту за обучéние
я́ркий студент = очень хороший студент

**15.** Как Роман относится к частным школам? Почему?

***16.** Учатся ли хорошие студенты в таких учебных заведениях или только богатые?

***17.** А может ли обыкновенный ребёнок получить хорошее бесплатное образование сегодня в России?

Максим:

всё ещё сохраня́ются = всё ещё есть
у́ровень *level*
сра́внивать *to compare*

**18.** Что считает Максим?

Роман:

доба́вить *to add*
до сих пор *(up) until now*
ка́чество *quality*
вы́вод *conclusion*

**19.** А что считает Роман? Обьясните.

***Postlistening***

Что вы узнали из этого интервью?

## ЧАСТЬ IV ПОДВОДЯ ИТОГИ

**1.** Где лучше учиться, в ча́стном университете или в госуда́рственном? Почему?

**2.** Почему вы учитесь? Чтобы получить зна́ния или получить дипло́м?

**3.** Вы представи́тель студентов в комите́те по переорганиза́ции вашего ву́за. Расскажите, какие у вас есть предложе́ния.

**4.** Ролевая игра. Американские студенты учатся в России. Их попроси́ли рассказать об их университете и показать фотографии. Реши́те между собо́й, о чём будет рассказывать каждый студент, и разыгра́йте эту сцену.

УРОК
# 3

Солист группы «ДДТ» Юрий Шевчук в Московском Дворце съездов

# РОК-МУЗЫКА

Рок-н-ролл жив!

## ЧАСТЬ I СЛОВА И ДИАЛОГИ

Давайте вспомним слова, которые вы уже знаете. Заполните пропуски словами из списка.

**1.** Какую ________________ вы любите?

**2.** Я люблю ________________ музыку Моцарта, Бетховена.

**3.** Я всегда ________________ музыку, когда занимаюсь.

**4.** Я люблю ________________ Уинстона Марсалиса, Дэйва Брубэка.

**5.** Все мои друзья — __________. Мы часто __________ вместе.

**6.** Ты музыкант? На ________________ ты играешь?

**7.** — Хочешь пойти на ________________?
— Да. Сколько ________________ билеты?
— Только $10, это не очень ________________.

**8.** — Я скоро еду учиться в Россию. Что мне взять в подарок?
— Возьми __________. Они маленькие, лёгкие, всем понравятся.

**9.** — Какие русские ________________ ты знаешь?
— Никаких, кроме «Калинки» и «Стеньки Разина».

**10.** — Кто твой любимый ________________?
— Шуберт. Мне также очень ________________ Стравинский.

музыка, классическая, современная, слушать, джаз, рок, музыкант, гитара, играть, концерт, билеты, сколько стоит, дорого, пластинка, кассета, песня, композитор, любимый, нравиться, любить

### Диалог 1

Разговаривают две русские подруги, Лена и Оля.

О. Лена, ты хочешь пойти послушать музыку?

Л. Какую? Классическую или поп?

О. Элтон Джон приезжает в Москву! Правда, билеты на концерт очень дорогие, но он классный певец и прекрасно играет на пиани́но.

Л. А сколько стоят билеты?

О. Не знаю точно, но можно купить самые дешёвые.

Л. Хорошо, давай пойдём.

### Ответьте на вопросы

1. Что хочет делать Оля?
2. Что она говорит о билетах?
3. Что она говорит об Элтоне Джоне?
4. Как вы думаете, что значит «классный»?
5. Какие билеты они купят?

### Скажите

1. Какую музыку вы любите?
2. Какие пéсни вам нравятся?
3. Кто ваш любимый певéц? Певúца?
4. Какие ещё исполнúтели вам нравятся?
5. Билеты на рок-концерты дорогúе? Сколько они стоят?

### Задание

Сочините диалог: пригласите вашего друга на концерт. Обсудите музыкантов/певцóв и цéны на билеты. Разыграйте диалог.

## СЛОВА

дорогóй (adj.)
дóрого (adv.)
дешёвый (adj.)
дёшево (adv.)
клáссный = очень хороший (coll.)
пéсня (gen. pl. пéсен)
пев(é)ц (gen. pl. певцóв)
  певúца (gen. pl. певиц)
играть на + prep.
  Вы игрáете на каком-нибудь инструмéнте? На каком?

инструменты

гитáра
бас-гитáра
контрабáс *double bass*

удáрные *percussion*
барабáн *drum*
аккордеóн
саксофóн
кларнéт

музыкáнты

гитарúст
бас-гитарúст
удáрник
пианúст
аккордеонúст

саксофонúст
кларнетúст

### Задание

Игра (в 2 группах). Одна группа называет úмя исполнúтеля или музыкáнта, а другая группа говорит, кто этот человек и что он делает. Потом группы меня́ются ролями. За каждый правильный ответ даётся один балл. Выи́грывает та команда, которая наберёт бо́льшее коли́чество ба́ллов за ука́занное время.

«Ах Арбат, мой Арбат ...»

## Диалог 2

Разговаривают русский и американский студенты.

Р: У тебя есть за́писи «Битлов»?

А: Да, только на плёнках, а на дисках нет.

Р: А можно переписа́ть?

А: Да. Кто тебе нра́вится больше всех в этой группе?

Р: Мой са́мый люби́мый соли́ст — Джон Леннон. Он прекрасный компози́тор, вокали́ст и гитари́ст.

А: Они ещё популярны в России?

Р: Очень. У нас много поклонников. Альбом Маккартни «Back in the USSR» можно купить только за бе́шеные деньги. Маккартни до сих пор — рок-звезда. А что тебе нравится бо́льше всего в этой группе — слова или музыка?

А: И то и другое.

## СЛОВА

за́пись *recording*
запи́сывать/записать *to record*
перепи́сывать/переписать *to copy*
диск = пласти́нка, компа́кт-диск
плёнка (кассета)
группа
са́мый любимый = любимый
соли́ст
вокали́ст
популя́рный, популя́р(е)н (short form)
покло́нник, фана́т(ка) (coll.) *fan*
бешеные деньги = очень много денег
рок-звезда́
и то и другое *both*

### Ответьте на вопросы

1. Что сказал русский студент о Джоне Ленноне? О какой совреме́нной рок-звезде можно сказать то же самое?
2. В России «Битлз» ещё популярны? А в вашей стране?

### Скажите

1. Какие рок-группы вы любите?
2. Кто в них играет? На чём?
3. Что вам нравится в их тво́рчестве — слова или музыка?
4. Какая их песня вам осо́бенно нравится? Почему? О чём она?

### Задание

Известны ли вам эти направления в современной поп-музыке?

рок
аванга́рдный рок
арт-рок
глэм-рок /гли́тер-рок
джаз-рок
техно-рок
хард-рок
хэви метал
блюз
брейк
гранж
диско
кантри
новая волна́
нью-эйдж
панк
психоделия
реггей
рэп

Ваш русский друг хочет познакомиться с этими направле́ниями в поп-музыке. Какие группы и каких исполни́телей вы посове́туете ему послушать?

## Диалог 3

Американский и русский студенты бесе́дуют о популя́рности за́падного рока в России.

А: Скажи, а в России вы знаете что-нибудь о за́падном роке?

Р: Да, конечно. И очень много.

А: Наско́лько мне известно, рок был запрещён в СССР.

Р: Ты прав. Но несмотря́ на это, мы всё-таки знали самые популя́рные за́падные рок-группы.

А: А вы могли слушать пласти́нки?

Р: У нас нельзя было купить западные пластинки. Ведь рок-музыка существова́ла полулега́льно. Мы передава́ли друг другу кассе́ты.

А: Какие группы были самые популярные?

Р: В 70-е го́ды самыми популярными были «Битлз», «Роллинг Стоунз», «Лед Зеппелин», «Дип Пёрпл».

А: А в СССР приезжа́ли за́падные рок-группы?

Р: К сожалению, нет. Но всё измени́лось, когда начала́сь перестро́йка. В 1989 году в Москве прошёл большой концерт «Рок про́тив нарко́тиков». В нём при́няли уча́стие западные рок-группы «Бон Джови», «Сендерелла», «Мотли Крю», «Скорпионз» и другие. В том же году́ в Москве состоя́лось грандио́зное шо́у брита́нской рок-группы «Пинк Флойд».

А: Как по-твоему, какое направле́ние рока сейчас самое популя́рное в России?

Р: Трудно сказать. Мне кажется, что хард-рок и хэви метал популя́рны.

### Ответьте на вопросы

1. В России знают о западном роке?
2. Советская молодёжь слушала пластинки или кассеты с записями?
3. Какие рок-группы были самыми популярными в Советском Союзе в 70-е годы?
4. Как измени́лась ситуа́ция после перестройки?
5. Какое направле́ние рока сейчас самое популя́рное среди русской молодёжи?

### Скажите

1. Какое направле́ние рока вам нравится и почему?
2. Какая ваша самая люби́мая рок-группа?
3. Какое направле́ние рока сейчас самое популя́рное в вашей стране?

## Диалог 4

Американский и русский студенты говорят о русском роке.

А: Мы на Западе знаем очень мало о русском роке.

Р: Надо сказать, что русский рок всегда был в полулега́льном положе́нии. Рок-группы пели о поли́тике, рели́гии и се́ксе, а об этом нельзя было говорить.

А: А когда возни́к русский рок?

Р: В середи́не 60-х годов. Тогда было всего не́сколько групп. Они пыта́лись копи́ровать западную рок-музыку. Самой популярной группой ста́ла «Машина времени».

А: А что было с роком потом?

Р: В 70-е и 80-е годы русский рок дости́г своего́ апоге́я. Многие группы уделя́ли основно́е внима́ние те́ксту, а не музыке, потому что у них не было хорошей акусти́ческой аппаратуры.

А: Назови́ ваши самые известные рок-группы.

Р: «Аква́риум», «Кино», «ДДТ», «Наути́лус Помпи́лиус», «Брига́да С», «Гражда́нская оборо́на», «Али́са», «Парк Горького».

А: Как измени́лся русский рок после перестройки?

Р: Возни́кло большо́е коли́чество рок-групп самых разных направле́ний. Появи́лись даже ку́льтовые группы. Одна из них — «Корро́зия мета́лла».

А: Надо обязательно что-нибудь послушать. У тебя есть их диски?

Р: Нет, но у меня есть пластинки и кассеты. Приходи, послушаем.

### Ответьте на вопросы

1. Почему русский рок был в полулега́льном положе́нии?
2. Когда возни́к русский рок и как называ́лась самая популя́рная группа?
3. Какие самые известные рок-группы назвал русский студент?
4. Как измени́лся русский рок после перестройки?

### Скажите

1. Знали ли вы что-нибудь раньше о русском роке?
2. О чём поют рок-группы в вашей стране?

## Диалог 5

Максим и Владимир разговаривают о русском роке.

М: Что нового записа́л Макаре́вич[1]?

В: Да так, он ударился в за́умь. Я неда́вно слышал — он пел «Марионе́тки». Так, ничего, заба́вно.

М: Что ещё но́венького слы́шно о други́х?

В: Вот, Варшавский[2] недавно вы́пустил диск. Это кру́то! Игра на гита́ре у него замеча́тельная! Он был недавно назван лу́чшим гитари́стом среди «металлических» групп. Мне нра́вится ритм в его песнях.

М: Кто у него ударник?

В: Круто́й парень, но я забыл его имя.

М: Как пожива́ет «Брига́да С»?

В: Они недавно дава́ли концерт в физте́хе. Все были в отпа́де. Ми́трич [друг Владимира] сорва́л шарф и крути́л над голово́й. Потом они исполня́ли гимн Советского Союза. Это было что-то! Весь зал подпева́л.

М: Мы недавно ездили на рок-фестиваль под Москвой. Там был Шевчук[3] и должны были петь «Весну́». Только Шевчук успел вы́ступить, потом дождь пошёл. Но всё равно классно было! Под конец народ стал танцевать. Кто-то на сцену поле́з, а Шевчук спры́гнул со сцены и пел между рядами. Вообще кла́ссно было!

### СЛОВА

за́умь *arcane/esoteric language*
выпуска́ть/вы́пустить диск *to issue, put out a record or CD*
круто́й (coll.) *fantastic, great, terrific; tough.* This word became very fashionable in the early 1990s.
физте́х — Московский физико-технический институт
быть в отпа́де (sl.) *to be ecstatic*
Ми́трич *colloquial form of the patronymic* Дмитриевич, *from* Дмитрий; *sometimes used as a familiar form of address among males*
сорва́ть (pf.) *to tear off*
крути́ть *to twirl*

---

[1] Солист и гитарист группы «Машина времени»

[2] Гитарист

[3] Солист группы «ДДТ»

исполня́ть *to perform*
подпева́ть *to sing along*
под конец *toward the end*
поле́зть (pf.) *to crawl*
спры́гнуть (pf.) (с + gen.) *to jump off*
сце́на *stage*

**Задание**

Закончите предложение. Одна команда начинает предложение, называя музыканта или певца, а другая команда должна продолжить это предложение.

## WORD STUDY

**Roots**

**пис- пиш-** ***writing***
запись (f.) *recording*
фирма звукозаписи *recording company*
студия звукозаписи *recording studio*
Музыканты Дэвид Гилмор и Ричард Райт из группы «Пинк Флойд» сделали запись старта ракеты.
записывать/записать *to record*
переписывать/переписать *to copy*
Студенты очень часто переписывают музыку популярных песен друг у друга.
описывать/описать *to describe*
описание *description*
списывать/списать *to cheat*
спис(о)к *list*

**пуст- пуск- пущ-** ***release***
выпускать/выпустить *to let out, let go, release; to publish*
Недавно Варшавский выпустил диск.
распущенность (f.) *lack of discipline, licentiousness*
запуск *launch (into space)*
выпускник *graduate*
пусть *let*
Пусть пойдёт Маша. *Let Masha go.*

**основ-** ***base***

в основном *mainly, for the most part*

В основном советские рок-группы копировали американские.

основан (p.p.p. of основать *to found*) *founded*

МГУ был основан в 1755 г.

основной *main, principal*

Русские рок-группы уделяли основное внимание тексту, а не музыке.

### Double Roots

Many words are formed from two roots, sometimes joined by -o- or -e-.

In this lesson you meet всемирно *world*, from все *all*, and мир *world*: «Битлз» были всемирно известны. *The Beatles were world famous.* See also всесторонний, *all-around, thorough*, and всесильный, *all-powerful, omnipotent.*

You also meet высококлассный and высокопрофессиональный. What are the two roots and what do they mean?

Sometimes the first root is truncated, as in спецрейс, from специальный рейс *special flight*, and профсоюз, from профессиональный союз *trade union.*

Открытка с рок-группами, которые принимали участие в концерте «Рок против террора» (1991 г.)

## ЧАСТЬ II ЧТЕНИЕ

**Прочтите письмо одному из авторов учебника от русского поклонника рока.**

Я очень рад, что Вы интересуетесь рок-музыкой, и я Вам хочу рассказать о ней.

История русского рока началась с середины 60-х годов. Было несколько групп, но они, в основном, пытались копировать стиль и музыку западноевропейских ансамблей.

В 70-х и 80-х годах русский рок достиг своего апогея. Было очень много тем для песен, и поэтому многие группы уделяли основное внимание тексту, а не музыке. Лучшие русские рок-группы, по моему мнению, «Кино», «ДДТ», «Машина времени», «Наутилус Помпилиус», «Звуки Му», «Аквариум», «Гражданская оборона» и некоторые другие. Я их располагаю не по рангу популярности. Они все довольно хорошие, и мне трудно сказать, какая группа лучше.

Самые большие события 90-х годов, которые повлияли на развитие рок-музыки в России, были неожиданная смерть Виктора Цоя (лидера группы «Кино»), распад «Наутилуса Помпилиуса» и создание новой группы Вячеславом Бутусовым, который был лидером этой группы, и распад Советского Союза, который заставил русских рокеров искать новые темы для своих песен.

## MAIN READING

## ТЕКСТ 1 «ЮБИЛЕЙ ДЖОНА ЛЕННОНА»

«Сегодня моему мужу исполнилось бы пятьдесят лет», — обратилась вдова легендарного музыканта Йоко Оно к толпе° его почитателей, собравшейся во вторник в здании ООН[1] в связи с юбилеем бывшего участника всемирно известной группы «Битлз». Джон Леннон был убит маньяком-почитателем в Нью-Йорке десять лет назад.

crowd

«Я особенно хотела бы подчеркнуть важность того факта, что мы отмечаем его день рождения, поскольку Джон был человеком любви, а именно

[1] ООН [о-он] — Организация Объединённых Наций

любви не хватает в нашей нынешней жизни», — продолжала Йоко Оно.

Юбилейное торжество транслировалось из здания ООН через спутниковую теле- и радиосвязь по десяткам телеканалов 50 стран мира и более чем тысяче радиостанций. Самые ярые почитатели таланта Леннона прибыли в Нью-Йорк из разных уголков страны.

33-летняя Лора Стаффа приехала в Нью-Йорк из города Бриджуотер, штат Нью-Джерси. «Я была маленькой девочкой, когда впервые увидела Джона в шоу Эда Салливэна. Я помню, как несколько лет спустя° он и Йоко целую неделю не выходили из спальни, чтобы доказать миру, что люди, любящие друг друга, вольны поступать как угодно[2]», — говорит Стаффа.

later

«Я помню Джона, потому что выросла на его музыке. Именно через музыку ему удалось заставить нас считать себя хозяевами° своей судьбы. Ему удалось внести мир в наши души», — говорит ещё одна почитательница Леннона — Джоан Петит из Рочестера, штат Нью-Йорк.

masters

Из газеты «Новое русское слово»

**Ответьте на вопросы**

1. Кто говорит в начале статьи?
2. Где она была? Кто ещё там был?
3. По мнению Йоко Оно, почему отмеча́ют день рождения Леннона?
4. Как ещё можно было видеть или слушать этот юбилей?
5. Что Лора Стаффа помнит о Ленноне?
6. Почему Джоан Петит помнит музыку Леннона?
7. Как ей помогла музыка Леннона?

**Скажите**

1. Музыка «Битлз» всё ещё популярна или она устаре́ла?
2. а. На чьей музыке вы вы́росли?
   б. Что вы любите в его/её песнях?
3. Какие ещё «старые» певцы́ или группы вам нравятся?

[2] как угодно *as (they) please*

### Упражнение

Выразите мнение относительно следующих утверждений. Узнайте мнение других студентов. Согласитесь с ними или возразите.

1. «Джон был человеком любви́, а именно любви́ не хвата́ет в нашей ны́нешней жизни».
2. «Именно через музыку ему удало́сь заста́вить нас счита́ть себя хозя́евами своей судьбы́. Ему удало́сь внести мир в наши ду́ши».

## ТЕКСТ 2 «ПИНК ФЛОЙД» В МОСКВЕ

Невероятно, но факт! Британская группа «Пинк Флойд», занимающая по иерархии в классической рок-музыке второе после «Битлз» место, в начале июня прошлого года гастролировала в Москве.

Если быть очень точными, это был не первый визит «Пинк Флойд» в СССР. Зимой 88-го солист и гитарист группы Дэвид Гилмор и клавишник Ричард Райт на космодроме в Байконуре сделали цифровую запись старта ракеты, имея намерение использовать её в своих будущих композициях. А в интервью они высказали мысль о возможных концертах в СССР. Тогда никто в это не поверил.

Этого просто быть не могло. Ведь в достопамятные времена застоя[1] группа «Пинк Флойд» безоговорочно была зачислена в стан «идейных врагов° социализма», а все её пластинки занесены в «чёрные списки», то есть запрещены к ввозу и распространению в СССР. И уж, конечно, единственная в стране фирма звукозаписи «Мелодия» не выпускала дисков группы.

enemies

Но несмотря на всё это группа была отлично известна и очень популярна в Советском Союзе, а её творчество° являлось° школой для нескольких поколений советских рок-музыкантов.

(creative) work / was

И вот свершилось то, о чём многие годы мечтали все поклонники° рок-музыки в СССР. Воздушный супергигант «Руслан» спецрейсом из Афин доставил в

fans

[1] время застоя *the time of stagnation* — the name given to the Brezhnev era

Москву 140 тонн аппаратуры. Приехал многочисленный технический персонал и сами легендарные музыканты.

Все билеты на их концерты были раскуплены в считанные дни, и рекламы практически не потребовалось. Сто восемьдесят тысяч поклонников рока в возрасте от 15 до 50, москвичи и жители других городов страны, увидели грандиозное высококлассное шоу. «Пинк Флойд» показал в Москве программу, абсолютно аналогичную той, что группа делает в других странах.

Стоит ли[2] описывать шоу, да и возможно ли? Скажу одно: групп такого уровня у нас в стране до этого не выступало, а потому концерты «Пинк Флойд» — первый наглядный пример, как надо делать и что надо понимать под «концертным шоу» в действительности. Умное, тонкое, высокопрофессиональное творчество, грамотная и чёткая работа технического персонала, с умением и вкусом выстроенная программа — вот что показала нам британская группа.

Советские поклонники рока долгое время находились, мягко говоря[3], в странном положении°. (position, situation) Рок-музыка официально как бы[4] не существовала. Мы не видели и уже никогда не увидим «Битлз», Элвиса Пресли, «Лед Зеппелин» и многих других. Правда, в последнее время телевидение стало радовать нас показами всемирно известных, действительно классных рок-музыкантов. Может быть, мы, хоть и с опозданием, сумеем как-то наверстать упущенное[5]. Концерты «Пинк Флойд» в Москве — первый шаг° (step) на этом пути.

---

Из журнала «Спутник» (1990)

---

[2] стоит ли *is it worth*

[3] мягко говоря *to put it mildly*

[4] как бы *as if, supposedly*

[5] наверстать упущенное *to make up for lost time*

**Ответьте на вопросы**

1. Когда группа «Пинк Флойд» впервы́е вы́ступила в СССР?
2. Кто из группы уже побывал там? Когда? Где?
3. Что они сделали?
4. Во что тогда никто не пове́рил?
5. Что говорили об этой группе в эпоху «засто́я»?
6. Можно ли было тогда купить их пластинки в советских магазинах?
7. Какую роль сыграл «Пинк Флойд» в истории советской рок-музыки?
8. Сколько человек пришло на их концерт?
9. Что автор статьи говорит о концерте?
10. Кого не увидели и уже не увидят русские покло́нники рока в России?

## ТЕКСТЫ 3–4

**До чтения**

В последние годы свобода слова изменила язык журналов и газет: журналисты стали использовать разговорный язык, появилось много жаргона. Одни считают, что это снизило уровень письменного языка, а другие — что это делает язык живым и ярким. Обратите внимание в следующих отрывках на такие слова, как «славный», которое раньше употреблялось в высоком стиле («славный народ»), и «балдеть», «попсующие», которые характерны для жаргона.

### ГРУППА ГОДА — «ДДТ»

Несмотря на все разговоры о «засилье попсы» на музыкальной эстраде, именно представителям нашей славной «рок-плеяды» — группе «ДДТ» во главе с легендарным Юрием Шевчуком — читатели «Звуковой Дорожки» отдали большинство голосов (17,2%) в категории «группа года».

### ПЕВИЦА ГОДА — ИРИНА АЛЛЕГРОВА

Певица «одиноких бабских сердец», от которой впрочем чумеет и балдеет изрядное количество российских мужиков, Ирина Аллегрова в четвёртый раз названа нашими читателями «Певицей года», что не может не преисполнить радостью все попсующие сердца. Мадам Аллегрова уверенно вышла в лидеры, набрав 19,5% голосов. Значительно больше, чем у «Выбора России», но, правда, несколько меньше, чем у г-на Жириновского, ха-ха (шутка!).

---

Из газеты «Московский комсомолец» (1994)

**Ответьте на вопросы**

1. Кто и́збран «группой года»?
2. Кто ли́дер этой группы?
3. Кем была на́звана Ирина Аллегрова?

Афиша рок-концерта

## ПЕСНИ

Сейчас вы прослушаете 5 русских рок-песен. Их подобрала 20-летняя москвичка Даша, которая рассказывает, почему они ей нравятся:

Мне кажется, что эти песни через какое-то время станут историей моего поколения. Они отражают все перемены, которые происходили в этой стране. Это видно, слушая эту музыку. Например, если слушать «Машину времени» — это очень старая и хорошая группа, и те песни были любимы и интересны в то время, для тех годов, потому что в них были очень правильные и чёткие слова. Они тогда были новые, они старались петь то, что нельзя было раньше. Для кого-то эти песни были спасением, помогали жить. Они всегда были честными...

### *1.* «Лица стёрты, краски тусклы», группа «Машина времени» Слова и музыка А. Макаревича

Ли́ца стёрты, кра́ски ту́склы,
То ли лю́ди, то ли ку́клы,
Взгля́д похо́ж на взгляд, а день на день,
И я уста́л и отдыха́л.
Балага́н вас приглаша́ет, где ку́клы так
Похо́жи на людей.

Арлеки́ны и пира́ты, циркачи́ и акроба́ты,
И злоде́й, чей вид внуша́ет страх.
Волк и заяц, тигры в клетке,
Все они марионе́тки
В ло́вких и натру́женных рука́х.

Кукол дёргают за ни́тки,
На лице у них улы́бки,
И играет клоун на трубе,
И в проце́ссе представле́нья
Создаётся впечатле́нье,
Что ку́клы пля́шут са́ми по себе́.

Ах, до чего ж поро́й оби́дно,
Что хозя́ина не ви́дно!
Эх, и в темноту́ ухо́дит нить.
А куклы так ему послу́шны
И мы ве́рим простоду́шно в то,
Что ку́клам можно говори́ть.

Но вот хозя́ин га́сит све́чи,
Ко́нчен бал и ко́нчен вечер,
Засия́ет ме́сяц в облака́х.
И ку́кол сни́мут с ни́тки дли́нной
И засы́пав нафтали́ном
В виде тря́пок сло́жат в сундука́х.

**Слова к песне**

стёрты *worn away* (p.p.p. of стереть *to wipe off, erase*)
краски *colors*
балаган *carnival booth*
злодей *villain*
внушать страх *to arouse fear*
волк *wolf*
заяц *hare*
клетка *cage*
ловкий *skillful*
натруженный *worn out*
дёргать нитки *to pull strings*
труба *horn*
представленье *performance*
создаваться *to be created*
впечатленье *impression*
тусклый *faded, dull*
то ли..., то ли... *either . . . or*
кукла *doll*
плясать *to dance*
сами по себе *by themselves*
до чего *how*
порой *sometimes*
хозяин *master*
нить *string*
послушный *obedient*
простодушный *simple-hearted*
засиять (pf.) *to begin to gleam*
засыпать (чем) *to sprinkle (with)*
тряпка *rag*
сундук *trunk*

**2. «Я с детства выбрал верный путь», группа «Машина времени» Слова и музыка А. Макаревича**

Я с де́тства вы́брал ве́рный путь,
Реши́л чем бу́ду занима́ться,
И всё никак я не дожду́сь,
Когда мне сту́кнет восемнадцать.

Когда приду́ в военкома́т,
И доложу́ при всех, как ну́жно,
Что я в душе́ давно́ солда́т,
И пусть меня́ беру́т на слу́жбу.

Мне фо́рму но́вую даду́т,
Нау́чат бить из автома́та,
Когда по го́роду пройду́,
Умру́т от за́висти ребя́та.

Я так реши́л давны́м давно́,
И пусть меня́ет мо́ду мо́да,
И огорча́ет лишь одно́,
Что мне служить всего́ 2 года.

**Слова к песне**

я не дождусь *I cannot wait*
мне стукнет восемнадцать *I'll turn 18*
военкомат = военный комиссариат
доложить (pf.) *to report*
форма *uniform*
зависть *envy*
огорчать *to grieve*
всего = только

**3. «Боже, сколько лет я иду,» группа «ДДТ»
Слова и музыка Ю. Шевчука**

Бóже, сколько лет я иду,
Но не сдéлал и шаг,
Боже, сколько дней я ищý
То, что вéчно со мнóй.

Скóлько лет я жую́ вместо хлéба сырýю любóвь!
Сколько жи́зней в висóк мне плюёт
Воронёным стволóм долгождáнная даль.

**Припев**

Чёрные фáры у сосéдних ворóт,
Лёгки нарýчники, пóрванный рот,
Сколько раз, покати́вшись, моя головá
С перепóлненной плáхи летéла сюда, где
Рóдина, еду я на Рóдину
Пусть кричáт «Уродина»!
А она нам нрáвится,
Хоть и не красáвица.
К свóлочи довéрчива,
А ну, а к нам... тра-ля-ля-ля
Эй, начáльник!

Бóже, сколько прáвды в глазáх
Госудáрственных шлюх,
Боже, сколько веры в руках отставны́х палачéй.
И не дай им опя́ть закатáть рукавá
Суетли́вых ночéй.

**(Припев)**[1]

Из-под чёрных руба́х рвётся красный пету́х,
Из-под до́брых царей льётся в рты́ мармела́д,
Никогда́ этот мир не вмеща́л в себе двух
Был нам бо́гом отец, ну а чёртом...

**(Припев)**

**Слова к песне**

сделать шаг *to take a step*
вечный *eternal*
жую 1st person sg. of жевать, *to chew*
сырой *damp*
висок *temple*
плюёт 3rd person sg. of плевать
воронёный *burnished*
ствол *barrel*
даль *distance*
фара *headlight*
ворота *gates*
наручники *handcuffs*
порванный *torn*
покатиться (pf.) *to roll*
переполненный *full*
плаха *execution block*
уродина *monster*
хоть и *although*
сволочь *scoundrel*
доверчивый *trusting*
шлюха *prostitute*
отставной *retired*
палач *executioner*
закатать рукава *to roll up (one's) sleeves*
суетливый *restless*
из-под (+ gen.) *from under*
рубаха *shirt*
рваться *to tear*
петух *rooster*
вмещать в себе *to hold*

### 4. «Гуд бай, Америка», группа «Наутилус Помпилиус» Слова В. Бутусова, музыка Д. Умецкого

Когда умо́лкнут все пе́сни,
Которых я не знаю,
В терпком во́здухе кри́кнет
После́дний мой бума́жный парохо́д.

Гуд бай, Америка,
Где я не́ был никогда́,
Проща́й навсегда́,
Возьми́ банджо, сыгра́й мне на проща́нье.

[1] There are slight variations in the chorus. The main one is the substitution of «спя́щая краса́вица» for «хоть и не красавица».

Мне стали слишком малы́
Твои́ тёртые джинсы
Нас так до́лго учили любить
Твои́ запре́тные плоды́.

Гуд бай, Америка,
Где я не буду никогда.
Услы́шу ли пе́сню,
Которую запо́мню навсегда́?

**Слова к песне**

умолкнуть (pf.) *to fall silent*
терпкий *tart*
крикнуть (pf.) *to shout out*
пароход *steamboat*
тёртый *worn out*
запретный плод *forbidden fruit*

**5. «Постой! Не уходи! Мы ждали лета», группа «Кино»**
**Слова и музыка В. Цоя**

Постой! Не уходи!
Мы жда́ли ле́та, пришла́ зима́,
Мы заходили в дома́
Но в дома́х шёл снег.
Мы ждали за́втрашний день
Каждый день ждали завтрашний день,
Мы пря́чем глаза́ за што́рами вверх.

**Припев**

В на́ших глаза́х кри́ки «Вперёд»,
В на́ших глаза́х о́крики «Стой»,
В на́ших глаза́х рожде́ние дня и смерть огня́,
В на́ших глаза́х звёздная ночь,
В на́ших глаза́х поте́рянный рай,
В на́ших глаза́х закры́тая дверь,
Что тебе́ ну́жно — выбира́й!

Мы хотели пить — не́ было воды́.
Мы хотели све́та — не́ было звезды́.
Мы заходи́ли под дождь
И пи́ли воду из луж.
Мы хотели пе́сен — не было слов.
Мы хотели спать — не было снов.
Мы носи́ли тра́ур — оркестр игра́л туш.

**(Припев)**

**Слова к песне**

постой *wait*
прячем 1st person pl. of прятать, *to hide*
штора *shutter*
крик *shout*
вперёд *forward*
огонь *fire*
рай *paradise, heaven*
звезда *star*
лужа *puddle*
снов gen. pl. of сон *sleep, dream*
траур *mourning*
туш *flourish*

## ЧАСТЬ III ИНТЕРВЬЮ

**Интервью со Светой и Андреем, русскими студентами-филологами, которые изучали английский язык в столице штата Нью-Йорк, городе Олбани.**

***Prelistening***

1. Что вы знаете о рок-музыке в России?
2. Что бы вы хотели узнать о рок-музыке в России? Напишите 5 вопросов.

***While listening***

Прослушайте интервью и ответьте на вопросы.

*Расскажите, пожалуйста, какую музыку вы слушаете, и какие у вас любимые поп-группы в Советском Союзе?

1. Какую музыку слушает Света?
2. Какие американские группы она любит?
3. Где она слушает американскую музыку, а где — советскую?
4. Как она получает кассеты с американской музыкой?

**Слова**

сту́дия звукоза́писи = студия, где записывают музыку
запи́сывать
перепи́сывать (у кого)

<BEEP>

All numbered questions should be answered. Starred questions are those of the interviewer. <BEEP> indicates end of segment on the student tape.

*Что вы можете сказать о советской рок-музыке? Какие есть группы?

**Слова**

запрещён/запрещены́ *forbidden*
по́льзоваться подде́ржкой *to be supported*
прави́тельство *government*
госуда́рство *state (national)*
ме́стные вла́сти (gen. pl. местных властей) *local authorities*
критикова́ть
безнра́вственно *immoral*
спосо́бствовать разложе́нию сове́тского о́бщества *to undermine Soviet society*
буржуа́зная пропага́нда

■ Закончите предложения.

5. Когда Андрей был маленьким, ________________.
6. В это время критиковали рок-музыку, говорили, что она ______.
7. Когда Андрей был школьником, он слушал две группы: ______.
8. Было трудно попасть на их концерты, потому что ____________.

**Слова**

провинциа́льный город    впуска́ть (куда) *to let in (somewhere)*

9. Положение изменилось (когда?) ________________ и теперь группы растут, как ________________.

<BEEP>

*Какие группы вам нравятся?

10. Какие две группы очень нравятся Андрею?
11. Андрей любит «остросоциа́льные» песни, а Света — нет. Почему ей не нравятся такие песни?

**Слова**

реа́льная жизнь

12. Андрей называет две песни, которые он любит. Одна из них — «Ско́ванные одно́й це́пью». Как называется другая? О чём она?

**13.** Вот припев из песни «Ско́ванные одно́й це́пью»:

Ско́ванные одно́й це́пью,
Свя́занные одно́й це́лью.

Что Андрей говорит об этой песне? О чём она? *Note:* про + acc. is conversational for o + prep.

***Postlistening***

Прослушайте песню, которая вам понравилась больше всего в этом уроке. О чём она? Почему она вам понравилась?

## ЧАСТЬ IV ПОДВОДЯ ИТОГИ

1. Можете ли вы сказать о какой-нибудь рок-группе, что она для вас была «спасе́нием» или что она вам «помогала жить»?
2. Поют ли американские рок-музыканты о социа́льных проблемах? О каких? Должны́ ли они петь о них?
3. Работа в группе. Представьте, что вы учитесь в России. Вас попросили рассказать о вашей любимой рок-группе или любимых песнях. Распределите роли. Принесите плёнки с песнями на следующее занятие.
4. Как вам понравились русские песни, которые вы прослушали? Они были интересные? Оригинальные? Почему они вам понравились/не понравились?
5. Какие вопросы вы бы хотели задать русскому студенту о русском роке?
6. Как бы вы ответили на вопрос: что нового в роке?

УРОК

4

Вечеринка

# АЛКОГОЛЬ И НАРКОТИКИ

Руси есть веселие пить. *

*В 986 году болгарские мусульмане приехали к Великому Князю Киевскому Владимиру, чтобы обратить его в ислам. Ему понравилась идея иметь несколько жён, но ему не понравилось, что надо делать обрезанье и что нельзя есть свинину. Особенно не понравилось, что алкоголь был запрещён и он сказал: «Руси есть веселие пить, не можем без того быть».

Из «Повести временных лет»

# ЧАСТЬ I СЛОВА

## Алкоголь

**пить/выпить**

— Почему в России много пьют?

— Уходят все проблемы, когда вы́пьешь.

**выпива́ть** *to drink (from time to time)*

Он любит выпива́ть = Он часто пьёт.

**вы́пить за что/кого** (pf.)

Тосты: Давай(те) вы́пьем за сча́стье/за хозяйку/за нас!

Во вре́мя второ́й мирово́й войны́ был тост: «Вы́пьем за побе́ду!»

**напива́ться/напи́ться** — стать пьяным

Он часто напива́ется.

**пропи́ть (что)** (pf.) — потратить все деньги на алкоголь; например, пропить зарпла́ту. Пропить жизнь *to drink one's life away*

**пьющий**

— У меня муж красивый и непью́щий.

— Тебе повезло́. Такого трудно найти́.

**пья́ный**

У пья́ных часто болит голова.

Пословица: Что у тре́звого на уме́, то у пья́ного на языке́.

**пьян** (как сапо́жник, в сте́льку)

(Раньше считалось, что сапожники много пили.)

Он вы́пил много, но был не пьян.

**пья́нство** (боро́ться с + inst.)

Многие счита́ют, что пья́нство — это поро́к и с ним надо боро́ться.

Во вре́мя перестро́йки Горбачёв боро́лся с пья́нством.

**алкого́лик**

В России есть ассоциа́ция «Анони́мные алкого́лики».

**пья́ница** *drunkard*

У неё муж — горький пья́ница.

**алкоголи́зм**

В России многие ле́чатся от алкоголи́зма.

**малопью́щий** = человек, который мало пьёт *a moderate drinker*

Он был малопью́щий и некуря́щий.

**Он кре́пко/си́льно пьёт.** *He's a hard drinker.*

Её брат си́льно пьёт.

**запи́ть** (pf.) *to go on a drinking bout*

Его бро́сила жена и он запи́л.

Раз в месяц у неё был запо́й.

**самого́н** (варить, гнать)

В России во мно́гих се́мьях го́нят (делают) самого́н.

**алкого́ль/спиртно́е**

Мужчины склонны к употребле́нию алкого́ля чаще, чем женщины.

Я не пью спиртного.

**спирт**

В России иногда пьют чистый спирт (93% алкоголя).

В Сибири пьют спирт, потому что он согрева́ет.

**сообразить на троих** (pf.)

В России, если человек хочет выпить, но ему не хвата́ет де́нег на бутылку, он обычно находит ещё двои́х, которые хотели бы вы́пить и раздели́ть по́ровну пла́ту.

**Где пьют:** в баре, в ресторане, в пивно́й, на улице, дома, в ба́не

Плакат периода перестройки

## Наркотики

**наркотики**
употреблять нарко́тики *to use drugs*
пробовать/попро́бовать нарко́тики *to try drugs*

— Скажите, русские студенты употребляют нарко́тики?

— Я думаю, что не́которые из них, конечно, про́бовали.

**наркома́н** *drug addict*
Недавно я узнал, что мой друг — наркоман.
**наркомания**
Наркомания — большая проблема в американских города́х.
**наркоби́знес**
В газете была статья о наркоби́знесе.
**марихуа́на** (sl. тра́вка, дур)

— Ты про́бовала марихуану?

— Да, один раз, но мне не понравилось.

**легализова́ть (марихуану, наркотики)** *to legalize*

— Как ты думаешь, марихуана должна быть легализо́вана?

— Да, в Англии больные ра́ком могут курить её даже в больни́цах.

— А я думаю, курить марихуану вре́дно для здоровья.

**лега́льно/нелегально**
У нас в Америке продавать наркотики — нелегально.
**гаши́ш** (sl. анаша́)
**герои́н** (sl. ге́ра)
**кокаи́н** (употреблять, коло́ть, ню́хать)
**мо́рфий** *morphine* (sl. ма́рфа)
На улицах больших городов можно купить любые наркотики: героин, кокаин, марихуану.
**продаве́ц наркотиков/торгаш наркотиками** *drug dealer/pusher*
**шприц** *(hypodermic) needle*
**коло́ться** (+ inst.), *to inject oneself (with), to use a needle*
**кайф** *high*
**лови́ть /пойма́ть кайф, почувствовать кайф** *to get high*
Когда он укололся первый раз, он не почувствовал никако́го ка́йфа.
Многие употребляют наркотики, чтобы пойма́ть ка́йф.
**кайфова́ть** *to be high*
Он кайфова́л от вы́питого.

**распространенó** (p.p.p.) *widespread*

— У вас распространенó употреблéние наркотиков?

— Очень много молодёжи хочет попробовать, но люди постарше предпочитáют алкогóль.

**строго накáзывать** *to give stiff penalties*

— У вас стрóго накáзывают за продажу наркотиков?

— Если поймáют — да.

**давать/дать небольшóй срок** *to give a light penalty (a short term)*

Моего знакомого поймáли с марихуаной, но ему дали небольшой срок.

**легкó отделаться** (pf.) *to get off easy*

Он легкó отдéлался — ему дали небольшой срок.

**лечи́ться** *to go for treatment*

Если ты наркоман, то должен лечи́ться.

**болезнь** (f.) *illness, sickness*

**слабость** (f.) *weakness*

**слабая си́ла воли** *lack of willpower*

— Как ты думаешь, наркомáния — болезнь или слáбость?

— Я думаю, что наркомáн может перестать употребля́ть наркотики, если он очень захочет. Если же он продолжáет употребля́ть, это значит, что у него слáбая сила воли.

**вредно (для здоровья)** *harmful (to one's health)*

Как вы думаете, курить марихуану вредно?

**мафия**

Мафия занимается наркоби́знесом.

## Упражнения

**А. Алкоголь.** Выберите слова из списка и заполните ими пропуски. Используйте каждое слово только один раз. Поставьте слова в нужную форму.

1. У нас идёт борьба с ________________. Магазины закрываются рано и водка подорожала.
2. Давайте ________________ за дружбу!
3. В пятницу у нас была вечеринка и Роберт ________________.
4. Во многих городах можно видеть ________________ на улице.

5. Отец моего друга — __________. Он каждый день __________.
6. Как вы думаете, американские студенты __________ слишком много?
7. Посмотрите на этого мужчину! Он ______________!

пить
пьян
напиться
алкоголик
выпить
напиваться
пьянство
пьяный

**Б. Наркотики.** Выберите слова из списка и заполните ими пропуски. Некоторые слова можно использовать несколько раз.

1. Мой знакомый был (кем) __________, но он решил __________, и сейчас он здоров.
2. В России идёт борьба с ______________, поэтому в магазинах нет мака (poppy seeds).
3. Ты когда-нибудь курил ______________?
4. Курение — ______________ для здоровья.
5. В российских больницах не хватает одноразовых ______________.
6. Среди моих знакомых никто не употребляет ______________. В 60-х и 70-х годах многие ______________, а сейчас нет.
7. Скажите, в России ______________ — большая проблема?

наркотики
марихуана
наркомания
шприцы
наркоман
вредно
лечиться
употреблять

### Скажите

1. Вы пью́щий?
2. Как вы думаете, американские студенты пьют слишком много?
3. Вы когда-нибудь напива́лись?
4. В вашем университете студенты употребляют наркотики? Какие? Где они их достаю́т?
5. Почему люди употребляют наркотики?
6. Что бы вы хотели спросить вашего русского знакомого об употребле́нии алкоголя и наркотиков в России? Напишите 5 вопросов.

# ЧАСТЬ II ЧТЕНИЕ

## MAIN READING

## ТЕКСТ 1 «ВОДКА — БЕЛАЯ МАГИЯ РУССКОГО МУЖИКА»

### До чтения

1. Прочтите заглавие. Что оно значит? Как вы думаете, почему автор называет водку «белой магией»?
2. Почему люди пьют в вашей стране?

**Причины для питья** (хотя русские говорят: «Была бы водка, а по́вод найдётся»)

с го́ря *to drown one's sorrows*
для удово́льствия *for fun/pleasure*
для ка́йфа *to get high*
чтобы заглуши́ть боль *to dull the pain*
чтобы зали́ть го́ре *to dull one's grief*
чтобы успоко́ить не́рвы *to alleviate anxiety, to calm down*
чтобы успоко́иться *to calm down*
чтобы забы́ться, отключи́ться *to escape*
чтобы разряди́ться, рассла́биться *to unwind*

**Также пьют:**

от/с нужды* — от бедности

от/со скуки — жизнь скучная, делать больше не́чего, не́чем заня́ться
от духо́вной пустоты́ — нет идеа́лов, не́ во что верить
потому что нет перспектив на будущее
на праздники, когда встречаешься с друзьями
после бани
когда есть неприятности на работе, дома
просто, чтобы напи́ться

*The preposition от can be used with the genitive case to indicate cause. In colloquial Russian there are also several fixed expressions with с + gen. that indicate the cause of someone's nonvolitional action, including с горя and со скуки.

3. Как вы думаете, почему русские пьют — по тем же причинам, что и в вашей стране или по другим причинам?
4. Теперь прочтите текст без словаря. Подчеркните слова, которые кажутся вам самыми главными для того, чтобы понять текст.

## «ВОДКА — БЕЛАЯ МАГИЯ РУССКОГО МУЖИКА»

Пьянство — наш коренной национальный порок° и больше — наша идея-фикс°. Не с нужды и не с горя пьёт русский народ, а по извечной потребности в чудесном и чрезвычайном[1], пьёт, если угодно[2], мистически, стремясь вывести душу из земного равновесия° и вернуть её в блаженное бестелесное состояние. Водка — белая магия русского мужика[3]; он её решительно предпочитает° чёрной магии — женскому полу.... Мы, русские, за бутылку очищенной[4] отдадим любую° красавицу [Стенька Разин[5]].

порок° — vice, defect
идея-фикс° — obsession
равновесия° — equilibrium
предпочитает° — prefers
любую° — any

**А. Синявский**[6], «Мысли врасплох»

### Так или не так?

1. Синявский говорит, что русские любят водку больше, чем женщин.
2. Синявский говорит, что русский народ пьёт, потому что беден и несчастлив.

[1] по потребности в чудесном и чрезвычайном *out of a need for the miraculous and extraordinary;* по + dat. indicates cause

[2] если угодно = если хотите

[3] мужик (coll.) *man, guy*

[4] очищенная = водка

[5] Sten'ka Razin was a Don cossack and leader of a rebellion of cossacks and peasants in the Volga region in 1670. The rebellion was suppressed in 1671, and Razin was executed. This reference is to the folk song in which Razin, challenged by his drunken comrades, throws his Persian mistress overboard.

[6] Известный русский писатель и критик. В 1965 году был арестован за публикацию своих произведений за границей. Был освобождён из тюрьмы в 1971 году и в 1973 году покинул СССР. Теперь живёт в Париже.

3. Синявский говорит, что русский народ пьёт, потому что хочет испытать иное состояние души.

**Ответьте на вопросы**

1. Что заставля́ет русских пить?
2. Как русские пьют?
3. Чем является водка для русского мужика́?
4. Что русский мужи́к предпочита́ет — водку или женщин?
5. За что русские могут отдать любу́ю краса́вицу?
6. Какое слово в тексте объясняет, почему русские пьют? Можно ли сказать то же самое об американцах?
7. Как по-вашему, почему А. Синявский называет водку «белой ма́гией»?

## WORD STUDY

### Roots

The Sinyavsky reading is rich in abstract words formed from common roots. Find the words with the following roots in the text and underline them. Which word has two roots? What are they? What do the words mean?

нуж- нужд- *need*
треб- *require, demand*
чуд- *miracle, marvellous*
рав- *equal, level*
вес- веш- *weight*
благ- блаж- *good, blessed*
тел- *body*
чист- чищ- *clean, pure*

### Упражнение

Переведите на английский язык.

1. Рабочие требуют больше денег.
2. Ричард Никсон был вынужден уйти в отставку.
3. — Вы верите в чудеса?
   — Нет, не верю. Например, я не верю, что можно ходить по воде.

4. Девушка говорит: «Он ко мне равнодушен, но я его всё равно люблю».
5. Гимнаст потерял равновесие и упал.
6. Очищенная водка лучше по вкусу.
7. Когда Серёжа уезжал, Маша пожелала ему всех благ.
8. Из учебника по географии США: «Между Скалистыми горами (Роки) и Аппалачами лежит большая равнина».

## ТЕКСТЫ 2–4 О РОЛИ ВОДКИ В РУССКОМ БЫТУ

**До чтения**

**Знаете ли вы, что**

1. В России раньше было принято платить за услуги не только деньгами, но и водкой. Например, если у вас в доме сломался кран и вы вызываете водопроводчика, вы можете заплатить ему бутылкой водки.
2. Русские пьют в бане и обязательно после бани.

## ТЕКСТ 2 «ПИЛИ И БУДЕМ ПИТЬ»

У нас теперь почему-то никто с тобой без «ста граммов»[1] и разговаривать не хочет. Пригласи электрика на починку — гони бутылку на стол, запчасть[2] получить на складе — гони бутылку, а то[3] и две, получить накладную — ещё бутылку. Теперь эта бутылка у нас везде играет основную роль. А попробуй выступи против[4] такого порядка, не будет тебе ни электрика, ни запчастей, ни накладных, ни многого другого. Даже соседей хороших не будет. И это правда!

---

Из письма в редакцию газеты «Правда Украины», процитированного в статье Р. Рождественского в газете «Новое русское слово» (1975)

---

[1] сто граммов — традиционная порция водки

[2] запчасть — запасная часть *spare part*

[3] а то = а иногда

[4] выступить против *to oppose*

## ТЕКСТ 3 «СКУЧНАЯ ЖИЗНЬ...»

Мы пьём потому, что скучная жизнь. Мои папа и мама пьют. Я их жалею, но что я могу сделать. Тоже придётся[1] пить.

Из другого письма, процитированного в статье Р. Рождественского

**Скажите**

1. Как относится автор письма к проблеме пьянства?
2. Как вы думаете, сколько ему/ей лет?
3. Как вы относитесь к этой проблеме? Если бы у вас в семье был алкоголик, что бы вы сделали? Как бы вы относились к этому человеку?
4. Как вы думаете, алкоголизм боле́знь или человек сам выбира́ет этот путь и может бро́сить пить, если очень захочет?

## ТЕКСТ 4 «ПЕЙ, ГУЛЯЙ...»

Пьют все, пьют везде. По поводу и без повода[1a]. Пьют в праздники и в будни...

Пьют дома, в общественных столовых и закусочных, пьют на вокзалах, в поездах. Пьют даже в банях, до парилки[2], а уж после парилки обязательно. Пьют в ресторанах...

Духовная пустота, бесперспективность, материальная необеспеченность — вот причины° (cause, reason), породившие в таких масштабах° (scale) народное пьянство. Ведь пьют не только те, кому это по карману. Многие живут от получки° (paycheck) до получки и пьют, чтобы как-то забыться, на время уйти от постоянных забот и тревог. У кого деньги есть, пьют по принципу: пей, гуляй, что будет завтра неизвестно.... Молодёжь пьёт,

[1] придётся = надо будет

[1a] по поводу и без повода *for a good reason and for no reason at all*

[2] парилка *wet steam room.* В России баня является народной традицией. Туда ходили по субботам все, бедные и богатые. И сейчас принято ходить в баню, а также пить там водку, пиво или коньяк. Это заставляет людей потеть ещё больше, что считается полезным для здоровья. Вот две пословицы о бане: (1) Таба́к да каба́к, ба́ба да ба́ня, одна́ забава; (2) Баня — мать втора́я.

не видя каких-либо перспектив в будущем. Хулиганство, драки, изнасилование, даже убийство во время молодёжных вечеринок — явление рядовое[3].

По пятницам, субботам и воскресеньям вытрезвители[4] переполнены. Уже не говоря о[5] праздниках, когда подбирают только валяющихся на улицах.... Ежедневно в стране тысячи пьяных людей попадают за решётку[6]: кто на 15 суток, а кто на более долгий срок. В результате рушатся семьи, седеют матери, ломаются судьбы молодого поколения°... generation

Из статьи А. Пановского «Пей, гуляй...», «Новое русское слово» (1976)

**Ответьте на вопросы**

1. Где пьют русские?
2. Почему они столько пьют?
3. Почему пьют люди, которые живут «от полу́чки до полу́чки»?
4. Почему пьют люди, у которых есть деньги?
5. Почему пьёт молодёжь?
6. Что происхо́дит во вре́мя молодёжных вечери́нок?
7. Когда перепо́лнены вытрезви́тели?
8. Сколько ежедне́вно аресто́вывают пьяных людей?
9. К чему приво́дит пьянство?

**Давайте поговорим!**

1. Какая связь между после́дним предложе́нием в этом письме (текст № 4) и предыдущим письмом (текст № 3)?
2. Что бы вы сделали, если бы увидели лежа́щего на улице пьяного человека? В ответе используйте следующие варианты. Объясните свой выбор.
   а. Вы́звал(а) бы врача.
   б. Вы́звал(а) бы милиционе́ра/полице́йского.

[3] явление рядовое *usual phenomenon*

[4] вытрезвитель *drunk tank* (трезвый *sober*). В России люди относятся терпимо к пьяным, лежащим на улице. Их жалеют, особенно женщины, и помогают встать, потому что если их найдёт милиция, они могут попасть на 15 суток в вытрезвитель.

[5] не говоря о *not to speak of*

[6] попадать за решётку *to wind up behind bars*

в. Помог(ла́) бы ему встать.
г. Прошёл/прошла бы мимо.
д. Довёл (довела́) бы до дома.
е. ...

3. Как бы вы отнеслись к такому человеку? Вы бы его пожалели? Выберите один из вариантов.
   а. Мне было бы противно.
   б. Мне было бы неприятно.
   в. Мне было бы жалко.
   г. ...
4. Как вы думаете, сле́дует ли жалеть алкоголиков?
5. Можете ли вы сказать о своей стране́:
   а. Пьют все, пьют везде.
   б. Пьют по по́воду и без по́вода.
   в. Пьют в пра́здники и в бу́дни.
6. Назовите причины, по которым пьют в вашей стране. (Просмотрите ещё раз выражения перед текстом А. Синявского.)
7. Вы́разите свою то́чку зре́ния относи́тельно утвержде́ния автора: «В результа́те ру́шатся се́мьи, седе́ют ма́тери, лома́ются су́дьбы молодо́го поколе́ния».

## ТЕКСТ 5 СТРАНА

**До чтения**

1. В тексте № 4 автор пишет, что в результате пьянства рушатся семьи. Что это значит? Вы согласны?
2. Как вы думаете, алкоголик может быть хорошим отцом или матерью?
3. Грамматика: не забудьте о разнице между «пока» *while* и «пока не» *until.*

Теперь прочтите рассказ. Сначала постарайтесь понять общий смысл, а потом ответьте на вопросы после текста.

### СТРАНА

Кто скажет, как живёт тихая, пьющая женщина, одна со своим ребёнком, никому не видимая° в однокомнатной квартире. Как она каждый вечер,

° visible

какой бы ни[1] была пьяной, складывает вещички своей дочери для детского сада, чтобы утром всё было под рукой.

Она сама со следами° былой красоты на лице — брови дугами, нос тонкий, а вот дочь вялая°, белая, крупная девочка, даже и на отца не похожая, потому что отец её яркий блондин с ярко-красными губами. Дочь обычно тихо играет на полу, пока мать пьёт за столом или лёжа на тахте. Потом они обе укладываются спать, гасят свет, а утром встают как ни в чём не бывало[2] и бегут по морозу, в темноте, в детский сад.

traces
limp

Несколько раз в году мать с дочерью выбираются в гости, сидят за столом, и тогда мать оживляется, громко начинает разговаривать и подпирает подбородок одной рукой и оборачивается, то есть делает вид[3], что она тут своя[4]. Она и была тут своей, пока блондин ходил у ней в мужьях, а потом всё схлынуло, вся прошлая жизнь и все прошлые знакомые. Теперь приходится выбирать те дома и те дни, в которые яркий блондин не ходит в гости со своей новой женой, женщиной, говорят, жёсткого° склада, которая не спускает никому ничего.

tough

И вот мать, у которой дочь от блондина, осторожно звонит и поздравляет кого-то с днём рождения, тянет, мямлит, спрашивает, как жизнь складывается, однако сама не говорит, что придёт: ждёт. Ждёт, пока всё не решится там у них, на том конце телефонного провода, и наконец кладёт трубку и бежит в гастроном за очередной бутылкой, а потом в детский сад за дочкой.

Раньше бывало так, что, пока дочь не засыпала, ни о какой бутылке не было речи[5], а потом всё опростилось, всё пошло само собой[6], потому что не

---

[1] какой бы ни *no matter how*

[2] как ни в чём не бывало *as if everything were okay*

[3] делать вид *to pretend*

[4] она тут своя *she's one of them; she's a part of the group*

[5] ни о какой бутылке не было речи *there was no question of any kind of bottle*

[6] само собой *by itself*

всё ли равно девочке, чай ли пьёт мать или лекарство. Девочке и впрямь всё равно, она тихо играет на полу в свои старые игрушки, и никто на свете не знает, как они живут вдвоём и как мать всё обсчитывает, рассчитывает и решает, что ущерба° в том нет, если то самое количество денег, которое уходило бы на обед, будет уходить на вино — девочка сыта° в детском саду, а ей самой не надо ничего.

harm

full

И они экономят, гасят свет, ложатся спать в девять часов, и никто не знает, какие божественные° сны снятся[7] дочери и матери, никто не знает, как они касаются° головой подушки и тут же засыпают, чтобы вернуться в ту страну, которую они покинут опять рано утром, чтобы бежать по тёмной, морозной улице куда-то и зачем-то, в то время как[8] нужно было бы никогда не просыпаться.

divine

touch

**Л. Петрушевская**

### После чтения

### Скажите

1. О ком рассказывается в тексте?
2. Что вы узнали о матери и дочке?
3. Как обычно проходит их день?
4. Как часто мать с дочерью ходят в гости?
5. Как мать ведёт себя в гостя́х?
6. Как измени́лась её жизнь, после того, как от неё ушёл муж?
7. Раньше она пила́ при дочери? А сейчас?
8. Почему мать не обедает?

### Давайте поговорим!

1. Как вы считаете, эта женщина — хорошая мать? Объясните.
2. Как вы думаете, как Л. Петрушевская относится к этой женщине? Аргументи́руйте своё мне́ние слова́ми из первого абза́ца. Как последний абзац связан с первым?

---

[7] сны снятся кому-нибудь *someone dreams/has dreams*

[8] в то время как *while, whereas*

3. В первом абзаце автор спрашивает: «Кто скажет, как живёт тихая, пьющая женщина ...?» В пятом она пишет: «...никто на свете не знает, как они живут» и в последнем: «...никто не знает, какие божественные сны снятся дочери и матери». Вы согласны, что никто не знает, как они живут? Возможно ли, чтобы люди не знали, как живёт мать со своей дочерью? Разве соседи, знакомые, родственники не знают?
4. Как вы думаете, в какую страну возвращаются мать и дочь каждый вечер, когда ложатся спать?
5. Объясните, как вы понимаете последние слова рассказа: «...нужно было бы никогда не просыпаться».
6. Как вы думаете, почему рассказ называется «Страна»?
7. Как по-вашему, надо ли жалеть алкоголиков?
8. Как вы относитесь к проблеме пьянства?
   а. Это ли́чное дело каждого человека.
   б. Если пьянство не влия́ет на работу, то проблемы нет.
   в. Это очень серьёзная проблема. Алкоголики должны лечиться.
   г. ...

## ТЕКСТ 6 «МОЛОДЁЖЬ КУРИТ АНАШУ»

**До чтения**

1. Какие письма пишут в газеты американские читатели по поводу наркотиков?
2. Как вы думаете, какие письма пишут на эту же тему в России?

**Во время чтения**

Просмотрите письмо и ответьте на вопросы.

1. Кто написал это письмо? Почему?
2. Что он/она уже делал/а в связи с этой проблемой?

Прежде чем писать, оговорюсь, что фамилию свою по определённым причинам называть не буду. Мой сын учится в рыбопромышленном техникуме в Баку[1]. И уже не первый год у меня такое ощущение°, что и

feeling

[1] Баку — столица Азербайджана

я, и сын находимся на пороховой бочке°, которая вот-вот[2] взорвётся. Никогда не предполагала, что в учебном заведении может твориться такое. Определённая часть молодёжи курит в стенах техникума анашу. Потом, естественно, начинается дебош. Драки° здесь — обычное явление. Не стоит, думаю, говорить о том, какую угрозу° для окружающих° представляет собой одурманенный анашой человек. А какой процесс обучения может проходить в подобной атмосфере?

keg
fights
threat
onlookers

Анашу приносят торгаши прямо в техникум. Некоторые студенты продают автоматические ножи. А в начале марта один из учащихся° принёс в здание боевую гранату, приговаривая, что вот, мол°, сейчас дёрну° за кольцо, и все мы взлетим на воздух.

pupils
he says
I'll pull

Товарищи дорогие, я писала о безобразиях° уже в МВД Азербайджана, и в республиканский комитет народного контроля, но реакции никакой, судя по тому, что атмосфера в техникуме не изменилась.

outrage, disgrace

З. Г.
Баку

---

Письмо в редакцию журнала «Огонёк» (1990)

**Давайте поговорим!**

1. О каких и́менно «безобра́зиях» пишет мать?
2. В американских школах можно купить наркотики? Где? Какие? А в школе, где вы учились?
3. А в вашем университете студенты употребляют наркотики? Какие?
4. Как вы думаете, какой проце́нт студентов употребляет наркотики регулярно?
5. А какой процент употребляет время от времени?
6. Вы когда-нибудь пробовали наркотики? Вам понравилось?
7. Знаете ли вы что-нибудь об употреблении наркотиков среди русских студентов?

---

[2] вот-вот (coll. used with future tense of verb) *(just) about to.* Пороховая бочка, которая вот-вот взорвётся. *A powder keg that is just about to explode.*

**8.** По вашему мнению, должна ли марихуана быть легализо́вана?

**9.** Какие бывают после́дствия употребления наркотиков?

## ЧАСТЬ III ИНТЕРВЬЮ

**Разговаривают Саша М. из Казани, 28 лет, его жена, Ирина П., 25 лет, и Валя С., 45 лет, москвичка, проживающая последние 20 лет в Канаде.**

## Алкоголь

***Prelistening***

Напишите 5 вопросов об алкоголе и наркотиках, которые вы хотели бы задать знакомому из России.

***While listening***

**А.** Прослушайте разговор первый раз, чтобы понять главный смысл. Ответьте на вопросы.

**1.** Что пьют русские? О каких двух пери́одах времени говорит Саша?

**2.** Кто пьёт что? Можно ли умере́ть от спирта?

**3.** Если ты не пьёшь, тебе не доверя́ют?

доверя́ть (кому) *to trust*

подозрева́ть *to suspect*

(у кого-нибудь) на уме́ *on (one's) mind*

наблюда́ть (за кем-нибудь) *to observe*

**4.** Какие ритуа́лы свя́заны с питьём? Сколько ритуа́лов названо?

**5.** Каковы́ после́дствия питья́ среди́ рабочих и студентов? Что говорит Саша о студентах? О рабочих?

влия́ть на *to influence*
засто́йный период *the period of stagnation (the Brezhnev era)*

**6.** В России алкоголиков жале́ют? Почему? Сколько на́звано примеров?

**Б.** Прослушайте второй раз и ответьте на вопросы.

---

All numbered questions should be answered. Starred questions are those of the interviewer. <BEEP> indicates end of segment on the student tape.

*Что пьют русские?

**1.** О каких двух перúодах времени говорит Саша?

**2.** Что пили раньше и что теперь?

Саша:

времена́ pl. of время
вы́бор *choice*
ви́на pl. of вино
ликёр
постановле́ние *decree*
ограниче́ние *restriction, limitation*
прода́жа
спиртно́е = алкогольные напи́тки
всё, что попа́ло
одеколо́н
умудря́ться
вари́ть
клей *glue*
то есть *that is*
в не́котором смы́сле *in a certain sense*
в этом отноше́нии *in that respect*
нахо́дчивый *inventive*

***3.** Кто пьёт что?

на самом деле *in fact*
различный *various, different*
слои́ pl. of слой *level, stratum*
населе́ние *population*
испо́льзовать *to use*
име́ющийся present part. of иметься
ограни́чено *restricted*
пыта́ться *to try*
как ни стра́нно *strange as it seems*

<BEEP>

*Если ты не пьёшь, тебе не доверяют?

**4.** Как русские относятся к человеку, который не хочет пить?

доверя́ть (кому) *to trust*
подозрева́ть *to suspect*
на уме́ *on (one's) mind*
наблюда́ть (за кем-нибудь) *to observe*

Валя:

официальные встре́чи
те, которые *those who*
на любом у́ровне *at any level*
сопровожда́ться *to be accompanied*
во вре́мя + gen. *during*
бесе́да *(official) conversation, discussion*
в основно́м *basically, on the whole*
все остальны́е *everyone else*
есте́ственно *naturally*
отноше́ние *attitude*
мягко сказать *to put it mildly*
подозри́тельно *suspicious*
что-то у тебя на уме́ *you have something on your mind*

Ирина:

бéлая ворóна *white crow, i.e., someone who sticks out in a crowd (has a negative connotation)*
все кругом *everyone around*
трéзвый *sober*
этúческий *ethical*
тóчка зрéния *point of view*

***5.** А это касается мужчин и женщин или только мужчин?

Ирина:

сопровождáться *to be accompanied*
совмéстный *joint*
чаще всего *most of the time*
вы́пивка *drinking*
селёдочка dim. of селёдка *herring*
огýрчик dim. of огурец *cucumber*
средú *among*
распространенó *widespread*
предпочитáть *to prefer*
в основнóм *basically*
лёгкие напúтки

*А если я буду в женской компании и все пьют и я не пью, меня будут подозревать?

Ирина:

компания = группа людей, которые собралúсь, чтобы вы́пить и хорошо провестú время
настáивать на том, чтобы + past tense *to insist that*
тó есть *that is*
в сúлу своего *because of his/her/its ...*
причúна *reason*
грýбо *crude, coarse*

Саша:

в óбщем-то *generally*
это не отнóсится *that doesn't refer to*

<BEEP>

*Какие ритуалы свя́заны с питьём?

**6.** Сколько ритуáлов нáзвано?

**7.** Можете ли вы описáть один (два, три) из этих ритуáлов?

Саша:

вряд ли *hardly*
сло́жности *problems, difficulties*
сопряжены́ *connected*
достава́ние *obtaining, getting*
жалко, когда она пропадёт

Валя:

к какому-то слу́чаю *on some occasion*
либо = или
по по́воду *on the occasion (of)*
в о́бщем-то *in general*
существу́ет *there is*
отношение к *attitude to*
откры́тая буты́лка
вы́пита p.p.p. of выпить
сдать *to hand in (to be reused)*

Ирина:

произнести́ тост
прежде чем
грузи́ны
вы́пить на посошо́к *to have one for the road*
пря́тать *to hide*
торже́ственный случай *special occasion*
получает по маленькой по́рции

<BEEP>

*Каковы́ после́дствия пья́нства среди рабочих и студентов?

**8.** Что говорит Саша о студентах? О рабочих?

Саша:

влия́ть на *to influence*
застойный период
вполне́ = совсе́м
делать было не́чего *there was nothing to do*
безрабо́тица *unemployment*
уво́лить *to fire*
что каса́ется + gen. *as far as ... is concerned*
поско́льку *insofar as, since*
страх *fear*
собира́ться *to get together*
отде́льное помеще́ние *a separate room*

Валя:

с другой стороны́ *on the other hand*
коли́чество *quantity*
преувели́чено *exaggerated*
наблюде́ние *observation*
сла́виться *to be famous for*
на первом месте

Саша:

скоре́е *rather*
по результа́там
сильно отлича́ться *to be very different (from)*
весьма́ = очень
сла́бость *weakness*

<BEEP>

***9.** Я слышала, что в России алкоголиков жалеют. Это правда? Почему?

**10.** Сколько дано́ приме́ров о том, как жалеют алкоголиков?

**11.** Перескажите один из примеров.

Саша:

безусло́вно *that's certainly true; without a doubt*
грязный
упал past tense of упасть *to fall*
усту́пят ему место

Валя:

для того, чтобы *in order to*
в любо́м случае *in any case*
до́брые ду́ши = добрые люди

Ирина:

свиде́тельница *witness*
слу́чай *incident*
черто́вски пьяный
мили́ция
забра́ть
взять по́д руки
тро́гать *to touch*
подъе́зд *entrance (to an apartment house)*
посади́ть
привести́ в себя

Валя:

попада́ния в мили́цию
свя́зано *connected*
мора́льное наказа́ние *moral punishment*
сообща́ться *to be communicated to*
кро́ме того *in addition*
штраф *fine*
позо́р *disgrace*
обще́ственный *social*
любо́й *any*
стра́шно *terrible*
осо́бенно *especially*
бы́вший *former*
сообщено́
неприя́тности *trouble*

## Наркотики

### *While listening*

Ответьте на вопросы или выберите правильный ответ.

***1.** Наркомания — большая проблема в России? Что отвечает Саша?

а. Эта проблема существует давно.
б. Это новая проблема для России.

а. Об этой проблеме стали говорить только после 1986-го года.
б. Об этой проблеме стали говорить до 1986-го года.

а. Люди стали употреблять наркотики, когда не могли достать водку.
б. Горбачев вёл борьбу *(waged a struggle)* против наркомании.
в. Многие стали употреблять наркотики в Афганистане.

неда́вняя *recent*
наско́лько *how, to what degree*
приблизи́тельно *approximately*
надёжный *reliable*
забор *fence*
толч(о́)к *stimulus, push*
яви́лся = был
тот самый *the same*
ука́з *decree*
ограни́чено *restricted*
употребле́ние *use*
достава́ть *to get, obtain*
способы наркоти́ческого возде́йствия
ню́хать *to sniff*
хими́ческое вещество́ *chemical*

<BEEP>

*Я думала, что это связано с войной в Афганистане, не так?

**2.** Что отвечает Ирина? Выберите правильный ответ.

а. Ирина знала девушку из Казахстана.
б. Ирина знала девушку из Афганистана.

а. Там курят анашу дома.
б. Там курят анашу в школах.

а. В России давно употребляют наркотики.
б. В России начали употреблять наркотики недавно.

распространенó *widespread*
анашá = марихуана
получать удовóльствие *to enjoy*
совершéнно недáвно *just recently*
чаще всегó *most often*
вовлеченá молодёжь

<BEEP>

*А как было в Москве? (Отвечает Валя.)

**3.** Когда стали употреблять морфий? Была ли нужна справка от врача? Что видела Валя, когда она приходила домой после школы?

подъéзд *entranceway*
любóй *any*
рецéпт *prescription*
травма
всякий раз = каждый раз
в откры́тую *openly*
колóть мóрфий *to inject (oneself with) morphine*
рáна *wound*
так сказать *so to speak*
получáть удовóльствие
в óбщем *generally*

**4.** Какие растения выращивают в России, из которых можно сделать наркотики?

налáдиться
в связи́ с + inst. *in connection with*
коноплЯ́ *hemp*
мак *poppies*
вырáщивание *growing, raising*
вырáщивать *to grow, raise*
росси́йская часть

<BEEP>

*А как было в Казани? (Отвечают Саша и Ирина.)

**5.** Саша знал людей, которые употребляли наркотики?

**6.** А Ирина?

одноклáссник
замечáтельный *remarkable*

побывáть
внутривéнно
осознавáть *to realize*

***Postlistening***

Прочитайте пословицы.

Только бы пить[1], да[2] гулять, да дела не знать.

---

[1] бы + inf. indicates desire on the part of the subject

[2] да here: *and*

Чай, кофей — не по нутру; была бы водка поутру.

Напьёмся — подерёмся, проспимся — помиримся.

Пьяница проспится — к делу годится.

Пей — тоска пройдёт. Пить — горе, а не пить — вдвое.

Не пить, так на свете не жить.

Пей не робей, вино пей, жену бей, ничего не бойся!

Пьяного да малого Бог бережёт.

Пьяный хоть в тумане, а всё видит Бога.

Кто винцо любит, тот[3] сам себя губит.

Кто много пьёт вина, тот скоро сойдёт с ума[4].

**Упражнение**

■ Найдите одинаковые по смыслу пословицы к следующим предложениям.

1. Пить вредно.
2. Невозможно жить без алкоголя.
3. Хочется пить, а не работать.
4. Даже если человек много пьёт, он может хорошо работать.
5. Если грустно — пей, и будешь лучше себя чувствовать.
6. Когда друзья пьют, они часто ссорятся или дерутся, а на следующий день, они опять друзья.
7. Утром лучше пить водку, чем чай или кофе.
8. Если пьёшь — плохо, а если не пьёшь — то хуже.

### ❐ Анекдоты

Дорожная милиция останавливает автолюбителя, петляющего по шоссе:

— Извините, но мы обязаны проверить вас на алкоголь.

— Прекрасно! Я готов. Но разве здесь где-нибудь есть ресторанчик или кафе?

❐

Шотландец побывал в гостях у приятеля.

— Чем он тебя угощал? — спросила его жена.

---

[3] кто..., тот... *he who...*

[4] сойти с ума *to go mad*

— Вином.
— Хорошим?
— Как тебе сказать... Если бы оно было немножко хуже, его вообще нельзя было бы пить. А если бы оно было чуть лучше, он выпил бы его сам. ❐

## ЧАСТЬ IV ПОДВОДЯ ИТОГИ

**А.** Как пьют студенты в вашем университете?

Домашнее задание: задайте следующие вопросы пяти студентам из вашего университета.

1. Вы считаете, что вы пьёте много, уме́ренно или мало? Или вы вообще́ не пьёте?
2. Сколько раз в неделю вы пьёте?
3. Вы когда-нибудь напива́лись?
4. Какое коли́чество вы обычно выпива́ете на вечери́нках?

На занятии: сравните ваши результаты с результатами других студентов. Определите, какой процент составляют сильно-, умеренно-, мало- или совсем непьющие. Подведите итоги: что можно сказать о студентах вашего университета?

1. Наши студенты пьют слишком много.
2. Наши студенты обычно пьют уме́ренно (are moderate drinkers).
3. Наши студенты не пьют.
4. У нас нет (есть) проблемы с алкоголем.

**Б.** Когда вы будете в России, вас могут попросить рассказать о своей стране или вам могут задать вопросы. Как бы вы ответили на просьбу рассказать о проблеме с алкоголем в Америке? С наркотиками? Что вы знаете из собственного опыта или из того, что читали?

**В.** Прочитайте высказывание А. Н. Островского.

«История, опыт, разум нам говорят, что пьянство ... есть необходимый спутник бедности и невежества. Я не знаю, справедливо ли, гуманно ли отнимать эту последнюю радость у лишённого всех радостей человека».

Выразите свою точку зрения относительно этого высказывания. Узнайте мнение ваших друзей. Согласитесь с ними или возразите им.

**Ответье на вопросы**

1. Как вы думаете, почему русские пьют?
2. Какой из текстов вам больше всего понравился? Что вы узнали из него?
3. Просмотрите ещё раз текст А. Синявского. Вы согласны с тем, что «вы́вести ду́шу из земно́го равнове́сия и вернуть её в блаже́нное бестеле́сное состоя́ние» можно только с по́мощью водки (или наркотика)? Аргументируйте свою точку зрения.

**УРОК**
**5**

Как я тебя люблю!

# СЕКСУАЛЬНАЯ ЖИЗНЬ

«У нас в Союзе секса нет!» — сказала участница телемоста СССР-США.

# ЧАСТЬ 1 СЛОВА

**секс**

В пери́од гла́сности в России ста́ли откры́то писа́ть о се́ксе.

**пол**

Всех люде́й можно раздели́ть на лиц мужско́го и же́нского по́ла.

**полово́е воспита́ние**

В России до перестро́йки не было полово́го воспита́ния молодёжи. Сейчас в Америке спо́рят о полово́м воспита́нии в школе: нужно ли оно или нет.

**спать/переспа́ть (с кем)**

Часто студенты и студентки, которые живут в одно́м общежи́тии, спят друг с дру́гом.

**занима́ться любо́вью**

Молодожёнам не́где занима́ться любо́вью, так как ба́бушка спит с ни́ми в одно́й ко́мнате. Хотя ба́бушка глуха́я, им всё-таки неудо́бно.

**бере́менна**

Маша бере́менна. Она очень сча́стлива — она любит дете́й и хочет иметь большу́ю семью́.

**бере́менность** (f.)

Бере́менность молоды́х незаму́жних де́вушек — большая проблема в Америке.

**забере́менеть** (pf.)

Её муж не предохраня́лся и она забере́менела.

**рожа́ть/роди́ть**

Скоро Маша роди́т ребёнка. Она хочет ма́льчика.

**презервати́в**

Сейчас в России презервати́вы можно купить в любо́й апте́ке или киоске.

**применя́ть/примени́ть противозача́точные сре́дства**

Супруги, которые не хотят иметь детей, применяют противозачаточные средства.

**або́рт**

В России очень многие же́нщины делают або́рты.

**де́лать/сде́лать або́рт**

Катя забере́менела. Она не хотела ребёнка и сделала або́рт.

**иметь пра́во на аборт**

В России все женщины име́ют пра́во на аборт.

**запрети́ть** (pf.) **аборты**

Некоторые люди хотят запрети́ть аборты. Они счита́ют, что если же́нщина забере́менела, она должна́ рожа́ть.

**отда́ть ребёнка на усыновле́ние/удочере́ние**

В России женщина, которая не хочет или не может воспи́тывать своего ребёнка, может оста́вить его/её в роддо́ме, откуда ребёнка отправля́ют в де́тский дом. В Америке можно отдать ребёнка на усыновле́ние/удочере́ние специа́льному аге́нству.

**эро́тика**

**эроти́ческий**

В Москве откры́лся новый театр «Эро́тика».

**порногра́фия**

**порнографи́ческий**

В Москве на улице можно свобо́дно купить порнографи́ческую литературу.

В ви́деосало́нах стали появля́ться порнографи́ческие фильмы.

**проститу́ция**

В городах валю́тная проститу́ция стала большим би́знесом.

**проститу́тка**

«Интердевочка» — фильм о валю́тной проститу́тке.

**СПИД**

На плака́те было напи́сано «СПИД не спит».

❑ **Анекдот**

— Вы знаете самое лу́чшее сре́дство от СПИ́Да?

— Нет, како́е?

— Спи один.

**ви́рус СПИ́Да**

Ви́рус СПИДа легко перено́сится игло́й многора́зового испо́льзования.

**ВИЧ-инфици́рованный**

Саша боя́лся, что он заболе́ет СПИДом, так как он ВИЧ-инфици́рованный.

**гомосексуали́зм**

В России гомосексуали́зм переста́л счита́ться преступле́нием только в 1993 году́.

**гомосексуали́ст («голубой»); лесбия́нка**

В Москве самое изве́стное место для встреч гомосексуали́стов и лесбия́нок — сквер напро́тив Большо́го театра.

**Упражнение**

■ Заполните пропуски, используя новые слова.

1. ________________ — это когда женщины любят женщин и мужчины мужчин.
2. От ________________ можно умереть.
3. В городах перед гостиницами для туристов часто стоят ________________.
4. В СССР до перестройки в прессе не говорили о ________________.
5. Моя подруга ________________ уже 3 месяца. Она очень рада, что у неё будет ребёнок. Другая подруга тоже ________________, но она решила сделать ________________.
6. ________________ — это значит учить детей основам половой жизни.
7. Учёные считают, что 4 процента всех мужчин и 2 процента всех женщин мира — ________________.
8. В городах валютная ________________ стала большим бизнесом.

**Скажите**

1. Не много ли секса в американских фильмах и рекла́мах?
2. Кто больше думает о сексе, ю́ноши или де́вушки?
3. В вашей стране есть порнографи́ческие фильмы, журналы?
4. В вашей стране гомосексуали́зм лега́лен или нет?
5. Надо ли занима́ться половы́м воспита́нием дете́й в школах? Почему?
6. Если бы ваша подруга была бере́менна, что бы вы ей посове́товали?

## ЧАСТЬ II ЧТЕНИЕ

До недавнего времени в России секс был запретной темой. Цензура запрещала показ сексуальных сцен в театре и кино, не разрешала их и в литературе. Книги иностранных писателей, как например, «Улисс», «Любовник Лэди Чаттерлей» были запрещены. Изменения начались при перестройке: цензура исчезла и всё стало можно.

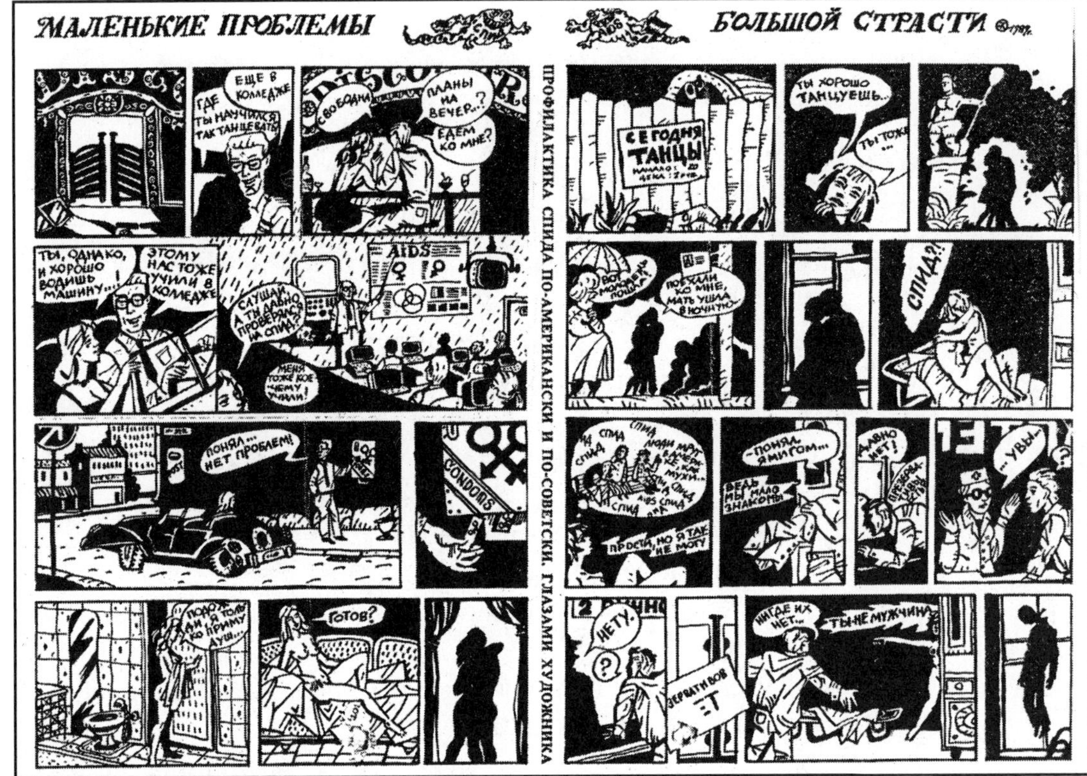


# MAIN READING

## ТЕКСТ 1 МАМЫ-ДЕВОЧКИ

**До чтения**

1. Просмотрите заголовок статьи и подзаголовок. Как вы думаете, кто такие мамы-девочки? О чём эта статья?
2. Что бы вы хотели узнать из статьи?

**Во время чтения**

В русской прессе много заимствований из западных языков. Например, в первом абзаце этой статьи вы увидите: хаос, экономика, политика, мораль, деформация, секс-туризм, порновидеобизнес. Какие ещё слова вы можете найти?

### МАМЫ-ДЕВОЧКИ

Моральная свобода или свобода от морали — выбор, поставленный перестройкой. Половая жизнь с 11–12 лет? 1795 малолетних матерей убили своих нежеланных детей.

Перестройка и гласность в СССР проявились и в области секса. Хаос в экономике и политике повлёк развал общественной морали. Деформация сексуальных отношений, особенно в молодёжной среде, выражается в таких формах, о которых несколько лет назад мы не могли даже вообразить. Это и «шведские семьи» и обмен жёнами у молодых супругов и «секс-туризм». Это проституция среди несовершеннолетних подростков и даже малолетних, гомосексуальная проституция, сексо- и порновидеобизнес, сутенёрство.

Характерным примером упадка современной морали является объявление на одном из арбатских[1] заборов о продаже мужчины, которого собственная жена сдавала на ночь за 100 рублей. Этот грязный секс-бизнес — увы — примета нашего времени.

Скажите, можно ли было совсем недавно думать о появлении таких объединений «по интересам», как клубы нудистов, онанистов, эротики и секса, рижской[2] ассоциации сексуального равноправия, московского и ленинградского союзов гомосексуалистов и лесбиянок? А разве не удивительны предложения о легализации проституции и открытии публичных домов, как это предполагается, например, в Риге, Венспилсе[3] и Одессе?

Все эти явления оцениваются обществом неоднозначно. Крайне правым проявлением сексуального плюрализма стало пикетирование 17 января 1991 года у зданий Моссовета[4] и Гостелерадио[5] в знак протеста против «засилья порнографии». Лозунги гласили: «Нет — сексуальной революции!», «Сексу — нет!» Зато крайне левым выражением сексуального плюрализма является бурный и мутный поток низкопробной печатной и видеопродукции эротического и порнографического характера. Однако потоки пошловатой[6] секспродукции не следует[7] путать с серьёзными и полезными нашему обществу изданиями.

Можно ли после этого соглашаться с распространённым до сих пор[8] мнением, что секса у нас нет? И не было? И не будет?

---

[1] арбатский — From Арбат, одна из старых улиц в центре Москвы

[2] рижский — From Рига, столица Латвии

[3] Венспилс — город в Латвии

[4] Моссовет — Московский совет

[5] Гостелерадио — Государственное телевидение и радио

[6] пошловатый — From пошлый *vulgar, cheap.* The suffix –оват– denotes incompleteness: пошловатый *rather vulgar.*

[7] не следует = не надо

[8] до сих пор *until now*

Проведённые за последние годы исследования в области социологии, медицины и психологии зафиксировали серьёзные сдвиги в сексуальном поведении молодёжи и несовершеннолетних. Особенно существенные изменения произошли за последние пять лет.

Сексуальный взрыв, последствия которого очевидны во всех крупных городах нашей страны, имеет и положительные, и отрицательные стороны. Безусловно, положительным является снятие табу 70-летней давности с личной жизни человека, преодоление беспредельного ханжества, пропитавшего официальную мораль. Но в открывшиеся шлюзы хлынула и пена, которая, к сожалению, захлёстывает многих детей.

Одиннадцатилетняя девочка — ребёнок или подросток? А между тем[9] именно в таком нежном, таком ещё детском возрасте вступают в половые связи сегодняшние девочки. Акселерация? Да, теперь ещё более ранняя, чем лет 15–20 назад, когда о ней впервые заговорили. Но акселерат не только выше ростом и сильнее физически. У него раньше проявляются и сексуальные инстинкты, которые, к сожалению, не подкреплены духовной зрелостью. Отсутствие полноценного просвещения и воспитания, в том числе и полового, усугубляется экономической ситуацией в стране. В условиях тотального дефицита[10] престижной становится лишь деятельность, связанная со сферой распределения — прямо или косвенно. Социологические исследования, проведённые в последнее время в школах и ПТУ ряда крупных городов страны, показали, что выше всего среди подростков котируются не профессии, а должность и занятия: директора, продавца, бармена, проститутки.

Опрос, проведённый в одной из московских школ на тему о девичьем целомудрии, показал, что этой проблемы для большинства школьников не существует; треть опрошенных считает, что требовать сохранения целомудрия до замужества не следует: «дико», «старо», «ненормально».

К сожалению, внебрачная половая жизнь редко заканчивается удачным браком. Чаще её последствия трагичны. В последнее время появился термин: «дети дискотек». Это дети, родившиеся в результате беспорядочных половых связей. Только за последние пять лет 1795 мам убили своих нежеланных детей. От одиноких матерей поступает в Дома ребёнка около шести тысяч детей в год. Нежелательные беременности нередко приводят несовершеннолетних девочек к самоубийству, а также к криминальным абортам, которые порою заканчиваются смертью. Трагический случай был описан в «Медицинской газете»: девочка-школьница дома родила недоношенного ребёнка и выбросила его в

[9] между тем *at the same time*

[10] тотальный дефицит — полное отсутствие товаров в магазинах

мусоропровод. Родители, пришедшие домой с работы, обнаружили дочь истекающей кровью и спасти её не удалось.

К 15–16 годам многие школьницы не в теории, а на практике знают, что такое аборт. По статистике в Москве ежегодно около 1,5 тысяч несовершеннолетних девочек искусственно прерывают добрачную беременность.

Половая распущенность молодёжи и подростков — не только результат деформации общественной морали, но и своеобразный барометр, указывающий на полную несостоятельность существующих (а точнее — отсутствующих) методов полового просвещения и воспитания подрастающего поколения. Проблема же требует от общества безотлагательной разработки и внедрения общенациональных программ по половому воспитанию детей и молодёжи. Но это — тема отдельного разговора.

---

А. Дьяченко, «Венера пресс» (1991)

### Упражнение

■ Выберите правильный ответ. На полях текста укажите параграф, где вы нашли информацию.

**1.** Автор считает, что сейчас мораль у многих молодых людей

а. выше, чем раньше.
б. ниже, чем раньше.
в. не изменилась.

**2.** Автор считает, что обмен жёнами, секс-туризм, порнобизнес и проституция среди несовершеннолетних свидетельствуют о(б)

а. упадке современной морали.
б. улучшении морали.
в. положительных изменениях в обществе.

**3.** Как русские относятся к этим изменениям?

а. Осуждают их.
б. Одобряют их.
в. Не знают, что думать.
г. Некоторые осуждают, другие одобряют.

**4.** Автор считает, что

а. в России проституции нет.
б. в России проституция есть.

5. Сдвиги в области сексуального поведения

а. значительные.
б. незначительные.

6. Автор считает, что

а. не надо заниматься половым воспитанием детей.
б. необходимо разрабатывать и внедрять программы по половому воспитанию.

**Ответьте на вопросы**

1. Кто таки́е «ма́мы-де́вочки»? Есть ли такая проблема в вашей стране?
2. Назови́те ещё три проблемы, о которых говорится в статье.
3. Автор статьи за сексуа́льную свобо́ду или про́тив?
4. Что положи́тельного находит автор в новой сексуа́льной свобо́де?
5. Какие были демонстрации против но́вой сексуа́льной свобо́ды?
6. Когда говорится о «серьёзных и поле́зных нашему о́бществу изда́ниях» (4–ый абзац), о чём идёт речь? Какие изда́ния (книги, журналы, брошю́ры) могут быть серьёзными и поле́зными?
7. По мнению автора статьи, почему в России подро́стки рано начинают занима́ться се́ксом? (8–9 абзацы)? А в вашей стране?
8. По мнению автора, каковы́ после́дствия ра́ннего секса? А как по-вашему?

**Давайте поговорим!**

1. Бере́менность — ра́дость или траге́дия?
2. Как реаги́руют родители в вашей стране на бере́менность несовершенноле́тних де́вушек?
3. Как отно́сится американское общество к этой проблеме?
4. Ваша подруга бере́менна. Посове́туйте ей, что делать.
5. Порногра́фия — это вре́дное для общества явление или нет?
6. Секс до брака — это хорошо или плохо?

## WORD STUDY

### Roots

***прет- прещ-* *forbiddance***
запретный *forbidden*
запретный плод *forbidden fruit*
запрещать/запретить *to forbid*
запрещаться *to be forbidden*
Курить запрещается! *No smoking.*
запрещён (p.p.p.) *forbidden*

***пад- пас- па-* *falling***
падать/упасть *to fall*
запад *west*
нападать/напасть *to attack*
распадаться/распасться *to disintegrate, fall to pieces; to collapse*
В 1991 г. распался Советский Союз.
упад(о)к *decline, fall, decay, decadence*
В статье «Мамы-девочки» говорится об упадке современной морали.

### Suffixes -ение and -ание

The suffixes -ение and -ание form abstract nouns from verbs. Some of the ones you meet in the article «Мамы-девочки» are given here. Read the list and then skim through the article and find at least five more. Numbers refer to paragraphs in the article. What do the words mean and what verbs do they come from?

появление (4) *appearance*
предложение (4) *proposal*
явление (5) *phenomenon*
проявление (5) *manifestation*
выражение (5) *expression*

## ТЕКСТ 2 КАК УБЕРЕЧЬСЯ ОТ СПИДА

Эта статья на тему о СПИДе была одной из первых в советской прессе в период гласности.

Брошюра «Как предохраниться от СПИДа»

**До чтения**

**Что вы знаете о СПИДе?**

1. Как можно заразиться СПИДом?
   а. при разговоре
   б. при поцелу́е
   в. при рукопожа́тии
   г. при полово́м конта́кте
   д. от ко́шек
   е. от комаров
2. Число больных СПИДом
   а. не меня́ется
   б. увели́чивается
   в. уменьша́ется
   г. неизвестно

3. Можно заразиться СПИДом при пользовании
   а. общей посу́дой
   б. общей ва́нной
   в. обще́ственным туале́том
   г. общим полоте́нцем
4. Чтобы не заразиться СПИДом, нужно
   а. применять презервати́вы
   б. увели́чить числó половы́х партнёров
   в. отказаться от секса
   г. не пользоваться дóнорской крóвью
   д. вступать в случа́йные половы́е свя́зи

**Во время чтения**

Пронумеруйте первые 7 параграфов. Затем найдите соответствующий параграф для каждой из следующих идей.

1. Мы много знаем о вирусе СПИДа, но не знаем, как его лечить.
2. Мы узнали о СПИДе недавно.
3. То, что мы читаем в газетах и журналах, вызывает страх.
4. Трудно сказать, сколько человек больны СПИДом.
5. Те люди, которые не считают СПИД серьёзной проблемой, ошибаются.
6. Очень многое из того, что мы читаем о СПИДе, неверно.
7. СПИД распространяется по всему миру.

Теперь напишите основную идею для остальных параграфов (о чём они?).

## КАК УБЕРЕЧЬСЯ ОТ ЗАРАЖЕНИЯ СПИДом

**Врач разъясняет, предостерегает, рекомендует.**

О синдроме приобретённого иммунодефицита (СПИДе) человечество узнало совсем недавно. Возникнув в Африке, это заболевание° было диагностировано в 1981 году в США, через год СПИД появился в Западной Европе, а потом сравнительно недавно — на всех континентах.

disease

За прошедшие семь лет достаточно хорошо описаны портрет вируса, вызывающего болезнь, клиника заболевания, изменения, которые происходят в иммунной системе больного. Через три—четыре года после подтверждения вирусной природы СПИДа были созданы° тесты для его лабораторной диагностики. Однако лечить° эту болезнь медики ещё не могут.

created
treat

Любая° опубликованная цифра° зарегистрированных больных СПИДом сразу становится устаревшей, так как[1] число больных быстро увеличивается. На начало этого года их было 75 392 в 130 странах, в том числе[2] один советский гражданин.

any / figure

Но не у каждого заразившегося развивается° болезнь, от 70 до 90% из них становятся носителями вируса. По мнению экспертов Всемирной организации здравоохранения, сегодня в мире насчитывается от 5 до 10 миллионов носителей вируса СПИДа. В разных регионах интенсивность распространения° вируса неравномерна. В отдельных районах Центральной Африки, Карибского бассейна каждый четвёртый мужчина и каждая четвёртая женщина в возрасте 20–40 лет заражены вирусом СПИДа и, следовательно, являются потенциальными источниками инфекции. В нашей стране выявлено пока 42 инфицированных человека.

develops
spread

Сейчас на массового читателя со страниц газет и журналов, по радио и телевидению обрушивается лавина° информации, которая выдаётся под такими устрашающими заголовками°: «СПИД — катастрофа глобального масштаба», «Я не знаю убийцу более беспощадного, чем СПИД» и тому подобными.

avalanche
headlines

Всё это вызывает неоправданный страх°, который ещё более усугубляется сенсационными публикациями, не имеющими научной основы, например, о том, что вирус СПИДа может передаваться комарами°, через пот°, что СПИДом болеют кошки, и они также могут распространять эту инфекцию.

fear
mosquitoes / perspiration

С другой стороны, ни в коем случае нельзя считать оправданными и чрезмерный оптимизм, благодушное и легкомысленное отношение к этой проблеме. Чтобы и неоправданный страх, и полное

[1] так как *since*

[2] в том числе *including*

отсутствие настороженности сменились разумным отношением, нужна точная, научно достоверная информация. Каждый должен чётко знать, что представляет для него опасность, а что — нет.

**Заразиться вирусом СПИДа можно только при половом контакте и через кровь: инфицированная беременная тоже может передать вирус новорождённому.**

Заражения при бытовых° контактах не происходит. Вирус СПИДа не передаётся при разговоре, кашле° или чихании, при рукопожатии, через продукты питания. Нет риска заразиться при пользовании общей посудой, ванной, плавательным бассейном, общественным туалетом. Не было случаев° заражения на работе и даже в семье, где ухаживали за умирающими больными СПИДом.

everyday
coughing
cases

СПИД заставил° заговорить о явлениях°, которые мы долго стыдливо замалчивали: о наркомании, проституции, гомосексуализме. Теперь точно установлено, что люди, ведущие асоциальный образ жизни, составляют группу повышенного риска заражения СПИДом. И всем надо твёрдо усвоить°, что увеличение числа половых партнёров резко повышает опасность заражения. Применение° презервативов уменьшает вероятность инфицирования. И тем не менее следует помнить, что эти механические противозачаточные средства не дают стопроцентной гарантии.

forced / phenomena
realize
use

Высокий риск заражения вирусом СПИДа наркоманов, вводящих наркотики шприцами°, обусловлен тем, что на стенках шприца и в просвете иглы сохраняется достаточное для заражения количество вируса, а наркоманы применяют, как правило, шприц без стерилизации. При проведении инъекций лекарственных веществ в медицинских учреждениях вероятность передачи вируса равна нулю, так как стерилизация надёжно уничтожает его.

hypodermic needle

Что касается[3] донорской крови°, сейчас делается всё необходимое для того, чтобы предупредить возможность заражения через кровь и её препараты.

blood

[3] что касается *as far as ... is concerned*

На проходившем в январе этого года Всемирном конгрессе по СПИДу учёные пришли к единому мнению: каждый человек может избавить° себя от заражения СПИДом. Достаточно не употреблять наркотики, не вступать в случайные половые связи. Об этих элементарных требованиях° должен знать каждый. И не случайно медики всего мира предупреждают: «Не позвольте себе умереть от невежества!»

spare

requirements

---

М. И. Наркевич, из журнала «Здоровье» (1988)

**Давайте поговорим!**

1. Откуда вы получа́ете информа́цию о СПИДе?
2. Как вы считаете, большинство́ молодых американцев знает доста́точно о СПИДе?
3. Как вы думаете, зарази́ться СПИДом могут только люди из групп повы́шенного ри́ска?
4. Боя́тся ли молодые американцы СПИДа? Изменили ли они своё сексуа́льное поведе́ние в связи со СПИДом?
5. Если у вас есть знако́мый из России, спроси́те его, что знают люди в России о СПИДе, и боятся ли его молодые люди.

## ТЕКСТЫ 3–4 О ГОМОСЕКСУАЛИЗМЕ

**До чтения**

До недавнего времени (1993) гомосексуализм считался преступлением и наказывался семью годами тюремного заключения. Тема гомосексуализма, как и секса вообще, была запретной для прессы. В период перестройки появилось большое количество литературы на эту тему; появились даже газеты и журналы для гомосексуалистов, как например, «Риск». Ниже следуют два текста: отрывок из беседы с молодой лесбиянкой из журнала «Риск» и письмо матери, опубликованное в журнале «Огонёк».

## ТЕКСТ 3 БЕСЕДА С МОЛОДОЙ ЛЕСБИЯНКОЙ

Меня зовут Ольга Ганеева. Четыре года назад, когда мне было 17, я познакомилась с девочкой в

Ленинграде. Она была старше меня на два года. Сначала мы просто дружили, но постепенно наша дружба перешла в любовь. В то время о гомосексуализме я ничего не знала.

Однажды воспитательница° застала нас раздетыми в одной постели°. Я должна была объясняться с завучем[1], парторгом[2] и директором. Они предложили мне посетить психиатра, сказав, что у меня тяжёлое психическое заболевание, и, чтобы я смогла вновь общаться° с нормальными людьми, необходимо лечение, что так жить дальше в обществе я не могу.

teacher
bed
associate

Я была отправлена в психиатрическую больницу имени Степанова-Скворцова под Ленинградом.

Меня поместили в наблюдательную палату°, вместе с тяжёлыми психбольными. Из этой палаты мне разрешалось выходить только в туалет и для еды. От инъекций — сульфазина и аминазина — у меня были ужасные головные боли. После уколов° ко мне приходил главврач[3] и задавал много вопросов. Сейчас я не могу вспомнить ни вопросов, ни своих ответов. В таком состоянии я находилась в больнице 14 дней. Врач пытался убедить° меня, что жить с женщиной — это психическое заболевание. Но я не могла отречься от того, что мне всего дороже.

ward
shots
to convince

Сейчас я живу в Москве, занимаюсь музыкой. Я живу очень замкнуто, испытываю постоянный страх° и часто вспоминаю о больнице. Мне очень тяжело налаживать отношения с людьми, я скрываю° свою жизнь от всех гетеросексуалистов, с которыми общаюсь.

fear
hide

Нас считают психически больными... Многие лесбиянки выходят замуж, потому что не в силах[4] выдержать такое положение. Общество осуждает нас, думая, что мы извращенцы° и сумасшедшие°...

perverts / crazy

— Есть ли у тебя теперь подруга?

---

[1] завуч — заведующий учебной частью в школе

[2] парторг — партийный организатор, который занимался вопросами идеологии

[3] главврач — главный врач больницы

[4] (быть) не в силах *not to be able to, not to have the strength for*

— Нет. Это сложный вопрос. Любовь к женщине для меня является чем-то большим, нежели[5] физиологические отношения. Эта любовь меня поддерживает.

— Что ты ценишь в женщине и что в мужчине?

— В женщине — душу. А мужчина? С ними я дружу, разумом. Идеала я не вижу, но если есть любовь, то это, наверное, и является идеалом.

---

Из журнала «Риск» (1991)

**Упражнение**

■ Закончите предложения.

1. В России многие считают, что гомосексуалисты — ______________.
2. В больнице Ольгу лечили (чем?) __________________.
3. В больнице врачи думали, что у неё __________________.
4. Сейчас у Ольги жизнь __________________.
5. Для Ольги самое главное в женщинах __________________.
6. У Ольги отношение к мужчинам (какое?) __________________.

**Ответьте на вопросы**

1. Что случилось с Ольгой, когда в школе узнали, что она лесбиянка?
2. Куда её отправили для лечения?
3. Как обращались с Ольгой в психбольнице?
4. Как она теперь живёт? Она счастлива?
5. Если возможно, сравните её жизнь с жизнью лесбиянок в вашей стране.

## ТЕКСТ 4 ПИСЬМО МАТЕРИ

Уважаемая редакция, я несчастная мать. У меня трое сыновей. Старшему — тринадцать лет, младшему — шесть. Но уж лучше бы у меня были бы девочки. Нет, я не боюсь, что мои дети будут служить в армии. Я боюсь разврата°, от которого они могут пострадать. Столько развелось любителей мальчиков, что просто страшно.

debauchery

---

[5] большим, нежели *more than*

Надо срочно принимать меры[1]. Узнать этих негодяев° очень просто. У них длинные волосы. Ходят, вихляя задом, крашеные губы, и мужского в них ничего нет.

scoundrels

Я требую всех выявить и отправить на сто первый километр[2] от каждого крупного города, а ещё лучше — туда, где прокажённые. И пусть там делают друг с другом всё, что хотят. А мои дети пусть вырастают настоящими советскими гражданами.

С уважением,
Мария Григорьевна Шавырина
г. Горький

---

Из журнала «Огонёк»

**Упражнение**

■ Закончите предложения.

1. Мать хотела бы иметь девочек вместо мальчиков, потому что ________________.
2. Мать хочет, чтобы гомосексуалисты жили ________________.

**Ответьте на вопросы**

1. Чего боится мать?
2. Как мать опи́сывает этих «негодя́ев»?
3. Что она тре́бует?
4. Вы согла́сны с этой ма́терью?
5. Как американское общество относится к гомосексуалистам?

## ТЕКСТ 5 ПИСЬМО МОЛОДОЙ ДЕВУШКИ

Дорогие друзья!

Я очень несчастна. Ох, какой необычный способ° начинать письмо! Но я правда не знаю с чего начать. Ну, ладно[1a], я живу в России, в Москве, мне 17 лет, о

way

---

[1] принимать меры *to take measures*

[2] Люди, которые были осуждены за уголовное или политическое преступление, не могли жить ближе, чем за 100 километров от любого крупного города.

[1a] ну, ладно *well, okay*

вашем обществе и о вашем журнале я читала в газете «Московский комсомолец». Там говорилось, что ваша цель° научить мужчин и женщин спокойнее относиться к своим чувствам, тогда им будет легче достичь взаимопонимания° и станет доступен внутренний мир[2] друг друга. Насколько° я поняла, вы не отказываетесь отвечать на вопросы отдельных людей, это так? У меня к вам большая просьба, посоветуйте мне, как лучше вести себя[3] с молодым человеком. Я дружу с одним юношей, нам очень интересно друг с другом, но у нас нет взаимопонимания. Дело в том, что[4] юноши двадцати лет слишком многого хотят от девушек. Я, конечно, имею в виду[5] секс. Они это называют «доказательством° любви». Да, я люблю его, но не хочу с ним спать, ведь мне ещё только 17 лет. А он на меня обижается. Глупое положение, правда? Но с этой проблемой сталкиваются° почти все мои подруги.

goal; mutual understanding; as far as; proof; run up against

Мне бы хотелось узнать, что об этом думают американские юноши и девушки. Считают ли они, что нормально не любить девушку, если она не хочет ничего «доказывать». Эта проблема обсуждается во многих наших газетах и журналах. Может быть, вы опубликуете моё письмо, чтобы узнать мнение американских друзей.

До свидания, спасибо.
Наталья
г. Москва

---

Из журнала «Women's Dialogue US/USSR» (1991)

**Ответьте на вопросы**

1. Почему Наташа несча́стна?
2. Что она хочет знать?
3. Чего хочет её друг? А она?
4. Как он реаги́рует, когда она говорит, что не хочет с ним спать?

---

[2] внутренний мир *inner world*, i.e., feelings, thoughts

[3] вести себя *to behave*

[4] дело в том, что *the thing is that ...*

[5] иметь в виду *to have in mind, to mean*

5. У её подруг такая же проблема?
6. Есть ли эта проблема у молодых американок? Как они поступа́ют в таких ситуа́циях?
7. Если бы Наташа была вашей мла́дшей сестрой, что бы вы ей посове́товали?
8. Иногда говорят, что мужчины хотят секса, а женщины — любви. Вы согласны? Объясните.

**Задание**

Напишите письмо Наталье. Ответьте на её вопросы.

## ЧАСТЬ III ИНТЕРВЬЮ

**На вопросы отвечают Саша, Ирина и Валя, с которыми вы познакомились в 4-ом уроке.**

***Во время прослушивания***

**А.** Прослушайте интервью первый раз, чтобы понять общий смысл. Постарайтесь найти ответы к четырём основным вопросам: (1) Как относятся русские к гомосексуализму? (2) Что в России знают о СПИДе? (3) Как русские подростки или дети узнают о сексе? (4) Как русские относятся к сексу до брака и к супружеской неверности? Верно ли, что среди интеллигенции это не считается проблемой?

**Б.** Прослушайте интервью второй раз и ответьте на вопросы.

***1.** Как относятся русские к гомосексуализму? (Отвечает Саша.)

**2.** Что вы́звало у Саши «невероя́тный ужас» и «сильне́йшее потрясе́ние»?

| | |
|---|---|
| исключи́тельно отрица́тельно | бо́лее или ме́нее |
| дли́тельное время | предложи́ть |
| я отношу́сь | вступи́ть в полово́й конта́кт |

**3.** Сколько Вале было лет, когда она узнала о гомосексуали́зме?

**4.** Какая у неё была реа́кция?

---

All numbered questions should be answered. Starred questions are those of the interviewer. <BEEP> indicates end of segment on the student tape.

**5.** Когда она училась в МГУ в 60-х годах, были ли там лесбия́нки, которые жили откры́то?

принадлежу́ | иметь представле́ние

***6.** Какое было отношение к этой женщи́не?

в о́бщем-то
ника́к
бисексуали́ст
потрясло́

о́браз жи́зни
со́бственный идеа́л
сле́дую (*from* следовать)
осужда́ть

**7.** Ирина говорит, что если между двумя же́нщинами (или мужчи́нами) существует духо́вная связь, если люди получают от этого обще́ния теплоту́, забо́ту, то это имеет пра́во на существова́ние. Её муж согла́сен с ней или нет?

предлага́ть | ра́ди Бо́га = пожалуйста

<BEEP>

*А как вы считаете, это болезнь, грех, личный выбор или человек таким родился?

**8.** Как счита́ет Саша?

сле́довать
попа́л (past of попасть)
обстоя́тельство
сформирова́ли
накло́нность

безусло́вно
дока́зано
наука
ге́ны
предпосы́лки

<BEEP>

*Среди ваших знакомых были лесбиянки или гомосексуалисты?

**9.** Что отвечает Ирина?

**10.** Когда стало возмо́жно читать и писать откры́то о гомосексуали́зме в России?

предлага́ть
партнёр
уча́стие
о́пыт
скры́то

безусло́вно
существова́ть
о́бщество
вполне́ откры́то

<BEEP>

*Что в России знают о СПИДе? Его боятся? Изменили ли люди своё сексуальное поведение в связи с ним?

**11.** Что отвечает Ирина?

основно́й исто́чник
распростране́ние
как ни стра́нно
медици́нские учрежде́ния
инфици́рование
посеще́ние
стомато́лог
сде́лать ана́лиз на носи́тельство антите́л
слаба́

<BEEP>

*Как русские подростки или дети узнают о сексе? Из книг, в школе, от друзей? Я слышала, что раньше в русских школах не было никакого полового воспитания и вообще не было книг на эту тему. А как сейчас?

**12.** Что отвечает Ирина?

бота́ника
цвето́чки
предме́т
э́тика
психоло́гия
семе́йная жизнь
существова́ть
связь

**13.** Саша с ней согла́сен?

на са́мом де́ле
во дворе́
стесня́ться
как пра́вило

**14.** Ирина вспомина́ет о фильме, где были сце́ны с поцелу́ями. Что делал её папа, когда люди целова́лись?

<BEEP>

*А на другую тему: я слышала, что очень много абортов в России, потому что не было хороших противозачаточных средств. Сейчас, может быть, меньше абортов будет, если больше презервативов?

**15.** Сколько або́ртов делают в сре́днем русские женщины?

*Как люди отно́сятся к сексу до бра́ка и к супру́жеской неве́рности? Правда ли, что среди интеллиге́нции это не считается проблемой?

**16.** Что отвечают Саша и Валя?

## ЧАСТЬ IV ПОДВОДЯ ИТОГИ

**А.** Что думают студенты? Вам нужно приготовить доклад по социологии. Профессор попросил вас задать вопросы студентам и узнать об их отношении к сексуальной жизни, используя следующие утверждения. Добавьте и свои идеи.

**1**а. Всегда лучше родить, чем сделать аборт.
б. Женщина сама должна решать, делать аборт или нет.

**2**а. Секс до брака — грех.
б. Секс до брака — нормально.

**3**а. Гомосексуализм — это болезнь.
б. Гомосексуализм — это вариант сексуальной ориентации.

**4**а. Порнографию надо запретить.
б. Каждый должен иметь право читать и смотреть, что хочет.

**5**а. Секс вне брака ведёт к трагедии и несчастью.
б. Сексуальная свобода — это хорошо.

**Б.** На следующем занятии.

**1.** Сравните ваши результаты опроса с результатами других студентов. На основании этих результатов, как бы вы охарактеризовали молодых американцев: они либеральны или консервативны?

**2.** Сочинение. Если сможете, ответьте на один из этих вопросов:
а. Моральная свобода — это свобода от морали?
б. Что такое сексуальная революция? Когда она началась и нужна ли она?

УРОК
**6**

Абрамцевская церковь

# РЕЛИГИЯ

Не хлебом единым жив человек.

Из Евангелия от Матфея

Каждый человек — даже если он
не знает о Боге или отрица́ет Его —
в глубине души́ тянется
к чему-то прекрасному, совершенному,
что даёт смысл жизни,
перед чем можно преклоня́ться.
Как сво́йственно людям
дышать, мы́слить, чувствовать,
так сво́йственно им и верить в идеа́л.
Убежде́ние в том,
что есть не́что высшее,
даёт нам силы существовать.

Александр Мень
«Мир Библии» (1990)

# ЧАСТЬ I СЛОВА

**рели́гия**

— Какой вы рели́гии?

— Я правосла́вный.

**Би́блия**

— Ты читаешь Би́блию?

— Да, иногда.

**ве́рить (в + acc.)**
**Бог**
**атеи́ст**
**агно́стик**

— Ты ве́ришь в Бо́га?

— Нет, я атеи́ст. Я не ве́рю, что Бог есть.

— А я агно́стик. Не знаю, есть Бог или нет.

**ве́ра**
**ве́рующий**

Некоторые люди считают, что без ве́ры жить трудно.
Ве́рующий — это человек, который верит в Бо́га. В России много ве́рующих.

**це́рк(о)вь** (f.)

— Ты ходишь в це́рковь?

— Да, каждое воскресенье.

— Где ты была в воскресенье?

— В це́ркви.

Русские це́ркви очень красивые.
В России я видела много церкве́й.

**душа́**
**смерть** (f.)
**бессме́ртие**
**ве́чная жизнь**

— Ты ве́ришь, что душа́ живёт по́сле сме́рти?

— Нет, я не ве́рю в бессме́ртие.

— А я ве́рю в ве́чную жизнь души́.

**рай (в раю́)**
**ад (в аду́)**

— Ты не бои́шься сме́рти?
— Нет, потому что по́сле смерти я буду в раю́, с Бо́гом.
— А если в аду с чёртом?
— Нет, я не гре́шник!

**моли́ться (кому, за кого)**

— Помоли́тесь за меня.
— Я молю́сь за вас Бо́гу.

**Иису́с Христо́с** (-ос used only in nom.)
Христиа́не ве́рят в Иису́са Христа́.

— Христо́с воскре́с! (Пасха́льное приве́тствие)
— Вои́стину воскре́с! (ответ)

### Какой вы рели́гии? Рели́гии мира

| | | |
|---|---|---|
| христиани́н/ христиа́нка (nom. pl. христиа́не; gen. pl. христиа́н) | христиа́нство | христиа́нский |
| правосла́вный/ православная | правосла́вие | правосла́вный |
| като́лик/католи́чка | католици́зм | католи́ческий |
| протеста́нт(ка)[1] | протеста́нтство | протеста́нтский |
| евре́й(ка)[2] | иудаи́зм | евре́йский |
| будди́ст(ка) | будди́зм | буддийский |
| мусульма́нин/ мусульма́нка | мусульма́нство (ислам) | мусульма́нский (nom. pl. мусульма́не; gen. pl. мусульман) |
| также: | | |
| атеи́ст | атеи́зм | атеисти́ческий |

[1] Также: бапти́сты, адвенти́сты седьмо́го дня, свиде́тели Иего́вы, лютера́не и т. д.

[2] В России слово «еврей» обозначает национальность, а не вероисповедание. Слово «иудей»—последователь иудаизма—используется редко.

**Упражнения**

**А.** Заполните пропуски, используя слова урока.

1. На занятиях мы говорили о ________________.
2. Я не ________________ _____ Бога. Я ________________.
3. А мой друг ________________. Он говорит, что, может быть, есть Бог, а, может быть, нет.
4. Я верю, что ________________ живёт после смерти.
5. Я не верю в ________________ жизнь. После смерти ничего нет!
6. В воскресенье (в субботу, в пятницу) я была в ________________.
7. ________________ играет большую роль в моей жизни.
8. В Польше большинство людей — ________________.
9. Самая распространённая религия в России — ________________.
10. Баптисты, лютера́не, адвенти́сты седьмого дня — ______________.
11. Много советских ______________ уехало в Израиль и Америку.
12. Основна́я религия арабов — ________________.
13. ________________ верят в Иису́са Христа́.
14. ________________ знает всё, что мы делаем. Он — всезнающий!
15. В воскресенье ________________ ходят в церковь.
16. Папа Римский — глава ________________ церкви.
17. Патриарх — глава ________________ церкви.
18. Россия приняла ________________ в 988 году.

**Б.** Разговор с партнёром. Задайте следующие вопросы.

1. Ты ве́рующий?
2. Какой ты рели́гии? А твои ро́дственники и друзья?
3. Ты ходишь в це́рковь (синаго́гу, мече́ть)? Часто? Как часто? Каждую неделю или только по большим пра́здникам (например, на Па́сху или на Рождество́)? Ходили ли вы в це́рковь в детстве? Когда/почему вы перестали/начали ходить?
4. Ты читаешь Би́блию или какую-нибудь другую свяще́нную книгу? Часто? Почему?
5. Ты ве́ришь в бессмертие души́?
6. Вы иногда мо́литесь? Это помога́ет вам? Как?

# ЧАСТЬ II ЧТЕНИЕ

## MAIN READING

## ТЕКСТ 1 О БЕССМЕРТИИ

### До чтения

В этом отрывке из романа «Чрезвычайное» советского писателя Владимира Тендрякова учитель Анатолий Матвеевич разговаривает со своей ученицей о бессмертии. Нужно иметь в виду, что в Советском Союзе в это время учителя должны были быть атеистами.

### Во время чтения

Когда вы будете читать, подумайте о следующих вопросах.

1. Может ли атеист верить в бессмертие?
2. Как учитель понимает бессмертие?

### ЧРЕЗВЫЧАЙНОЕ

Ученица. Анатолий Матвеевич, скажите, вы думали о том, что вы когда–нибудь умрёте, а это всё... Всё, всё останется. И эти лужи° будут лежать, и кто-то обходить их будет... Кто-то, а не мы. Умрём, и всё!

puddles

Анатолий Матвеевич. Хочешь верить в бессмертие души? Боишься исчезнуть° совсем? Так я скажу тебе: да, существуют бессмертные человеческие души, или почти бессмертные... Удивлена°, что это говорю я, не верящий ни в бога, ни в чёрта, ни в переселение безгрешных душ в райские кущи. А вот сколько раз ты слышала стихотворение° «На холмах Грузии лежит ночная мгла...»? Помнишь: «Мне грустно и легко, печаль моя светла...»? Кости° Пушкина давно истлели, а это живёт. Душа живёт, внутренний мир! Умрём мы, будет жить и после нас. Придёшь домой, возьмёшь кусок° хлеба — задумайся. Растёртое в муку° зерно, вода, дрожжи, соль — только ли это должно насытить° тебя? Нет, мука, дрожжи, соль, а ещё и души, да, души многочисленных, безвестных,

to disappear
surprised
poem
bones
piece
flour
satiate

очень далёких предков°... Опять удивляешься. Наверно, считаешь° меня или сумасшедшим стариком, или верующим на свой лад... Кусок хлеба! Что может быть проще°? Но даже в нём заложены наблюдения°, соображения° огромной армии, жившей в разные века, в разных странах. Кто первый догадался насадить на ось° колесо°? Никто не знает. Духовный вклад! Он живёт и сейчас в любой автомашине, в любом самолёте. Бессмертна душа этого неизвестного человека!... Тебе отмерено шесть, семь или восемь десятилетий, сумей их использовать, подари что-то новое, пусть° маленькое, но своё, подари его тем, кто станет жить после тебя. Бессмертие только в этом, другого не существует.

ancestors
consider
simpler / observations
thoughts, views
axle / wheel
though

**В. Тендряков**

### Ответьте на вопросы

1. Что волну́ет ученицу? (Её волну́ет [то], что...)
2. Ве́рит ли Анатолий Матвеевич в Бо́га?
3. Ве́рит ли Анатолий Матвеевич в бессме́ртие челове́ческой души́?
4. Это странно или нет? Почему?
5. Что живёт после нас?
6. Почему он говорит о Пушкине?
7. Что учитель говорит о хле́бе?
8. Почему он говорит о колесе́? Что он видит в нём?
9. Как он сове́тует своей ученице прожить жизнь?

   Он ей советует...

   Он говорит, что надо...
10. Как Анатолий Матвеевич понимает смысл жи́зни (meaning of life)?

### Давайте поговорим!

1. Согла́сны ли вы с Анатолием Матвеевичем, что надо подари́ть людям что-то новое, что-то своё?
2. Как вы считаете, что человек может «подарить» тем, кто будет жить после него?
3. Ве́рите ли вы в бессме́ртие?

4. Как вы представля́ете себе бессме́ртие?
5. Могли бы вы жить без этой ве́ры? Почему или почему нет?
6. Заду́мывались ли вы когда-нибудь о смы́сле жи́зни или о предназначе́нии (destiny) человека?
7. Обсуждают ли эти вопросы молодые американцы? Почему или почему нет?

**Задание**

■ Спросите студентов в вашей группе.

1. Ты ве́ришь в Бо́га?
2. Ты бои́шься сме́рти?
3. Ты ве́ришь в бессме́ртие?
4. Ты ве́ришь, что есть душа́?
5. Ты ве́ришь, что после сме́рти душа́ попада́ет в рай или ад?

Теперь расскажите студентам другой группы, что вы узнали. Следующие выражения вам помогут ответить:

Все верят...
Никто не верит...
Большинство верит...
Некоторые верят...
Два/две верят...

## WORD STUDY

### Roots

**мен-** ***change, exchange, transformation***

меняться (impf. only) *to change* (intrans.)

Времена меняются. *Times change.*

изменять/изменить *to change*

изменение *change*

Перестройка и гласность принесли значительные изменения в жизнь общества.

перемена *change*

Вы прочитали статью «Перемены в российской высшей школе»?

обмен *exchange*

Многие молодые американцы ездили учиться по студенческому обмену в СССР.

разменять (pf.) (деньги) to change (usually a large bill for smaller currency)

**Suffixes: -ость and -ство**

The suffix -ость forms abstract nouns from adjectives. You probably already know старость, молодость, бедность, and гласность. In this lesson you met вечность *eternity*, from вечный *eternal.*

Note the words душа *soul* and дух *spirit.* What does духовный mean? They are both related to дышать *to breathe.* What about духовность, as in Он был человеком большой духовности and Русский народ — народ большой духовности. Note also the following combinations: духовный вакуум, духовная жизнь.

The suffix -ство also makes abstract nouns. If человеческая means *human,* as in человеческая душа, what does человечество mean, as in Человечество стоит перед большой экологической проблемой?

Служба в православной церкви в Санкт-Петербурге

## ТЕКСТ 2 РОССИЯ ВОЗВРАЩАЕТСЯ К БОГУ

**До чтения**

1. Прочитайте заглавие. Основываясь на заглавии и ваших знаниях о сегодняшней России, вы могли бы сказать, о чём эта статья?
2. Из двух предложений выберите одно, которое, по вашему мнению, правильное.

а. Сейчас русские больше интересуются религией, чем раньше.
б. Сейчас русские меньше интересуются религией, чем раньше.

а. Сейчас можно свободно читать религиозную литературу.
б. Сейчас нельзя читать религиозную литературу.

а. Сейчас люди не боятся ходить в церковь, носить крестик, иметь дома иконы и крестить детей в церкви.
б. Сейчас люди боятся ходить в церковь, носить крестик, иметь дома икону и крестить детей в церкви.

Теперь прочитайте текст и ответьте на вопросы.

## РОССИЯ ВОЗВРАЩАЕТСЯ К БОГУ

Вера в Бога в России не угасала° никогда. Даже в самое трудное для русской православной церкви время.

died out

Больше всего религия пострадала от атеизма. В 1918 году церковь была отделена от государства, и начались преследования° религиозных служителей и верующих.

persecution

В течение семи десятилетий советское государство боролось° с церковью. Были разрушены° тысячи храмов, десятки тысяч священнослужителей и верующих были посажены в тюрьмы° и высланы в лагеря°. В стране была запрещена° любая религиозно-просветительская деятельность. Живая религиозная вера заменялась° механическим исполнением церковных обрядов°. Почти полностью отсутствовала духовная литература. В духовной жизни России образовался страшный вакуум.

struggled / destroyed
prisons
camps / forbidden
was replaced
rituals

Но времена меняются. Перестройка и гласность принесли значительные изменения в жизнь общества. Россия снова возвращается к вере предков°. Люди уже не стыдятся быть верующими, ходить в церковь, носить крестик на груди, иметь дома икону и крестить детей в церкви.

ancestors

Повсюду, по телевидению, радио, в газетах призывают к духовности, к милосердию°, к возрождению° того, что было разрушено за семьдесят

mercy
rebirth

лет. Государство возвращает храмы, монастыри и церковные ценности.

Среди них есть такие уникальные памятники отечественной архитектуры, как Исаакиевский собор в Петербурге, Свято-Даниловский монастырь в Москве, соборы московского Кремля.

Духовная жажда° людей так огромна, что они тянутся не только к православию, но и к другим религиям и учениям, которые раньше не имели широкого распространения[1] в России. Йога, буддизм, оккультизм, астрология, мистика сегодня необычайно популярны. — thirst

Атеизм постепенно уступает место[2] религии и мистике. В них люди пытаются найти себе утешение°, смысл° жизни и душевный покой°. Россия возвращается к Богу. Именно возвращение к вере приведёт Россию к духовному возрождению. — consolation; meaning / peace

По материалам русской прессы (1994)

Реклама школы йоги в Москве

### Ответьте на вопросы

Следующие слова вам помогут ответить:

перестáть (pf.) + impf. inf. *to stop (doing something)*
госудáрство *state (nation)*
при + prep. *during*
преслéдовать *to persecute*

---

1. иметь широкое распространение *to be widespread*
2. уступать место *to give way (to)*

свяще́нник *priest, clergyman*
разру́шить (pf.) *to destroy*
сажа́ть/посади́ть (кого) *to imprison*
вы́слать, сосла́ть (pf.) (кого куда) *to exile*
тюрьма́ *prison*
ла́герь *camp*
меня́ть(ся) *to change*
утеше́ние *consolation*
смысл жизни *the meaning of life*
ми́стика, йо́га, астроло́гия, будди́зм, оккульти́зм

1. Переста́ли ли люди верить в Бога при социали́зме?
2. Почему это удиви́тельно?
3. Кто боро́лся с це́рковью?
4. Кого пресле́довало госуда́рство?
5. Что было разру́шено? Кого сажа́ли? Куда? Кого высыла́ли? Куда?
6. Как люди исполняли церковные обря́ды?
7. Можно ли было свобо́дно читать религиозную литературу? Легко́ ли было её доста́ть?
8. Как объяснить выраже́ние «духовный вакуум»?
9. Как всё это на́чало меня́ться во вре́мя перестройки и гласности?
10. Где можно услышать призы́вы к духо́вности, к милосе́рдию и т. д.?
11. Что госуда́рство отдаёт церкви?
12. Как вы понимаете выражение «духовная жажда»?
13. Какие уче́ния стали популярными в России за последнее время?
14. Что люди хотят найти в религии или ми́стике?

### Упражнение

■ Заполните пропуски.

Даже при коммунизме русские ________________ в Бога. После 1918 ____ государство ________________ верующих. ________________ были разрушены, верующих ________________ или ________________ в лагеря. Нельзя ________________ открыто проповедовать религию. Трудно было достать ________ книги. Теперь всё это изменилось и ________ открыто ходить в ________________, иметь дома ________________, крестить ________________ в ________________. Люди интересуются не только ________________, но и ________________. Например, ________, буддизм, _________________ тоже очень популярны. Во всех этих учениях, люди пытаются найти _________________ и _________________ жизни.

**Давайте поговорим!**

1. Расскажите, как в России религия пострада́ла после революции.
2. Какие изменения в жизни о́бщества произошли в период перестройки и гласности?
3. Выразите свою точку зрения и узнайте мнение ваших друзей относительно следующих утвержде́ний.

   Религия помогает, когда у человека го́ре.

   Религия даёт наде́жду.

   Религия учит любить своего бли́жнего.
4. Как по-вашему, почему людей привлека́ют оккульти́зм, астроло́гия, йо́га, ми́стика? Вас интересуют эти тече́ния?
5. Что вы узнали нового из текста?

## ТЕКСТ 3 ЗАКОН О СВОБОДЕ СОВЕСТИ

### До чтения

1. Посмотрите на заглавие. Следующие словосочетания вам помогут его понять:

**Свобода совести** — это свобода верить в Бога, выбирать любую религию, строить церкви, создавать религиозные организации и т. д.

**Принимать/принять закон.** В США законы принимает Конгресс, в Великобритании — Парламент. В СССР законы принимал Верховный Совет.

2. Заимствования. К какой части речи принадлежат эти слова?

организация
демократизация
пропаганда
политическая
проект (закона)
конфессия = религия
система
индивидуально
теория
классическая гимназия

### Во время чтения

### Ответьте на вопросы

1. Кто принял закон о свободе совести?
2. Когда он был принят?
3. Каковы были последствия принятия этого закона?

### Закон о свободе совести

В октябре 1990 года Верховный Совет СССР принял закон «О свободе совести религиозных организаций». Он стал основой° демократизации отношений между государством и религией и обеспечил° свободу совести.

basis
guaranteed

Церковь и религиозные организации получили широкие возможности для пропаганды религии и участия° в политической жизни страны. Патриарх Московский и Всея Руси Алексий II сказал: «Процесс освобождения Церкви от чрезмерной опеки° государства, а значит и отделения° Церкви от государства, становится не только де-юре, но и де-факто».

participation
oversight
separation

В разработке и обсуждении проекта приняли участие представители разных конфессий — православные, мусульмане, католики, протестанты, буддисты и другие.

Русская православная церковь предложила° внести в закон пункт о преподавании в школах Закона Божьего, но Верховный Совет не поддержал° это предложение.

proposed
supported

Согласно° закону о свободе совести церковь отделена° от государства, однако закон признаёт° право каждого гражданина «получать религиозное образование по своему выбору индивидуально или совместно с другими».

according to
separate / recognizes

Кроме того, закон предоставляет право религиозным организациям создавать для религиозного образования детей и взрослых учебные заведения и группы.

Это право уже широко используется. По всей стране работают Воскресные школы, открыта православная классическая гимназия, священнослужители читают в институтах и университетах курсы по истории и теории религии.

---

По материалам русской прессы (1994)

**Ответьте на вопросы**

1. Какой закон принял Верховный Совет в октябре 1990 года?
2. Что теперь могут делать церковь и религиозные организации?
3. Можно ли преподавать религию в русских государственных школах? Кто этого хотел?
4. Могут ли религиозные организации создавать свои школы?
5. Есть ли свобода совести в России? Приведите примеры из статьи.

**Давайте поговорим!**

Выразите свою точку зрения и узнайте мнение ваших друзей относительно следующих вопросов.

1. В США есть закон о свободе совести или это поправка к Конституции?
2. Как по-вашему, что значит свобода совести?

   а. можно верить во что хочешь
   б. можно свободно соблюдать религиозные обряды
   в. можно свободно ходить в церковь
   г. можно ходить в религиозную школу
   д. ...

3. Как вы считаете, в США есть свобода совести?
4. Как в США относятся друг к другу люди разных религий?

   а. Они относятся терпимо/нетерпимо.
   б. Они любят друг друга.
   в. Религия не влия́ет на отношения людей.

5. Где в США можно получить религиозное образование? Вы получили такое образование? Где? Сколько лет вы там учились? Как вы считаете, такое образование полезное, нужное?
6. Преподают ли религию в американских школах? По-вашему, надо ли преподавать религию в школах? Почему?

7. Как вы считаете, нужно ли молиться в начале занятий в школе? Почему?
8. В США церковь отделена от государства? Как вы относитесь к этому?
9. Как вы считаете, лучше, когда в стране много религий или одна?

## ТЕКСТ 4 «Я ВПЕРВЫЕ ПРОЧЁЛ ЕВАНГЕЛИЕ»

### До чтения

Следующий текст — письмо редактору журнала «Огонёк». С 1988 года этот журнал стал печатать много спорных статей, которые вызвали большое количество писем. Читатели говорили обо всём, начиная с отсутствия телефонов и кончая желанием прочитать архивы КГБ.

Вы уже знаете выражения «духовный вакуум» и «духовное возрождение». Объясните, как вы понимаете выражения «духовный тоталитаризм» и «духовный поиск».

### ПИСЬМО В РЕДАКЦИЮ «ОГОНЬКА»

Перевёрнута° последняя страница великой книги, а я не могу отдаться ощущению° благодарности и счастливого потрясения. Горькие° недоумéнные вопросы не отпускают: почему только сейчас, почему так поздно, ведь полжизни прошло, и столько дров поналомано[1], ах, если б на десяток лет пораньше!..

turned over / feeling / bitter

В 30 лет я впервые прочёл Евангелие°.

Gospels

Эта миниатюрная книжица мне в руки попала[2] случайно, и приступил я к ней с чисто литературным любопытством. Чтение захватывало: восхищали суровая мощь° слога°, изящество° отточенных афоризмов, тонкая поэтичность образов. Становилось ясно, что эстетическая значимость° памятника сомнению не подлежит[3], и я постепенно закипал негодованием°: какое сокровище° от меня скрывали! На каком основании, кто и почему решил, что это мне повредит?!

power / style / elegance / significance / indignation / treasure

---

1. столько дров поналомано. Выражение «наломать дров» значит наделать глупостей, ошибок.
2. попадать/попасть в руки кому-нибудь *to fall into someone's hands*
3. подлежать сомнению *to be open to doubt*

Нет, я не побежал в церковь, и лоб у меня не в синяках[4]. Я просто понял, что не был и не буду атеистом.

Государство, отделённое от церкви, должно быть отделено и от атеизма. Духовный тоталитаризм не страшнее ли политического? Возвращая социальные свободы, демократическое государство не вправе притязать на свободу духовных поисков своих граждан.

В наше тревожное переломное время[5], когда хрустальные дворцы[6] оказываются карточными домиками, а некогда величаво выступающие короли° растерянно прикрывают срам, когда под гранитными колоссами трещат° глиняные фундаменты, я знаю, что есть книга, к которой всегда смогу вернуться, и она поможет, утешит, поддержит в самые чёрные дни.

kings

crack

Теперь я по-другому услышу рахманиновские[7] Колокола°, словно впервые увижу «Троицу»[8], с изумлением перечитаю Толстого и Достоевского, вновь и вновь пойду на Тарковского и Сокурова.

bells

Сергей Зубатов

г. Новосибирск

---

Из журнала «Огонёк» (1989)

**Ответьте на вопросы**

1. О какой «вели́кой книге» пишет Сергей Зубатов?
2. Почему он не испы́тывает чу́вства благода́рности?
3. В каком во́зрасте он впервы́е прочитал эту книгу?
4. О чём он жале́ет?
5. Почему он на́чал её читать?

---

4. лоб у меня не в синяках *my forehead is not black and blue*, a reference to the fact that Orthodox believers bow down to the ground

5. переломное время *critical period*. Во время перестройки и гласности в СССР произошли большие перемены; ломать *to break*; переломать *to break, fracture*

6. хрустальные дворцы *crystal palaces*. See Chapter 9, текст 5, note 1

7. Сергей Рахманинов — русский композитор (1873–1943)

8. Троица *the Trinity*, очень известная русская икона, написанная Андреем Рублёвым в XV веке

Андрей Рублёв «Троица»

6. Почему он «негодова́л»?
7. Как на него поде́йствовало чтение?
8. Что он пишет о «духо́вном тоталитари́зме»?
9. Как он оце́нивает эту книгу? Почему она важна́ для него?
10. Как измени́лось его отноше́ние к иску́сству, музыке, кино?
11. Как вы думаете, С. Зубатов — рабочий, слу́жащий, интеллигент? Он верующий или атеист?
12. Как вы считаете, почему он не читал Ева́нгелия раньше?
13. Как вы понимаете предложение в первом абзаце: «Полжизни прошло, и столько дров поналомано»?

**Давайте поговорим!**

1. Читали/читаете ли вы Библию или другую свяще́нную книгу? Когда? Как часто? Почему?
2. Думаете ли вы, что это вели́кая книга? Почему?
3. Какие другие книги можно назва́ть великими? Почему?

4. Как вы думаете, почему Сергей Зубатов не читал Библию раньше?
5. Что говорит нам о советском обществе письмо Зубатова?
6. Можно ли наблюда́ть аналоги́чный фено́мен в Америке?

**Упражнение**

■ Просмотрите письмо ещё раз и найдите русские эквиваленты к следующим словам: miniature, esthetic, totalitarianism, political, social, democratic, crystal, granite, colossus.

## ТЕКСТ 5 О ХРИСТИАНСТВЕ

**До чтения**

Об авторе: Александр Мень (1935–1990), священник Русской Православной Церкви, играл важную роль в русской духовной жизни в 70-х и 80-х годах. Он сумел привлечь в церковь как интеллигенцию, так и простых людей. Он объяснял очень простыми словами сущность веры, христианства, словами, которые облегчали сердца людей, давали им надежду на будущее. 9 сентября 1990 он был убит. Преступников не нашли, следствие продолжается.

Вы сейчас прочитаете отрывки из речи, произнесённой Отцом Александр накануне его смерти и напечатанной в «Литературной газете».

### ХРИСТИАНСТВО

[1. О природе человека]

Человек име́ет две ро́дины, два оте́чества°. Одно оте́чество — это наша земля́. И та то́чка земли́, где ты родился и вы́рос. А второе оте́чество — это тот сокрове́нный° мир ду́ха, который о́ко° не может видеть и ухо не может услышать, но которому мы принадлежи́м° по приро́де своей. Мы дети земли́ и в то же время[1] гости в этом мире. Человек в своих религио́зных иска́ниях бесконе́чно больше осуществля́ет° свою вы́сшую приро́ду, чем когда он вою́ет°, па́шет°, се́ет°, строит. И терми́ты строят, и обезья́ны° вою́ют... И муравьи́° се́ют... Но никто из живы́х суще́ств°, кроме человека, никогда не

fatherland
innermost / eye (*arch.*)
belong
accomplishes
wages war / plows / sows
apes / ants
creatures

[1] в то же время *at the same time*

задумывался[2] над смыслом бытия°, никогда не поднимался выше природных физических потребностей. Ни одно живое существо, кроме человека, не способно пойти на риск, и даже на смертельный риск, во имя истины°, во имя того, что нельзя взять в руки. И тысячи мучеников° всех времён и народов являют собой[3] уникальный феномен в истории всей нашей Солнечной системы.

existence
truth
martyrs

### Ответьте на вопросы

1. По мнению Меня, какие две родины имеет человек?
2. Какая разница между человеком и животным?
3. Вы иногда думаете о смысле жизни? Как вы думаете, она имеет смысл? Думаете ли вы, что есть мир духа, что есть вещи, которые нельзя объяснить физикой, химией или биологией?

[2. Что такое христианство? В чём его сила?]

Христианство — это не новая этика, а новая жизнь. Новая жизнь, которая приводит человека в непосредственное соприкосновение° с Богом, — это новый союз, Новый Завет°. И в чём тут тайна, как понять это? Почему, как магнитом, человечество притягивает° к личности Иисуса Христа, хотя° он пришёл в мир уничижённый°? И не было ни таинственности° неких мудрецов, ни поэтической экзотики восточной философии. Всё, что он говорил, было просто, ясно. И даже примеры его притч° были взяты из обыденной жизни.... Иисус Христос — это человеческий лик° Бесконечного°, Неизъяснимого, Необъятного, Неисповедимого, Безымянного. И прав был Лао-Цзы, когда говорил, что имя, которое мы не произносим°, и есть вечное имя. Да, Безымянного и Непостижимого. А тут Он становится не только называемый, но даже называемый по имени, даже называемый человеческим именем. Тот, кто несёт вместе с нами тяготы жизни. Вот в этом центр и ось° христианства.

contact
testament
is attracted / although
humiliated (*arch.*)
mystery
fables
countenance / the Infinite
pronounce
axis

---

2. задумываться *to think deeply, become lost in thought*
3. являть собой *to be*

### Ответьте на вопросы

1. Какова́ су́щность христиа́нства по Ме́ню?
2. Что значит «новая жизнь»? С кем она будет?
3. По Меню, чем отлича́лось христианство от других дре́вних уче́ний?
4. Как Иису́с Христо́с помогает жить людям?

[3. Что такое спасение?]

А что значит — спасти́сь°? Это значит — соедини́ть свою эфеме́рную жизнь с бессмертием и Богом. Вот что такое спасе́ние. Приобще́ние к Боже́ственной жизни. Жа́жда° этого приобще́ния живёт в нас, в каждом человеке. Она спря́тана°, скры́та, мы можем её куда-то затолка́ть внутрь, но она всё равно́ есть в человеке. Так вот апо́стол говорит, что Закон свят°. Ветхозаве́тный° Закон свят и благ°, и Бог дал его, но приобщи́ться к Жизни Боже́ственной можно только через Веру в Иису́са Христа́.

to be saved

thirst

hidden

holy / Old Testament

blessed

### Давайте поговорим!

1. Что такое спасе́ние?
2. Какая жа́жда живёт в каждом человеке по Меню? С чем человек хочет соедини́ть свою жизнь? Вы с этим согла́сны?
3. А как можно спасти́сь?
4. А вы хотите спасти́сь?

[4. О Царстве Божьем]

Я Вам говорю о само́й су́щности° Христианской Ве́ры. Бесконе́чная це́нность° человеческой ли́чности. Побе́да° све́та над смертью и тле́нием. Новый Завет, который возраста́ет, как де́рево из маленького жёлудя. И уже сегодня вот это Ца́рство Божие та́йно явля́ется° среди́ людей, когда вы созерца́ете° красоту́, когда вы чувствуете полноту́° жизни. Царство Божие уже косну́лось вас. Оно не только в далёком бу́дущем, не только в футурологи́ческом созерца́нии, оно существует здесь и теперь. Так учит нас Иисус Христос. Царство придёт, но Оно уже пришло.

essence

value

victory

appears / contemplate

fullness

И если мы ещё раз зададим себе вопрос: в чём же заключается[1] сущность христианства? — мы должны будем ответить: это Богочеловечество, соединение ограниченного° и временного° человеческого духа с бесконечным Божественным. Это освящение плоти[2], ибо с того момента, когда Сын Человеческий принял наши радости и страдания, нашу любовь, наш труд, — природа, мир, всё, в чём Он находился, в чём Он родился, как человек и Богочеловек, — не отброшено°, не унижено°, а возведено° на новую ступень, освящено. В христианстве есть освящение° мира, победа над злом°, над тьмой°, над грехом. Но это победа Бога. Она началась в ночь Воскресения, и она продолжается, пока стоит мир.

limited / temporary

cast aside / humiliated

raised / sanctification

evil / darkness

**Давайте поговорим!**

1. Что самое важное в христианстве по Меню?
2. Когда придёт Царство Божье?
3. Как вы считаете, учение Меня оптимистично или пессимистично?
4. После чтения этих отрывков и исходя из того, что вы знаете о Советском Союзе и России, как вы можете объяснить популярность Меня?

## ЧАСТЬ III ИНТЕРВЬЮ

**Разговор о религии с Игорем Р., с которым вы познакомились в 1-ом уроке. Игорь рассказывает о себе, о своих друзьях, и о роли религии в России.**

### *До прослушивания*

1. Какие вопросы вы бы задали Игорю?
2. Igor's speech is rich in function words and conversation fillers. They are underlined in the vocabulary that follows. Borrowed words are in boldface.

All numbered questions should be answered. Starred questions are those of the interviewer. <BEEP> indicates end of segment on the student tape.

1. В чём заключается ...? *What does ... consist of?*
2. освящение плоти *sanctification of the flesh* (cf. святой *holy*).

***Во время прослушивания***

Прослушайте интервью и ответьте на вопросы.

*Игорь, я хочу вам задать несколько вопросов о религии. Вы сами верующий?

**1.** Игорь верующий? Кто для него Бог?

не́кий *some kind of*
**субстанция**
определя́ть *to define*
бытие́ *being*
кра́тко *in short, briefly*

*Вы не считаете себя христианином?

**2.** Игорь считает себя христианином?

отрица́ть *to deny*
принадле́жность *belonging*
века́ *centuries*
разру́шить *to destroy*
созда́ть *to create*
одна́ко *still, nevertheless*

*О каких традициях вы говорите?

допу́стим *let's say, I suppose*
насколько *as far as*
Па́сха *Easter*
отмеча́ться *to be celebrated*
кла́дбище *cemetery*
помина́ть *to remember, pray for*
поминове́ние
окра́ска *coloring*

*А какие другие религиозные праздники вы праздновали?

**3.** О каких христианских традициях рассказывает Игорь?

**ангел**
явля́ется *is*
в при́нципе *actually, as a matter of fact*
в старину́ *in olden times*
по жела́нию *as (they) wish*
одно и то же *the same thing*
заставля́ть *to force*
сказа́ться *to have an effect*
Руси́ *from* Русь, *ancient name of Russia*

<BEEP>

**4.** В молодости Игорь ходил в церковь? Кто в его семье был глубоко верующим человеком?

в двух часа́х езды́
прихо́д *parish*
то есть *that is*
бу́дучи (verbal adverb) *being*
так сказать *so to speak*
любопы́тство *curiosity*
поста́вить све́чку *to light (put) a candle*
за упоко́й души́
за здра́вие

**5.** Когда он был студентом в Москве, он ходил в церковь? Когда?

достýпно *accessible*
тем бóлее *all the more*
издрéвле *from time immemorial*
слáвиться *to be famous for*
разрýшены *destroyed*
превращены́ *turned into*
амбáр *barn, warehouse*
помещéние *building*
склад *warehouse*
в послéдние временá *lately*
в ширóком понимáнии *in the broad sense*
возвращены́ *returned*
семивековáя *from* семь векóв
табли́чка *plaque*
дéйствующая *active, working*
до сих пор *until now*
**реконстрýкция**
**реставрáция**
бетóнный *concrete*
побывáть *to visit, go to*
подразумевáет *means*
хотя бы *at least*
неподалёку *not far*

<BEEP>

*А что вас привлекает в церкви, в службе?

**6.** Что привлекает Игоря?

воплощéние *embodiment (from* плоть *flesh)*
**культ**
хорá *choruses*
церквýшка *dim. of* церковь
**профанация**
восприня́ть *to grasp*
блеск *brilliance, magnificence*
загáжено *filthy*
всё-таки *still, nevertheless*
удавáлось
вели́чие *greatness*
пласт *layer, stratum*

<BEEP>

*Вы считаете, что религия дала очень много русской культуре?

**7.** Что отвечает Игорь?

тéсно свя́зано *closely linked*
борóться *to fight*
**антиклерикáлы**
обращáться *to turn to, address*
игнори́ровать

*Молодые русские интересуются религией?

**8.** Что отвечает Игорь?

это зависит от *that depends on*
образ жизни *way of life*
мы́шление *thinking*
бытие *being*
вообщé *in general*
общáться *to spend time/socialize with*
продви́нутый *advanced*
как извéстно *as everyone knows*
пóвод *pretext, reason*

в той или иной сте́пени *to one degree or another*

даоси́ст *Taoist (adherent of Taoism)*

**йога**

***9.** Как они занимаются этой религией?

у́ровень *degree*

ра́звитость *development*

выйти на пове́рхность *to come to the surface*

наверняка́ *for sure, certainly*

широ́кие массы

**кришнаи́ты**

агитировать публику

прогу́лочный

реконструи́ровано

под старину́

хорово́д *round dance with singing*

под бу́бен *to the sound of a tambourine*

крик

представля́ете *can you imagine*

три па́рня *three guys*

**популяриза́ция**

заба́вно *fun*

<BEEP>

***10.** Религиозность влияет на жизнь людей? Она меняет их жизнь?

опять же *again*

вовлечённость *involvement*

поменя́ть *to change*

целико́м *altogether, completely*

косну́ться

вне́шний о́блик *appearance*

вхож в **секту**

предпи́сывать *to prescribe*

член *member*

на́голо стри́женный *with shaved head*

еди́ный

**ритуал**

*Но думаете ли вы, что люди — христиане, скажем, — что они становятся лучшими людьми?

**11.** Что христианство даёт людям, по мнению Игоря?

наде́жда

вы́ход

безнадёжность

тяжело́/тяжеле́е

***После прослушивания***

1. Прочтите вопросы, которые вы написали до прослушивания. Вы получили на них ответы? Что ещё интересного вы узнали о религии в России?
2. Какие религиозные праздники пра́зднуются в вашей семье?
3. Есть ли у вас любимый религио́зный пра́здник? Как вы его пра́зднуете?

4. Знаете ли вы людей, которые интересуются будди́змом, даоси́змом или другими восто́чными рели́гиями?
5. Что ещё вы бы хотели узнать о религии в России? Напишите 5 вопросов.

## ЧАСТЬ IV ПОДВОДЯ ИТОГИ

### А. Задания

1. Ваш русский друг попросил вас рассказать о вашем отношении к религии. Напишите ему/ей письмо. Будьте готовы рассказать о ваших взглядах на занятии. Следующие вопросы вам помогут:

   Какова роль религии в вашей жизни?

   Верите ли вы в Бога или в какое-нибудь высшее существо?

   Какой вы религии? А ваши друзья и семья?

   Вы ходите в церковь или в синагогу?

   Читаете ли вы Библию?

   Верите ли вы в жизнь после смерти? Какая она? Может быть, вы раньше верили, а теперь уже нет?

   Интересуют ли вас эти вопросы? Почему?

2. Прочтите цитату из Меня в начале урока. Вы согласны с ним? Почему?
3. Объясните, как вы понимаете выражение «Не хле́бом еди́ным жив человек». Спросите, что думают об этом ваши друзья.
4. Как по-вашему, можно ли жить без веры?
5. В Америке церковь отделена́ от госуда́рства?
6. В Америке церковь занимается политикой? Это хорошо или плохо? Почему?
7. Как вы думаете, важно, чтобы муж и жена были одно́й религии, или не важно?
8. Если у вас есть знакомые из России или из республик бы́вшего СССР, какие вопросы о религии вы бы хотели им задать?
9. У вас на занятиях по русскому языку будет гость из России. Какие вопросы вы бы хотели ему задать?
10. Что вы узнали из этой главы? Что ещё вы бы хотели знать о религии в России?

### Б. Согласитесь или возразите

1. Надо моли́ться в школе.
2. Если Бога нет, всё дозво́лено.
3. США — христиа́нская страна.
4. Без религии нет морали.
5. Це́рковь не должна вме́шиваться в политику.
6. Атеист не может быть хорошим человеком, не может вести́ мора́льный образ жизни.

### В. Скажите

1. Кто сказал: «Религия — это о́пиум для народа»? Вы согла́сны?
2. Вы верите в жизнь после смерти?
3. Как американская молодёжь относится к религии? Согласитесь или возразите:

   а. Молодые американцы очень религио́зны.
   б. Они ходят в церковь каждое воскресенье.
   в. Большинство́ из них не ходит в церковь.
   г. Они уважа́ют свяще́нников.
   д. Они думают, что религия нужна́ людям.

УРОК

7

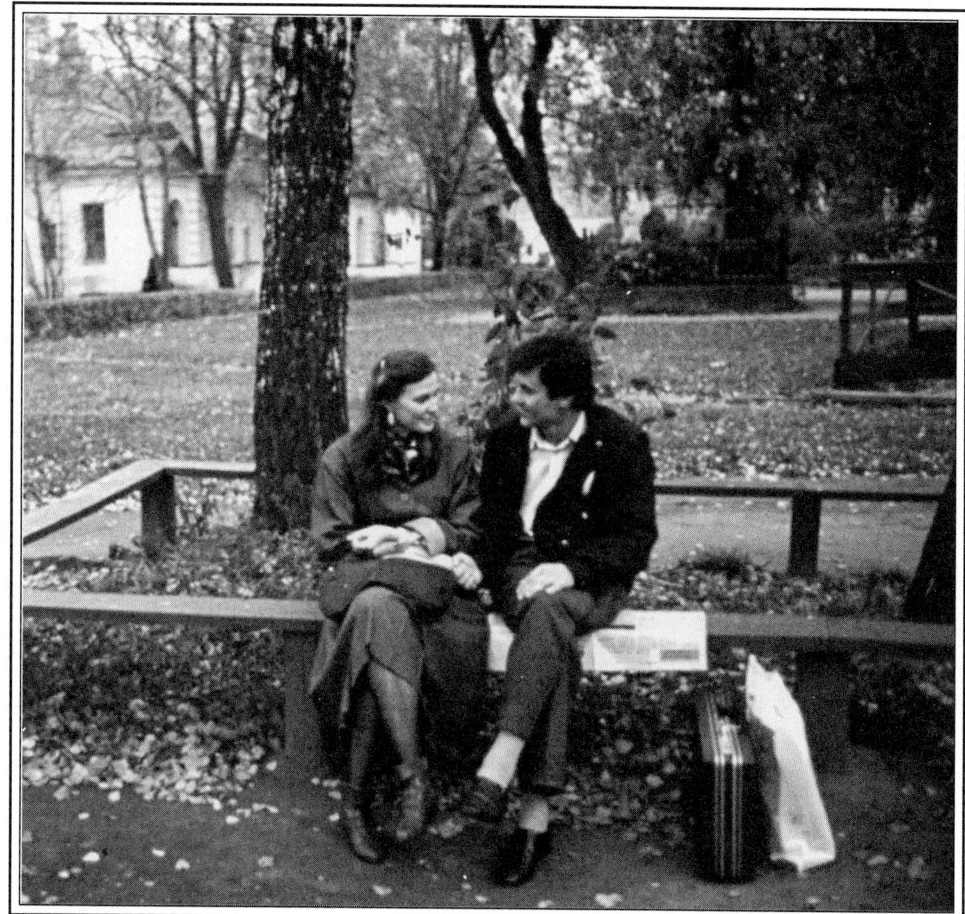

Свидание в московском парке

# МУЖЧИНЫ И ЖЕНЩИНЫ — МЫ ПОХОЖИ ИЛИ РАЗНЫЕ?

Бабья дорога — от печи до порога.

Пословица

# ЧАСТЬ I СЛОВА

## Стереотипы

**А.** Свободная ассоциация.

Какие слова или образы прихо́дят вам в го́лову, когда вы думаете о словах «мужчина» или «женщина»? Запишите их.

**Б.** Закончите предложения словами и выражениями из списка или придумайте свои примеры.

**1.** Мужчины любят ________________.

**2.** Женщины любят ________________.

сплéтничать *to gossip*
разговáривать по телефóну
занимáться спóртом
говорить о спорте, политике, своих друзья́х
воевáть *to fight (go to war)*
дрáться *to fight*
хорошо одевáться
быть главóй семьи́
манипули́ровать
работать
лежать на дивáне и пить пи́во
зарабáтывать дéньги
ходить по магази́нам

**В.** Разделитесь на группы из студенток и студентов. Расскажите о себе: вы подходите под эти стереотипы? Обсудите, правильны ли эти стереотипы или нет. Потом соберитесь вместе с другой группой и сравните результаты.

**Г.** Закончите предложения словами из списка или добавьте свои.

**1.** Женщины должны ________________.

**2.** Мужчины должны ________________.

занимáться детьми́
уметь воспи́тывать детей
выноси́ть му́сор
стричь траву́
убирáть
мыть посу́ду
готóвить
покупать продýкты
содержáть семью́
хорошо зарабáтывать
иметь хорошую рабóту
помогать мýжу (женé)
быть красивыми
хорошо одеваться

Отдых после работы

**Д.** Обсудите, правильны ли эти стереотипы или нет.

## Какой ваш идеал мужчины или женщины?

**А.** Прочитайте объявления из газет данные внизу. Выберите качества, которые вам нравятся в мужчине или женщине. Добавьте их к списку слов, который вы составили в уроке 1. Затем разделитесь на группы из студентов и студенток. Обсудите ваши ответы: у вас одинаковые ответы или разные? Какие качества вы считаете самыми главными?

**Б.** Закончите предложения всей группой. (Не забудьте: быть + inst.).

1. Женщина должна быть ________________.
2. Мужчина должен быть ________________.

**В.** Напишите объявление.

1. В парах. Напишите объявление о себе или друг о друге. Потом соберите все объявления и догадайтесь, кто что написал.
2. Дома. Поработайте над вашим объявлением или напишите новое, более подробное.

## БРАЧНОЕ

### Ищу подругу

1. Интересный, интеллигентный, стройный, образованный молодой человек, 40, желает познакомиться с хорошей, симпатичной девушкой.
2. Интересный мужчина, 35, 178 см, инженер из Калифорнии. Ищу знакомства с симпатичной, высокой (165 см+), порядочной девушкой/женщиной, которая хочет создать семью. Фото желательно.
3. Американец свободной профессии, 40, 180 см, 70 кг, атлетического телосложения, шатен, кареглазый, ласковый, романтик, толковый, заботливый, честный, оптимист с чувством юмора, любит детей — ищет жену: 18–35, обладающую такими же качествами. Я хочу познакомиться всерьёз, буду верен и предан. Пожалуйста, пришлите фото. Писать можно по-английски и по-русски. Звонить — только по-русски.
4. Врач, 43, симпатичный, устроенный, ищет интеллигентную женщину до 35 лет с добрым сердцем и длинными ногами. Фото обязательно.
5. Американский бизнесмен, 39 лет, говорящий немного по-русски, хотел бы встретиться с привлекательной женщиной до 30 лет, которая любит путешествовать, природу, музыку, литературу. Жизнь прекрасна. Давайте будем счастливы вместе!

### Ищу друга

1. Интересная, стройная, современная, устроенная блондинка, 35, разносторонних интересов, независима, хочет познакомиться с интересным, высоким, толковым, образованным, хорошо устроенным, добропорядочным мужчиной до 45. Серьёзные намерения. Фото.
2. Интеллигентная, интересная, пожилая женщина, любящая уют, путешествия, хорошая хозяйка, уставшая от одиночества, хотела бы встретить благородного человека до 75 лет, с серьёзными намерениями.
3. Мне 17, 5' 5″. Красивая, стройная, элегантная. Хочу познакомиться с порядочным, симпатичным, самостоятельным молодым человеком до 35 лет, стремящимся создать семью. Фото, пожалуйста. Верну обязательно.
4. Молодая, интересная женщина без детей, с высшим образованием, заинтересована в знакомстве с молодым, интересным мужчиной 35–40 лет, с целью создания семьи. Ценю ум, интеллект и воспитанность.
5. Очень привлекательная, 48 лет, добрая и нежная русская женщина надеется встретить заботливого и честного мужчину.
6. Ищу умного, доброго, надёжного друга, около 60 лет, чтобы разделить со мной все радости и всё, что жизнь даёт. Я — стройная, высокая, интересная, образованная, с широким кругом интересов, добрая и ласковая. Отзовитесь, отвечу непременно.

**Слова**

благоро́дный *noble*
ве́рный *faithful*
забо́тливый *caring*
интере́сный *here: attractive*
ла́сковый *affectionate*
надёжный *reliable*
не́жный *tender*
наме́рение *intention*
незави́симый *independent*
пре́данный *devoted*
поря́дочный человек — честный человек, на которого можно положи́ться
привлека́тельный *attractive*
толко́вый *sensible*
устро́енный *settled*
ую́т *comfort*
че́стный *honest*

Современная семья

# ЧАСТЬ II ЧТЕНИЕ

**Какой ваш идеал мужчины (мужа) или женщины (жены)?** Прочитайте следующие интервью.

**1. Анатолий М.,** из Минска, 44 года, музыкант, вдовец.

— Ой, мамочки! Ответить на этот вопрос просто — мне невозможно. В женщине, прежде всего, с моей точки зрения[1], должно быть чувство любви к своему ближнему°, в частности[2], мужу. Чувство любви, сердечность, чувство ответственности, трудолюбие, физическое здоровье, общее образование, потому что образование даёт кругозор восприятия жизни. — neighbor

— Что такое сердечность?

— Сердечность — это ласка, внимание, душевность во взаимоотношениях.

**2. Марина К.,** из Москвы, 47 лет, программист, замужем.

— У меня нет идеала мужчины, поскольку в разные периоды времени это были разные люди, с разными качествами.

Мне нравится, когда мужчина оригинальный, когда не знаешь, что он сделает в следующую минуту.

— Но мне кажется, что трудно жить с таким мужчиной, правда?

— Трудно, но интересно.

— А физическая красота не играет для вас роли?

— Абсолютно не играет.

**3. Эрик Р.,** из Москвы, 55 лет, композитор, женат (муж Марины).

— Насколько я могу судить по самонаблюдению°, мой идеал менялся с течением времени. Когда мне было 6 лет, это была белокурая блондинка. Когда мне было 15 лет, это была белокурая блондинка с голубыми глазами. Потом она превратилась° в шатенку с серыми глазами. Затем, она трансформировалась в брюнетку с чёрными глазами. Поэтому я смотрю, что идеал растёт в процессе моего роста. — self-observation; turned into

---

[1] точка зрения *point of view*

[2] в частности *in particular*

— Что такое любовь для вас?

— Насколько я понимаю мой характер, я близок к любви с первого взгляда, поэтому я люблю женщин до того, как она открыла рот. После этого, я постепенно разочаровываюсь° в ней. — get disappointed

**4. Саша М.,** из Казани, 28 лет, инженер, женат.

— Женщина и жена — это две совершенно° (completely) разные вещи. Я думаю, что идеал жены, это такая вещь, которая не поддаётся описанию. Это просто тот человек, которого любишь. То есть, это не значит, что должен быть какой-то набор° (collection) качеств, как физических, так и моральных, просто человек, с которым ты хочешь быть. Это — идеал жены. А что касается идеала женщины, то мне кажется, что, прежде всего, идеальная женщина, это та женщина, с которой мужчина чувствует себя настоящим мужчиной. То есть, для разных мужчин это разные женщины, но мужчина не должен чувствовать себя слабее этой женщины, не должен чувствовать себя глупее этой женщины. Для этого она должна быть достаточно сильной, достаточно умной.

**5. Настя Р.,** из Москвы, 25 лет, филолог, незамужем.

— Самое главное в мужчине, это наверно то, что он должен быть умным. Если мужчина не умный, я не обращаю на него внимания[3]. И мужчина обязательно должен иметь чувство юмора, не обращать внимания на такие вещи, как одежду, питание, что он ест, что он одевает. Мне кажется, что это вещи, которые не должны интересовать настоящего мужчину.

**Давайте поговорим!**

1. В парах. Какое из этих интервью вам больше всего понравилось? Что именно вам нравится: выберите слова или предложения. Спросите, согласны ли с вами другие студенты.

2. Дома. Напишите сочинение о вашем идеале мужчины или женщины. Перескажите его на следующем занятии. Вам помогут следующие словосочетания:

---

[3] обращать/обратить внимание *to pay attention*

са́мое гла́вное
что каса́ется
мне кажется
пре́жде всего́
мне нравится, когда
я хочу, чтобы
я думаю, что
то есть

Other constructions to use in your answer:

ва́жно, чтобы (+ subject + verb in past tense)
я хочу, чтобы (+ subject + verb in past tense)
мне нравятся... мужчины/женщины
мне нравятся мужчины/женщины, которые...

❒ Немного юмора

На берегу́° мо́ря лежит лягу́шка°. Ла́пки° в море су́нула и отдыхает. — shore / frog / paws

Подхо́дит коро́ва и говорит:

— Лягу́шка, вода тёплая или холо́дная?

— Я, между прочим, здесь как женщина лежу, а не как термо́метр. ❒

— Вы такая умная и красивая! Почему вы не хотите вы́йти за́муж за меня́?

— Вы же сами только что назва́ли причи́ны. ❒

Во вре́мя студе́нческих кани́кул встречаются два прия́теля. Один спра́шивает:

— Ну, как отдыха́ется, что но́венького? Жени́лся ты на свое́й Лене или всё ещё сам готовишь себе́ обед?

— И то и другое, — мра́чно отвечает другой. ❒

## ТЕКСТ 1 МЕЧТА СБЫЛАСЬ

Недавно в жизни 106-летнего француза Анри Периньона из города Кавайон произошло° важное событие. Он впервые в жизни поднялся в воздух на самолёте. Собирался° же это сделать 60 лет назад, но тогда ему не позволила жена. Недавно овдовевший Анри решился, наконец, на полёт.

happened — intended

**Ответьте на вопросы**

1. Кто такой Анри Периньон?
2. Сколько ему лет?
3. Что он сделал первый раз в жизни?
4. Почему он раньше не делал этого?

## ТЕКСТ 2 ДВАДЦАТЬ ЛЕТ СПУСТЯ

Что думают американки о мужчинах в наше время? Каких-то двадцать лет назад 66 процентов опрошенных женщин заявили, что мужчины «любезны, внимательны и нежны». А сегодня? Они называют сильный пол «эгоцентрическими индивидуумами». В чём же причина столь разительной перемены? Организаторы опроса считают, что женщины, решив принять активное участие[1] в общественной жизни, неожиданно натолкнулись° на многочисленные препятствия° со стороны[2] сильного пола и мнение женщин о «нежных и внимательных» мужчинах изменилось.

ran into
obstacles

Из газеты «Новое русское слово» (1990)

**Скажите**

1. Что говорили американки о мужчинах 20 лет назад?
2. Как они называют мужчин сегодня?
3. Почему изменилось мнение женщин о мужчинах?

**Как по-вашему?**

1. Должны ли женщины принимáть учáстие в общéственной жизни?
2. Правильно ли считáют организáторы опрóса, что мужчины препятствуют женщинам учáствовать в общéственной жизни?
3. Как американские женщины принимáют учáстие в общественной жизни? Приведите примеры.

[1] принимать/принять участие *to take part, participate*

[2] со стороны (+ gen.) *on the part of, from*

4. Мужчины действительно «си́льный пол»? А женщины?
5. Мужчины «любе́зны, внима́тельны и нежны́» или эгои́сты? А женщины?

НАДЕЖДА

НЕЗАВИСИМАЯ ЖЕНСКАЯ РАДИОСТАНЦИЯ

FM 104,2
AM 1044
(СВ 287 м)

**ПЕРВАЯ И ЕДИНСТВЕННАЯ В РОССИИ И СТРАНАХ СНГ НЕЗАВИСИМАЯ ЖЕНСКАЯ РАДИОСТАНЦИЯ ПРИВЕТСТВУЕТ ВАС!**

«НАДЕЖДА» -- это мир женщины и мужчины, семьи и детей.

«НАДЕЖДА» -- это мир театра и кино, литературы и музыки.

«НАДЕЖДА» -- это программы на лю́бые темы кроме политики: нравственность и духовность, воспитание и образование, история, экология, медицина, религия, бизнес и экономика.

«НАДЕЖДА» -- это советы лучших модельеров, дизайнеров, косметологов и кулинаров.

«НАДЕЖДА» -- преподаст Вам уроки этикета и даст консультации юриста, врача, экономиста совершенно бесплатно.

«НАДЕЖДА» -- это реклама товаров и услуг не только для женщин, но и для самой широкой аудитории в России, Восточной и Западной Европе, Канаде и Австралии.

«НАДЕЖДА» -- это профессионализм, элегантность и доверительный тон общения.

В эфире вы не спутаете нас ни с кем, ибо программы радиостанции «НАДЕЖДА» приносят мир и покой в Ваш дом, возвращают веру и любовь, вселяют надежду.

Без «НАДЕЖДЫ» Ваш мир пуст!

**Наш адрес: 113326, Москва, Пятницкая ул., 25**
**Контактные телефоны: 233-65-88, 233-69-83**
**(студия) 233-72-54, 233-78-49**
**Факс: 230-28-28**
**Телекс: 411136 Радио**

Реклама из газеты «Здоровье женщины»

## ТЕКСТ 3 «МУЖСКОЙ МИР СОВЕРШАЕТ ОШИБКУ»

Лариса Васильева, поэтесса, президент Федерации писательниц при Союзе писателей СССР:

— Правящий° мужской мир совершает губительную ошибку, обходясь° без женского мнения по важнейшим вопросам жизни общества. Но такую же ошибку совершает и женский мир, не заявляя решительно о своём праве разделять° с ним не только судьбу°, но и бремя° решений, и ответственность° за будущее.

ruling / managing / to share / fate / burden / responsibility

Что касается проблем экологии и межнациональных конфликтов, тут мы, кажется, уже близки к ситуации, когда, кроме женского бунта°, средств не остаётся. Мы ведь себя не знаем и силы своей не знаем. Поднялись ли мы всем женским миром, когда пошли похоронки° из Афганистана, когда исчезало с лица земли Аральское море, когда брат поднял руку на брата? Что вообще мы, женщины, пробовали? Холод и голод разрух° и войн. Тесноту жилищ и очередей. Раненых из огня выносить — пробовали. Вдовами быть — пробовали. Матерями осиротевшими° быть — тоже. Теперь пришла пора и нам сказать своё слово.

rebellion / death announcements / ruin / orphaned

---

Из журнала «Спутник» (1990)

### Задание

Выберите ответ, который выражает мнение автора.

**1.** а. Мужчины уважают мнение женщин.
   б. Мужчины не уважают мнения женщин.

**2.** а. Женщины слишком мало говорят о проблемах общества.
   б. Женщины слишком много говорят о проблемах общества.

**3.** а. Женщины должны заниматься политикой.
   б. Женщины не должны заниматься политикой.

Открытка из Твери

**Ответьте на вопросы**

1. Кто такая Лариса Васильева?
2. Какую ошибку делают мужчины, по её мнению?
3. А какую ошибку делают женщины?
4. Какие общественные проблемы она упоминает?
5. Что делали женщины, чтобы помочь решить эти проблемы?

**Давайте сравним!**

1. Сначала заполните пропуски.

   До сих пор русские женщины знали ________________ и голод войн, ________________ коммунальных квартир и ________________. Они ________________ раненых из огня, они были ________________, они потеряли своих ________________. Теперь пора ________________ сказать своё слово.

2. Теперь прочитайте предыдущий параграф. Можно ли сказать то же самое об американских женщинах? Как отличается жизненный опыт русских женщин от американских?

**Давайте поговорим!**

1. Как вы думаете, в Америке мужчины считаются с мнением женщин?
2. Знаете ли вы женщин, которые принимают участие в какой-нибудь общéственной организáции? В какой?
3. Как вы думаете, женщина может стать президентом США?
4. Вы бы голосовáли за женщину-кандидáта на пост президéнта?
5. Какие общéственные проблéмы больше интересуют женщин? А мужчин?

## MAIN READING

## ТЕКСТ 4 «ИЩУ РУССКУЮ ЖЕНУ»

Эфраим Севела, бывший москвич, а ныне американский писатель и режиссёр, приехал в Советский Союз, чтобы снять фильм о русской женщине. Предлагаем интервью, в котором он развивает, может быть, и не бесспорную, но, несомненно, выстраданную идею.

— Чем же так привлекателен для вас образ нашей соотечественницы°? — countrywoman

— Пройдя все круги ада вынужденной эмиграции, испытав полной мерой лишения, беды и предательства близких друзей, пережив войну и смерти друзей, я заверяю° вас, что самое лучшее, что есть в этой жизни — это русская, а точнее°, российская женщина.[1] К сожалению, понимать это начинаешь вдали от России, там, где живётся сытно, но где нет, очевидно, главного — близкого тебе по духу человека.

assure; more precisely

— Вы уехали на Запад вместе с семьёй?

[О разводе автора]

---

[1] Sevela uses русский and российский interchangeably.

— Сейчас уже трудно судить, кто из нас был виноват[2] в этом разводе, но, очевидно, причина всё же во мне. Ведь мужчины–выходцы из России не умеют ценить своих жён, не понимают, каким сокровищем они владеют. Но если их типично российское пренебрежение° к жёнам в России считается чуть ли[3] не нормой поведения, то на Западе этот номер не пройдёт.[4] И, как правило, русских женщин уводят более галантные западные джентельмены. В Америке, например, буквально охотятся за жёнами русских эмигрантов. И пока их мужья, по российской привычке к безделью, лежат на диванах, уткнувшись в газеты, и ждут, когда им предложат высокооплачиваемую работу, энергичные деловые «ковбои» забрасывают лассо на их дражайших.

disdain

— И не жалеют потом?

— Как правило, нет. Американцы, не избалованные° своими эмансипированными и самоуверенными° женщинами, просто теряют голову от заботливых, неприхотливых и лишённых эгоизма русских жён, которым не так уж много надо, чтобы почувствовать себя счастливыми.

spoiled
confident

[Об американских женщинах]

— Современная американка — это абсолютно независимая от мужчины личность. Она энергична, образованна, хорошо обеспечена. Женщины в США владеют 72 процентами национального богатства страны и занимают многие ответственные государственные посты. К тому же[5] в отличие от[6] бедных, замученных° бытом и работой советских женщин американки не знают никаких проблем ни с магазинами, ни с сервисом. И даже рождение и воспитание детей для американки скорее не труд, а

worn out

---

[2] кто был виноват *who was at fault*

[3] чуть ли *almost*

[4] этот номер не пройдёт *(one) won't get away with it*

[5] к тому же *in addition*

[6] в отличие от *in contrast to*

удовольствие. Потому что там на государственном уровне всё продумано° до мелочей для того, чтобы облегчить её заботы.

thought out

Однако, добившись° подлинного равноправия и независимости, американки проиграли, на мой взгляд, в главном — они утратили° женственность, превратились в деловито-расчётливых, эгоистичных, ни в чём не уступающих мужчинам особ, что не могло не сказаться на всём семейном укладе.

having attained

lost

— Выходит°, что нам в какой-то степени повезло, что мы живём так трудно и что многие достижения цивилизации ещё не коснулись нашей страны?

it turns out

— Да, это один из жизненных парадоксов: в отсталых, малоцивилизованных странах женщины продолжают оставаться женщинами, «хранительницами очага»,[7] терпеливыми и заботливыми.

[О том, как хорошо одеваются русские женщины]

Но главное не в этом, главное — в душе русской женщины, в её желании и умении любить мужчину, в её безграничной самоотверженности° и жертвенности°. Она удивительно быстро становится родным человеком, а не партнёршей, как американка. Русская женщина мечтает встретить только своего мужчину, чтобы стать для него всем: и женой, и любовницей, и...матерью. Только она способна любить мужа как-то по-матерински, со всеми его грехами и пороками°. Всепрощающе.

selflessness

self-sacrifice

vice, defect

— Но так ли это хорошо? Возможно, именно наши пресловутые самоотверженность и всепрощение так распустили мужчин?

— Я не берусь[8] давать какие-то рекомендации на сей счёт.[9] Я просто констатирую, что российские

[7] хранительница очага *keeper of the hearth*

[8] браться (+ inf.) *to presume (to do something)*

[9] на сей счёт *on that account*

женщины — это главное национальное достояние° страны, которое надо беречь° пуще глаза.

treasure
to protect

Из журнала «Спутник» (1991)

**Ответьте на вопросы**

1. Что, по мнению автора, самое лучшее в этой жизни?
2. Почему русские женщины на Западе ухóдят от своúх мужéй? Кто их увóдит?
3. Что нужно русской женщине, чтобы почувствовать себя счастливой?
4. Как русская женщина любит своего мужа?
5. Как автор опúсывает американских и русских женщин?
6. Каких женщин предпочитáет автор — американских или русских? Почему?

**Давайте поговорим!**

1. Согласны ли вы с мнением автора об американских женщинах?
2. Как вы относитесь к его мнению о русских женщинах?
3. Что вам больше всего нравится в американских женщинах и что в русских? Что вам больше всего не нравится в них?
4. Вопрос для студентов: какую жену вы бы вы́брали себе и почему?
5. Вопрос для студенток: что вы думаете о вы́боре ваших однокурсников?

## WORD STUDY

### Word Formation

Identify the part of speech and the roots, prefixes, and suffixes in the following words from the article by Sevela. Numbers refer to paragraphs of the article: высокооплачиваемый (4), самоуверенный (6), равноправие (8), независимость (8), женственность (8), самоотверженность (11), всепрощение (12), распустить (12).

### Loan Words

Give the part of speech and the meaning of the following loan words from the article by Sevela: эмиграция (2), эмансипированный (6), эгоистичный (8), цивилизация (9), парадокс (10).

Встретились и поговорили!

## ТЕКСТ 5 «БАБЬЯ ДОРОГА — ОТ ПЕЧИ ДО ПОРОГА»

Здравствуйте!

Прочитала в «Московском комсомольце» приглашение к разговору американского журнала «Вы и мы». И мне очень захотелось высказаться.° Правда, если я правильно поняла концепцию вашего журнала, то я категорически с вами не согласна!

have my say

Я за то, что женщине давно пора указать её место: семья и только семья! Мужчины почему-то понимают это лучше нас самих. Я считаю, что женщине совсем не нужны независимость и равноправие с мужчинами! Совсем наоборот!

Я считаю, что почти все беды° современного общества в том, что женщины хотят, чтобы мужчины «отказались от господствующего° положения». А ведь это противоречит° самой природе!

misfortunes

ruling

contradicts

Я воспитывалась в современном обществе, где женщина просто вытащена°, насильно° вытащена, из

dragged out / forcibly

семьи. Сначала в глупом-преглупом[1] детстве хотелось что-то кому-то доказать, кем-то стать, чего-то добиться. Но потом, посредством своего горького (а потом уже и счастливого) опыта я поняла: счастье женщины в её неравенстве с мужчиной, в её зависимости. Правильно говорит русская пословица: «Бабья дорога — от печи до порога».[2]

Да, мы многое можем. Да, мы умны и образованны, и с этим, по-моему, уже никто не спорит°. Но всё это наше богатство должно быть направлено исключительно на воспитание детей и на завоевание права быть любимой женой. — argues

Это, конечно, моё мнение, я никому его не навязываю. Ваш журнал, как я поняла, придерживается° противоположной точки зрения. Но ведь на моей стороне вся История. — adheres to

Свои мысли и чувства по этому поводу я выразила в стихотворении, которое вам и посылаю:

Ратуют женщины: «Эмансипация —
Это от всех наших бед избавленье°, — deliverance
Надо бороться, освобождаться!...»
Быть независимей — быть современней?

Но не приемлет° душа, вы поверьте, — accept (*arch.*)
Этой свободолюбивой морали.
Я от свободы устала до смерти,
Лишние° дозы её мне давали. — too many

Как я устала быть сильной и властной°, — powerful
Что-то решать и к чему-то стремиться°! — to strive
И потому я мечтаю так страстно
От этой свободы освободиться.

Рядом почувствовать сильную руку,
Властное слово, решенье мужское,
Быть просто любящей кроткой° подругой, — meek
Я не согласна теперь на другое.

---

[1] преглупый *very stupid.* The prefix пре- intensifies the meaning of the adjective.

[2] Бабья дорога — от печи до порога. *Woman's road is from the stove to the threshold.*

Будьте добры, отберите° свободу! — take away
Слабость для женщины — жизни основа.
Кришне, Христу иль Аллаху в угоду
Дайте быть женщине женщиной снова.

Вы не подумайте, что я старушка, родившаяся в прошлом веке. Мне 25. Я замужем второй раз. В первом браке° (marriage) приходилось поистине быть «современной женщиной», то есть просто-напросто «мужиком» работать на производстве° (factory), принимать решения, быть не только «главой» семьи, а даже её «шеей». Но хватит° (that's enough). Сейчас я — домохозяйка. Моя задача — просто любить и быть любимой. А это уже само по себе[3] огромный труд.

Извините за, может быть, излишнюю резкость° (harshness) и самоуверенность суждений (ну и за ошибки, конечно), но будущее всё-таки за женщиной-женой, а не за женщиной-министром. Природа, она шуток не любит.

С уважением,
Татьяна Мунина
г. Лыткарино
Московская область

---

Из журнала «Вы и мы» (1991)

**Ответьте на вопросы**

1. Согласна ли автор письма с конце́пцией этого журнала?
2. По мнению автора, где место женщины?
3. По мнению автора, что женщине не нужно?
4. По мнению автора, в чём счастье женщины?
5. О какой посло́вице говорит автор письма?
6. Как вы понимаете её смысл?
7. Который раз эта женщина за́мужем?
8. Кем она была в первом браке и кем она стала сейчас?
9. Какую задачу она поста́вила перед собой?

---

[3] само по себе *by itself*

**Давайте поговорим!**

Выразите свою точку зрения относительно следующих утверждений автора письма. Узнайте мнение ваших товарищей. Согласитесь с ними или возразите.

1. Место женщины только в семье.
2. Женщине совсем не нужны незави́симость и равнопра́вие, потому что её счастье в нера́венстве с мужчиной, в её зависимости.
3. Женщина должна заниматься исключительно воспита́нием дете́й и завоёвывать право быть любимой.
4. На моей стороне вся История.
5. Будущее всё-таки за женщиной-жено́й, а не за женщиной-министром.

## ЧАСТЬ III ИНТЕРВЬЮ

**Разговор с Валей, Сашей и Ириной, вашими старыми знакомыми.**

**Прослушайте интервью и ответьте на вопросы.**

*Какая разница между мужчинами и женщинами?

1. Что отвечает Саша?
2. Что отвечает Ирина?

**Слова**

ло́гика
свеча́ *candle*

*Скажите, какой должна быть женщина, а каким должен быть мужчина?

3. Что отвечает Ирина?
4. Валя тоже ценит не́жность, скро́мность, послу́шность?

<BEEP>

*Есть ли какие-нибудь качества, которых у мужчин больше, чем у женщин?

5. Что отвечает Ирина?

---

All numbered questions should be answered. Starred questions are those of the interviewer. <BEEP> indicates end of segment on the student tape.

**Слова**

проявля́ть покрови́тельство *to be protective*
защищена́ *protected, defended* (from защищать)
забо́титься (о ком) *to take care of, be concerned about*
ока́зывать (кому) подде́ржку *to support*

**6.** Как к этому относится Валя?

**Слова**

романти́чно
я соверше́нно другого плана человек = я совершенно другой/другая
равнопра́вие в отноше́ниях *equality in relationships*
ожидать *to expect*

<BEEP>

*Скажите, какова роль мужчины в семье и какова роль женщины? Они разные или одинаковые?

**7.** Что говорит Ирина о роля́х в русской семье́? Что должен делать мужчина, а что — женщина?

**Слова**

при э́том *at the same time*
делать гру́бую мужску́ю работу
забива́ть гво́зди *to hammer nails*
ремонти́ровать плиту́ *to fix the stove*

*Как вы думаете, Саша, муж тоже должен заниматься домом и детьми — если есть — или только жена?

**8.** Что думает Саша о детях?

**Слова**

удово́льствие *pleasure*
наслажда́ться *to enjoy*
корми́ть *to feed*
брать за ру́чку *to take by the hand*

<BEEP>

*Скажите, Саша, как отличаются американские женщины — или девушки — от русских. Я помню, когда вы только что приехали сюда, вы посмотрели на американских студенток и вы сказали: «Зачем на них жениться?»

**Слова Саши**

имéть в видý *to have in mind, to mean*
сáми по себé *by themselves*
испы́тывать потрéбность *to feel the need*

**Слова Вали**

наповéрхности *on the surface*
внéшне *externally*
безуслóвно *absolutely*

9. Что отвечает Саша?
10. А как думает Валя?

*Интересно, что вы говорили, что мужчина сильнее. Получается парадокс, потому что на самом деле русские женщины очень сильные. Правда, Валя?

**Слова**

физи́чески *physically* занимáться финáнсами
морáльно *morally, emotionally*

11. Какую роль Валя определя́ет мужчине в семье?
12. Как вы думаете, она шути́ла или говорила серьёзно?

<BEEP>

13. Что говорит Ира о том, как сейчас меня́ется ситуация в стране [т. е. в России]?

**Слова**

поскóльку *inasmuch as, since*
самостоя́тельна *independent*
организовáть сóбственные фирмы
счáстливы
семéйная жизнь

*Скажите, существует ли в России женское движение или феминистское движение?

**14.** Что отвечает Ира? Выберите правильный ответ из двух вариантов.

а. Она слышала о феминистском движении в России.
б. Она не слышала о феминистском движении в России.

а. Она читала статьи русских феминисток.
б. Она читала статьи американских феминисток.

<BEEP>

*Ира, скажите, хотели бы вы не работать, а только заниматься домом и детьми?

**15.** Что отвечает Ира? Объясните.

**Слова**

удово́льствие
смысл *meaning*

**Задание**

Прослушайте интервью ещё раз. Напишите, что вам было интересно узнать.

## ЧАСТЬ IV ПОДВОДЯ ИТОГИ

**А.** Выразите свою точку зрения относительно следующих утверждений Э. Севелы. Аргументируйте её. Узнайте мнение ваших товарищей. Согласитесь с ними или возразите.

1. «Современная американка — это абсолютно независимая от мужчин личность».
2. «Однако, добившись подлинного равноправия и независимости, американки проиграли в главном — они утратили женственность, превратились в деловито-расчётливых, эгоистичных, ни в чём не уступающих мужчинам особ».
3. «Даже рождение и воспитание детей для американки не труд, а удовольствие».

**Б.** Давайте поговорим!

**1.** Как вы думаете, американские женщины добились равноправия?

**2.** Как вам нравится образ американки в статье Севелы?

**3.** Какими общественными проблемами интересуются американские женщины?

**4.** Уважаете ли вы мнение женщин? А вообще американские мужчины ценят мнение женщин? Приведите примеры.

**5.** Женщина может стать президентом США?

**6.** Вы бы голосовали за женщину-кандидата на пост президента?

**В.** Сочинение.

**1.** Если вы были в России, напишите об одной русской женщине (девушке), которую вы знали.

**2.** Ваша русская подруга спросила вас, какие проблемы есть у американских женщин. Ответьте.

**3.** В ваш университет приедут женщины из России. Напишите, какие вопросы вы хотите им задать.

**Г.** Дополнительные задания.

Работа в парах или группах. Обсудите следующие вопросы. Потом сравните результаты. Аргументируйте свою точку зрения.

**1.** Как вы думаете, женщина может стать всем, кем она хочет, или нет?

**2.** Вы бы хотели быть дома и заботиться о семье и т. д., или вы обязательно хотите работать? А если у вас дети?

**3.** По вашему мнению, какова должна быть роль жены (мужа) президента США?

**4.** Кто должен быть главой семьи — муж или жена?

**5.** Как вы думаете, мужчины умнее женщин? Менее эмоциональны? Более рациональны? Более надёжны?

**6.** Вы не против женщины-босса?

**7.** В Америке женщины достигли равенства? Должно ли общество стремиться к этому?

**8.** Прочитайте следующие пословицы. Вы с ними согласны или нет?

**О женщинах**

Курица не птица, баба не человек.

Кого люблю, того и бью.

Люби жену, как душу, тряси её, как грушу.

Бабья дорога — от печи до порога.

Ласковое слово — что весенний день.

С милым рай и в шалаше.

**О мужчинах**

Мужчина — ясный май, когда ухаживает за женщиной, и холодный декабрь, когда женится.

Мужчина смотрит широко, а женщина глубоко.

**О любви**

Любви все возрасты покорны. (А. С. Пушкин)

Муж и жена — одна сатана.

Стерпится — слюбится.

**9.** Подготовьте интервью похожее на то, которое вы прослушали. Разыграйте его.

**10.** Разделитесь на две группы из студентов и студенток. Каждая группа должна ответить на вопросы и потом сравнить ответы.

**Студентки, скажите:**

Какие ка́чества в мужчинах покоря́ют вас?

Какие ка́чества в мужчинах вам бо́льше всего не нравятся?

Какие ка́чества будут у вашего мужа?

Какие ка́чества должен иметь идеа́льный мужчина?

**Студенты, скажите:**

Какие ваши качества больше всего нравятся женщинам?

Какие ваши качества больше всего не нравятся женщинам?

Какие ваши качества нравятся вам?

Какие качества есть у вас, и какие вы хотели бы иметь?

Какие качества должен иметь идеа́льный мужчина?

УРОК
# 8

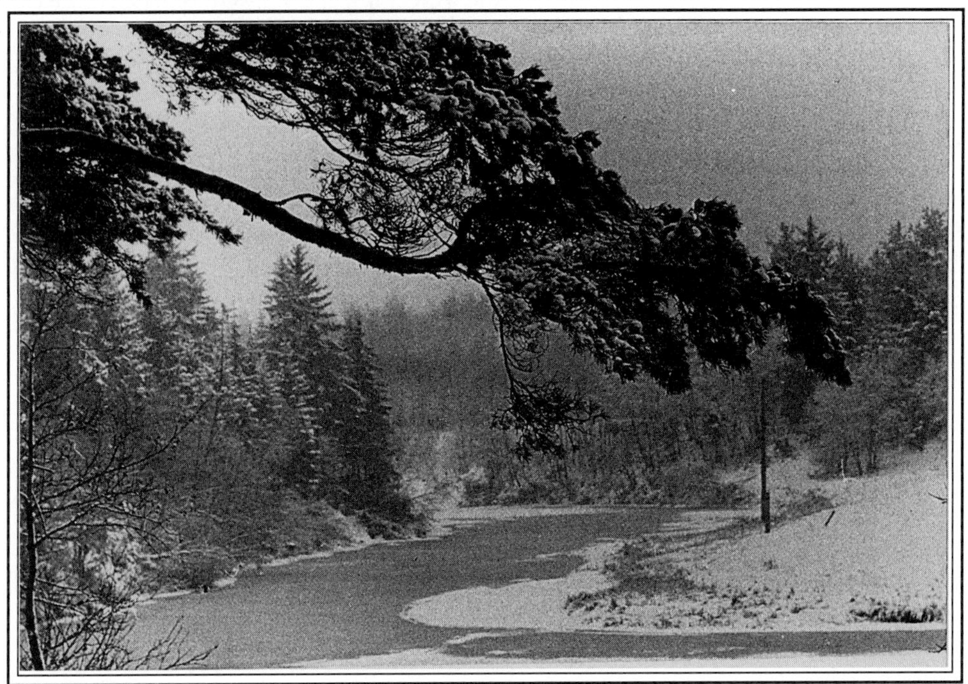

Зима под Москвой

# ОБЩЕСТВЕННЫЕ ПРОБЛЕМЫ: ПРЕСТУПНОСТЬ, ЭКОНОМИКА, ЭКОЛОГИЯ

Что посеешь, то и пожнёшь.

Пословица

# ПРЕСТУПНОСТЬ

## ЧАСТЬ I СЛОВА И ДИАЛОГИ

**опа́сно** *(it's) dangerous*

**престу́пность** (f.) *crime*
**преступле́ние** *crime (criminal act)*
**престу́пник** *criminal*
(организо́ванная) престу́пность
В нашем городе растёт престу́пность.
Сейчас бо́льше/ме́ньше престу́пности.

**боро́ться с престу́пностью** *to fight against crime*
борьба́ с престу́пностью
Все говорят, что надо бороться с преступностью.
Бо́рется ли милиция с престу́пностью?

**(совершить) преступле́ние**
Вы читали роман Достоевского «Преступле́ние и наказа́ние»?
Этот человек у́же совершил много преступле́ний.
Престу́пник — человек, который совершил преступле́ние.
Преступник получил 10 лет тюрьмы.

**убива́ть/уби́ть** *to kill, murder*
**уби́йство** *murder*
**убийца** *murderer*
Ли Харви Освальд уби́л президента Кеннеди.
В России много говорили об убийстве Кеннеди.
Убийца Кеннеди — Ли Харви Освальд.

**ма́фия**
Говорят, что милиция сотрудничает с ма́фией.
Что думают ваши русские друзья о связи русского правительства с ма́фией?
**рэкет** *racket (illegal profit-making enterprise, esp. extortion)*
рэкетёр/рэкетир
Кио́ски (торго́вля) — в руках рэкета.

**ору́жие** *weapon*
носить оружие

— В Москве но́сят ору́жие?
— Да. У одного моего друга — пистоле́т.

**автома́т** *submachine gun*
У престу́пников больше автома́тов, чем у милиционеров.
**напа́сть** (на + асс.) *to attack*
Когда он шёл по улице один, на него напа́ли и забра́ли деньги.
**кримина́льный** (also **уголовный**)
Можно купить словарь жарго́на уголо́вного мира.
Сейчас в России кримина́льная обстано́вка.
**наркоби́знес**
Наркоби́знес приносит большие деньги.
**мили́ция** *police*
**милиционе́р** *police officer*
Какова роль мили́ции в борьбе с престу́пностью?

**гра́бить/огра́бить что (дом, банк), кого** *to steal, rob*
Его огра́били на улице. *He was mugged.*
Нашу квартиру огра́били. *Our apartment was robbed.*
**грабёж** *robbery*
**красть/укра́сть что (деньги, вещи) у кого** *to steal*
**кра́жа** *theft*
**вор (во́ра, pl. воры́, воро́в)** — человек, который что-то украл

**залезть** (pf.) **в квартиру** *to break into an apartment*

— В мою квартиру зале́зли, укра́ли телевизор.
— Поймали во́ра?
— Нет, и, наверное, не пойма́ют.

**обокра́сть** (pf.) **кого, что** *to rob*

— Саша, что случилось?
— Нас обокра́ли.

**изнаси́ловать** (pf.) *to rape*
**изнаси́лование**
Я читала в газете, что изнаси́ловали пятнадцатиле́тнюю девушку.

**угоня́ть/угна́ть машину** *to steal a car*
В Москве сейчас очень много угоня́ют машин.
Мама! Мою машину угна́ли!

Note how Russian uses the active voice where English uses the passive:

Его ограбили на улице. *He was mugged.*

Нашу квартиру ограбили. *Our apartment was broken into.*

Нас обокрали. *We were robbed.*

Его убили. *He was killed.*

Её машину угнали. *Her car was stolen.*

Что-нибудь украли? *Was anything stolen?*

Вынесли (sl.)/украли телевизор. *The TV was stolen.*

**Упражнение**

■ Заполните пропуски словами из списка.

В моём городе много ________________. Вчера одного человека ________________. ________________ убежали, их ещё не поймали. А на прошлой неделе ________ один ювелирный магазин. ________ часы, кольца, драгоценности. Мой друг сказал, что, когда он был на работе, его машину ________________. А один знакомый рассказывал, что в его квартиру ________________, ________________ телевизор и стерео.

## ДИАЛОГ

Разговаривают американка, Шэрон, и её русская подруга Катя.

Ш: Мы много слышим в Америке о престу́пности в России, особенно в больши́х города́х. Чем это вы́звано?

К: Я думаю, что основна́я причи́на — это распа́д° (collapse) системы. За очень коро́ткое время люди должны были «перестро́иться», старые поня́тия° (concepts) о жизни и законах° (laws) перестали° (stopped) де́йствовать, а новые — ещё в процессе созда́ния. Вот и появляется чувство, что всё можно: можно разбогате́ть любы́ми сре́дствами° (by any means), можно делать всё, что хочешь, а поня́тие того, что нельзя, перестало существова́ть.

Ш: А что происходит в больших городах? Такая же ситуация, как и у нас, в Америке?

К: По стати́стике, в Москве, например, престу́пность не такая высо́кая, как в Нью-Йорке. Но для нас — это очень высокие цифры, по сравне́нию° со вре́менем до перестро́йки. — by comparison

Ш: А какие самые распространённые преступле́ния?

К: В больших городах очень много угоня́ют машин. Разва́л Советской Армии привёл к тому, что оружие — пистоле́ты, автома́ты — можно свободно купить у вое́нных. Развал грани́ц привёл к росту наркоби́знеса, который всегда связан с престу́пле́ниями.

Ш: А мили́ция?

К: Милиция практи́чески бесси́льна в войне с престу́пностью: низкие зарпла́ты и отсу́тствие законов резко сни́зили мора́ль.

Ш: А где бо́льше преступности, среди бизнесме́нов или рабо́чих?

К: Трудно сказать, просто преступле́ния разные. Бизнес свя́зан с ма́фией, рэ́кетом, и милиция часто сотру́дничает с ними. А обыкновенные люди прихо́дят в у́жас° от беззако́ния и боятся выходить на улицу после темноты́. Участи́лись грабежи́ квартир, убийства, нападе́ния, изнаси́лования. — are horrified

**Ответьте на вопросы**

1. Какие са́мые распространённые преступле́ния в России?
2. По мнению Кати, какая основна́я причина ро́ста престу́пности?
3. Как вы понимаете выражение «распа́д систе́мы»?
4. Почему у людей появилось чувство, что «всё можно»?
5. В Москве больше престу́пности, чем в Нью-Йорке, или нет?
6. Почему сто́лько говорят о престу́пности в России?
7. А бо́рется ли милиция с престу́пностью?
8. Где можно купить ору́жие?

9. Какой результат разва́ла грани́ц?
10. Как изменилась вечерняя жизнь в Москве из-за престу́пности?

**Скажите**

1. Растёт ли преступность в вашем городе?
2. В вашем районе сейчас больше преступности, чем раньше, или меньше?
3. Если вы были в России:

   а. в городе, где вы были, было много преступлений или мало?
   б. люди говорили о преступности?
   в. ваши родители боя́лись за вас?

# ЧАСТЬ II ЧТЕНИЕ

## MAIN READING

## ТЕКСТ 1 УРОВЕНЬ ПРЕСТУПНОСТИ РАСТЁТ

**До чтения**

Обратите внимание на терминологию, которая используется в этой статье: свободный рынок (*free market*), рыночная экономика (*market economy*) и собственность (*property*).

**Москва, 23 сент.** Сотрудники полиции и криминалисты из Чикаго побывали в СССР, где в течении° 10 дней знакомились с работой советской милиции. По завершении визита американцы высказали свою точку зрения о том, что и без того высокая преступность в Советском Союзе будет продолжать расти по мере того, как страна движется° в направлении свободной рыночной экономики.

«Переход к свободному рынку может вызвать рост числа преступников, и это создаст новые для вас проблемы», — сказал заместитель° начальника управления полиции Чикаго Матт Родригес, обращаясь к советским коллегам. По словам чикагского полицейского, советские правоохранительные° органы должны быть готовы к этому.

during
moves
deputy
law enforcement

Как сообщили члены американской делегации, им удалось познакомиться со статистикой преступлений, совершаемых сейчас в Советском Союзе. По данным советских правительственных источников, ежедневно в стране с населением в 285 миллионов человек совершается около 7 тыс. преступлений. Министерство внутренних дел СССР прогнозирует, что в этом году преступность возрастёт по сравнению с прошлым на 15%.

Как указал член американской делегации профессор кафедры криминалистики Университета Иллинойса Ричард Уорд, его советским коллегам «придётся бороться с ростом преступлений против собственности». Чем больше существует товаров°, тем больше их можно украсть», — аргументировал свою точку зрения американский профессор. — goods

Вместе с тем°, по мнению представителей чикагской полиции, организованная преступность в Советском Союзе «не достигла пока такого уровня совершенства»°, как в Чикаго и других городах США. — at the same time; perfection

---

Из газеты «Новое русское слово» (1990)

**Упражнение**

■ Верны ли эти утверждения или нет? Если нет, то исправьте их.

1. Американские специали́сты сказали, что преступность в СССР будет расти́.
2. Они сказали, что ро́ст преступности связан с перехо́дом к капитали́зму.
3. В Москве каждый день соверша́ется 7 млн. преступле́ний.
4. Ричард Уорд сказал, что уби́йств будет больше.
5. По мнению американских гостей, в СССР столько же преступности, сколько и в США.

## ТЕКСТ 2 МОСКВА ПОКА НЕ ЧИКАГО?

Столичное управление Министерства безопасности[1] России подводит итоги своей работы за

---

[1] Министерство безопасности *Ministry of Security*

1992 год. Судя° по всему, Москва всё больше[2] начинает напоминать Чикаго 30-х. К «старым» криминальным проблемам, таким, как организованная преступность, наркобизнес, рэкет, присоединяются новые. Одна из характерных примет° — широкое распространение° оружия. Устойчивые преступные группы, действующие на территории Москвы и области, имеют на своём вооружении не только пистолеты и автоматы, но и гранатомёты, гранаты, тяжёлое стрелковое оружие.

judging · signs · proliferation

В уголовную «моду» вошли хищение° и контрабанда цветных металлов, стратегического сырья.

theft

Большую озабоченность° работников безопасности вызывают преступления в банковской системе. Так, в ходе[3] одной из последних операций пресечена попытка° хищения денег по фальшивым авизо на сумму более 20 млрд. рублей. А буквально на днях[4] сотрудниками управления пресечена деятельность° международной преступной группы, пытавшейся выбросить на российский валютный рынок 11 млн. фальшивых долларов.

concern · attempt · activity

---

Из газеты «Правда» (1992)

### Упражнение

■ Закончите предложения, используя информацию из статьи.

1. Москва похожа на ________________.
2. В Москве существуют такие криминальные проблемы, как ______.
3. Криминальные группы имеют много ________________.
4. Эти группы начали грабить ________________.
5. Очень много преступлений в ________________.
6. Криминальные группы делают __________ американские доллары.

---

[2] всё больше *more and more*

[3] в ходе *during*

[4] на днях *the other day*

## ТЕКСТ 3 ОГРАБЛЕНИЕ ЮВЕЛИРНОГО МАГАЗИНА

Грабители требовали молчать. Потому что слово — серебро, молчание — жизнь[1].

12 февраля в пять часов вечера трое неизвестных в масках ворвались в комиссионный магазин Ювелирторга, что по проспекту Московскому, 31. Далее события° разворачивались, как в американских кинодетективах. Угрожая° ножом и пистолетом, налётчики вынудили° работников магазина не двигаться и молчать.

events
threatening
forced

Из газеты «Слобода» (1993) г. Харьков

**Задание**

1. Дайте синоним слова «ворвались».
2. Что такое «кинодетектив»?
3. Найдите синоним слова «налётчики».
4. Какие виды оружия упоминаются в заметке?

## ТЕКСТ 4 МАЛЕНЬКАЯ ЖЕЛЕЗНАЯ ДВЕРЬ В СТЕНЕ

Ежедневно в Москве совершается в среднем 30 квартирных краж, и только три из них раскрываются. И то, что называется, по горячим следам. По официальным данным, количество квартирных краж в столице по сравнению с прошлым годом увеличилось на 40 процентов. В 1992-м каждые три месяца фиксировалось столько ограблений жилищ граждан, сколько пять лет назад в течение всего года.

Многие независимые специалисты указывают, что отчасти° росту числа квартирных краж в России способствует существующее беззубое законодательство°, по которому воры получают, как

in part
laws

[1] Игра слов, основанная на пословице: Слово — серебро, молчание — золото *Speech is silver, silence is golden.* Пословицы часто употребляются в русской прессе.

правило, срок° до трёх лет, причём[1] 50 процентов наказаний не связано с лишением° свободы. Между тем в ныне суверенной Грузии почти каждый вор получает 10 лет тюрьмы, и оттого° столь ужасающей статистики квартирных краж, как в России, у грузинской милиции нет.

(prison) term
deprivation
because of that

Но ушлые москвичи уже не надеются на юридическую компетентность людей, ставших законодателями ещё при коммунистическом режиме, никогда не жаловавшим частную собственность у своих подданных. Их обуревает сегодня идея поставить у входа в родное жилище непременно металлическую дверь. Она, говорят, останавливает воров в 100 процентах случаев: открыть такую без дикого шума невозможно.

---

Из газеты «Новое русское слово» (1993)

**Ответьте на вопросы**

1. Сколько квартир гра́бят ежедневно в Москве?
2. Милиция находит воро́в?
3. Насколько увели́чилось количество кварти́рных краж?
4. Почему в России столько краж?
5. А почему в Грузии так мало?
6. Что москвичи́ сейчас ста́вят у входа в квартиру?

## ТЕКСТ 5 ПОПАЛ ВОР В АВТО...

Москва — абсолютный чемпион в России по числу автомобильных краж. Рассказывают сотрудники 7-го отдела Московского уголовного розыска.

— Сколько автомобилей ежедневно воруют в Москве?

— В среднем — 50 в день. Находим же за сутки[1a] 8-10. Расследовать такое дело сложнее, чем убийство. Следов-то[2] практически не остаётся.

— Насколько прибылен этот бизнес?

---

[1] причём *in which connection, at that* (often not translated)

[1a] сутки (pl. only) *24-hour period*

[2] –то. Particle used for emphasis.

— Самый выгодный. Не случайно сегодня автомобильных краж больше, чем квартирных и карманных, вместе взятых. Продаётся «тачка» за 3–5 миллионов. Риск для продавца и покупателя — минимальный... Достать документы — не проблема.

— Какие марки автомобилей воруют чаще всего?

— «Жигули». «Москвичи» воруют редко. Из столицы украденные автомобили перегоняют в Прибалтику, Узбекистан, Чечню, на Украину.

— Есть ли сегодня надёжная охранная система, гарантирующая спокойный сон автовладельцу?

— Стопроцентного средства от кражи нет. Угоняют даже машины, оборудованные новейшими западными системами сигнализации.

— Что, по-вашему, нужно сделать, чтобы остановить эту волну автомобильных краж?

— Необходимо маркировать все основные узлы и агрегаты машин, вносить данные по замене запчастей в техпаспорт. Автомобиль обязательно должен быть оборудован какой-нибудь охранной системой. Неплохо было бы иметь небольшие охраняемые автостоянки.

---

Из журнала «Спутник» (1994)

## WORD STUDY

### Roots

**опас-** ***danger***
опасный *dangerous*
опасно *dangerously.* Здесь опасно. *It's dangerous here.*
опасность *danger, peril*
безопасность *safety, security*
Комитет государственной безопасности (КГБ) *Committee on State Security*

**рв- рыв-** ***tearing***
срывать/сорвать *to tear off*
Митрич сорвал шарф и крутил над головой.
врываться/ворваться *to break in*
Трое неизвестных в масках ворвались в магазин.

**хран- хорон-** ***concealment, hiding, interment, burial***
хранить *to keep*
охранять/охранить *to guard, keep watch, defend, preserve*
похороны *funeral*

Give the meanings for охранная система and охраняемые автостоянки from text 5.

## ЧАСТЬ III ИНТЕРВЬЮ

**Разговор с Максимом и Романом, которых вы уже знаете.**

**Прослушайте интервью и ответьте на вопросы.**

***1.** Жизнь в больших городах действительно опасна? Роман, как вы считаете?

*А как сейчас в Москве?

**2.** Что отвечает Роман?

приблизи́тельно *approximately*

**3.** Что говорит Максим о ра́знице между престу́пностью в Америке и в России?

**Слова**

ра́зница в том, что *the difference is that*
не столько..., как... = не так много..., как
иметь пистолет
стреля́ть *to shoot*

**4.** О какой второй стороне преступности говорит Роман?

(Roman first agrees on the similarities between crime in Russia and in the United States, but then adds a difference that he sees. Listen for the word но, which signals a change or new direction. His new information will come after that.)

**Слова**

рэ́кет
ча́стный бизнес *private business*
ларьки́ = киоски *stalls, booths*
незащищены́ *defenseless*
вымога́тельство *extortion*

<BEEP>

---

All numbered questions should be answered. Starred questions are those of the interviewer. <BEEP> indicates end of segment on the student tape.

5. Как считает Роман, в России на работе люди чувствуют себя защищёнными или нет?

<BEEP>

6. Что говорит Роман о взя́тках? Какой пример он приводит?

права́ *here: driver's license*

7. Что говорит Роман о том, кому раньше надо было давать взя́тки, а кому сейчас?
8. Что говорит Роман о том, что случится, если не запла́тишь?

<BEEP>

*Максим, а вам надо было платить?

существова́ние *existence*

9. Максим хотел заработать только на обед, но если бы ________, то пришлось бы платить.
10. Какой пример приводит Роман о том, как води́тели такси́ боя́тся ма́фии?

**Слова**

такси́ст
зара́нее *in advance*
чужи́е такси *here: taxis not under the control of the mafia*

11. Что случится, если таксист не запла́тит?

**Слова**

разби́ть стекло́
проколо́ть ши́ну

## ЧАСТЬ IV ПОДВОДЯ ИТОГИ

**A.** Обсудите вопросы в парах и потом расскажите другим студентам.

1. Какова́ основна́я причина преступности в США?
2. Какие самые распространённые преступле́ния в вашей стране?
3. Бо́йтесь ли вы выходить ночью на улицу?

**Б.** Ролевая игра или сочинение.

1. Вы американец. Ваш русский друг только что приехал к вам в гости и спрашивает вас о преступности в вашем городе. Ответьте ему. Потом расскажите ему, как себя вести, что надо делать, чтобы не стать жертвой (victim) преступления.
2. Вы только что вернулись из России. Ваши родители спрашивают вас о преступности. Расскажите им.
3. В этой главе вы прочитали несколько статей о преступности в России. Что вы узнали из них нового?
4. Ваш друг, который ещё не решил, поехать ли учиться в Россию, спрашивает о преступности в России. Ответьте ему, посоветуйте ему.

# ЭКОНОМИЧЕСКИЕ ПРОБЛЕМЫ: ИНФЛЯЦИЯ, БОГАТЫЕ И БЕДНЫЕ

Как жить дальше?

Новые деньги

# ЧАСТЬ I СЛОВА И ДИАЛОГИ

## ДИАЛОГ 1

Две русские подруги, Лена и Таня, встретились на улице.

Л: Знаешь, просто не представляю, что делать. Совсем не хвата́ет зарпла́ты до конца́ ме́сяца.

Т: Да, сейчас многие так живут: если на еду́ тра́тить, то на оде́жду не хвата́ет, если на одежду, то уж совсем денег не остаётся.

Л: Я вспоминаю, как раньше ходили в кино, и на концерт, и в ресторан. Могли себе позво́лить сходить, а теперь и в гости не ходим и к себе не зовём. Про́сто тоска́!

Т: Да, ты права́. Себя уже не жаль, а за детей — душа́ боли́т. Только ведь и знают, что дом, школа, улица. Спортом позаниматься, музыкой или ещё чем, так невозможно — всё стра́шно до́рого.

Л: А о поéздке на кани́кулы только мечтать можно.

Т: Ну, вот, хоть с тобой встретились, поговорили, ду́шу отвели́.

Л: Да, ничего не изменили, а на душе́ ле́гче стало.

### Слова

**зарпла́та** *wages; pay; salary*
**хвата́ть** (impers.) (+ gen.; на + acc.) *to suffice, be enough*
не хвата́ет денег, времени
не хвата́ет денег на поездки, на книги, на билеты

**тра́тить деньги на** (+ acc.) *to spend money on*
тратить деньги на еду, на одежду
**позво́лить себе** (pf.) (+ inf.)
Люди не могут себе позво́лить отдохнуть.
Также: **(кому) не по карма́ну**
Нам не по карма́ну в этом году́ поехать в о́тпуск.
**измени́ть** (pf.) *to change*

### Ответьте на вопросы

1. На что сейчас большинство́ русских тра́тят свою зарпла́ту?
2. Как люди жили раньше и как сейчас?
3. Почему у женщины «душа́ боли́т» за детей?
4. Почему у них на душе́ стало легче?

### Так говорят русские

Просто тоска́! *It's depressing!*
просто не представля́ю = просто не знаю
всё страшно дорого = всё очень дорого
душа́ болит за (+ acc.) *(one) is very worried about (someone)*
отвести́ ду́шу (pf.) *to unburden oneself*
на душе́ стало ле́гче *I feel better*

### Упражнение

■ Закончите предложения словами из списка.

1. Я была в Европе, но ничего не купила...
2. Надо иногда поговорить с другом...
3. Мама больна, сын болен, я тоже плохо себя чувствую..., что делать.
4. Папа потерял работу, сидит дома, ничего не делает...

### Скажите

1. Сколько де́нег в вашей семье ухо́дит на еду́?
2. Вы часто ходите в кино, театр, на концерты, в ресторан?
3. Что ещё вы можете себе позво́лить?
4. Вы часто встреча́етесь и разговариваете со свои́ми друзья́ми? О чём?

5. Какая у вас зарпла́та?
6. Сколько вы тратите на еду, на одежду, на развлечения?

## ДИАЛОГ 2

Разговаривают американский профессор, Джозеф, и его русский друг, Виктор.

■ Прочитайте диалог. Догадайтесь из контекста о значении новых слов и выражений.

Д: Какая у вас сейчас инфля́ция?

В: По сравне́нию с про́шлым го́дом — не очень большая.

Д: А зарпла́та увели́чивается в соотве́тствии с инфля́цией?

В: Не у всех и не везде́. Сейчас у нас перело́мный пери́од в экономике, так что большинство людей е́ле сводят концы́ с конца́ми.

Д: А что происходит с пенсионе́рами? У вас ведь много людей на пе́нсии.

В: Это — самая траги́ческая история. Хотя пенсию им индекси́руют, но це́ны растут быстрее. Большинство людей на пе́нсии могут позволить себе только самое необходимое — они живут за черто́й бе́дности.

Д: Как же люди выжива́ют?

В: Кру́тятся, ве́ртятся. Видите, сколько пенсионе́ров стои́т у метро и продают всё, что уго́дно: хлеб, сигареты. Раньше они детям помогали, а теперь дети должны им помогать. Люди у нас очень до́брые, хоть это ещё не измени́лось. Многие помогают старика́м.

Д: У вас, ви́димо, ре́зкое расслое́ние о́бщества.

В: Да, небольшой процент — очень бога́тых людей, небольшой — богатых, а большинство́ — бе́дные.

Д: Есть ли какая-нибудь по́мощь бе́дным?

В: В конце 80-х годов из-за границы поступа́ло много продукто́вых посы́лок для пенсионе́ров в городах, но сейчас это уже прекрати́лось и везде́ открыва́ются беспла́тные столо́вые для бе́дных.

Д: А для безрабо́тных?

В: Даётся трёхме́сячное посо́бие, нужно зарегистри́роваться на би́рже труда́, и там помогают искать работу.

### Слова

**инфля́ция** (большая, небольшая)
**цена́, це́ны** (растут)
У нас жу́ткая инфля́ция. Це́ны расту́т каждый день.
**увели́чиваться** (impf.) *to increase*
Зарпла́та увели́чивается.
**(еле) своди́ть концы́ с конца́ми**
Денег не хватает, е́ле сво́дим концы́ с конца́ми. Занима́ем деньги у друзей.
**пенсионер**
**необходи́мое** — то, без чего невозможно жить: еда, одежда и т. д.
**жить за черто́й бе́дности** *to live below the poverty line*
Большой процент населения живёт за черто́й бе́дности.
**продава́ть/прода́ть** *to sell*
**беспла́тная столо́вая** *here: soup kitchens*
**по́мощь** (f.)
**безрабо́тный** *unemployed (person)*
**безрабо́тица** *unemployment*
**посо́бие по безработице**
Мой сосед получает посо́бие по безрабо́тице.
**би́ржа труда́** *employment office*
**иска́ть рабо́ту**

### Ответьте на вопросы

1. О какой проблеме говорят эти друзья́?
2. Люди сейчас больше получа́ют (зараба́тывают) или меньше?
3. Как живут пенсионеры?
4. Что они делают, чтобы зарабо́тать деньги?

### Упражнение

■ Заполните пропуски.

1. ______________ в Америке не очень большая — всего 3–4% в год.
2. Цены растут, а зарплата не ______________.
3. Многим людям трудно сводить __________. Их __________ еле ______________ до конца месяца.
4. Многие пенсионеры живут за ______________ бедности.

5. В Москве около метро я видела женщину, которая __________ старую одежду.
6. В России есть небольшой ________ богатых людей, но ________ — бедные.

**Скажите**

Работа в парах: какая сейчас экономи́ческая ситуа́ция в вашей стране?

Следующие слова вам помогут ответить: экономи́ческая ситуа́ция (плохая/хорошая); инфля́ция (большая/небольшая); безработица (мало/ много); число бе́дных (растёт/па́дает; всё больше и больше ... ); (легко/трудно) найти хорошую работу; люди (оптимисти́чны/пессимисти́чны).

# ЧАСТЬ II ЧТЕНИЕ

## ТЕКСТ МИША И ТАНЯ — СОСЛОВИЕ НОВЫХ БЕДНЫХ

**До чтения**

Техническая интеллигенция, работающая в государственных учреждениях, особенно страдает в новой обстановке. Те, которые не уехали заграницу или не ушли в коммерческие структуры, часто зарабатывают гораздо меньше, чем продавщица в коммерческом магазине.

### ЗНАЮТ, ЧЕГО ХОТЯТ, НО...

Дочке молодых учёных Ире пять лет. Она знает, что хочет: не есть по утрам «гадость» (детсадовскую кашу), получать витамины (овощи и фрукты), читать Жюля Верна, не учить с отцом английский (чтобы овладеть им самостоятельно — ведь в три года она без посторонней помощи научилась читать и писать), а главное — ходить не в садик, а, как брат, в школу.

Иру с её незаурядными способностями лучше бы всего отдать в лицей.° Но сколько это будет стоить? Оплата за детсад — 2 тысячи рублей[1] в месяц, а за «мини-лицей» (в садике) — более 7 тысяч. Лицей для

° private school

[1] Из-за инфляции цены сейчас, конечно, выше.

детей школьного возраста — десятки тысяч. А сумма зарплат родителей — Татьяны Барсуковой и Михаила Лавренюка — 29 тысяч.

На одежду детям денег тоже не хватает. Ира донашивает за братом Мишей джинсы. Миша тоже донашивает — за мамой. Как и сестра, он знает, чего хочет: всем помогать. Иру, например, обучает арифметике. Урок звучит примерно так:

— Мы купили с мамой сегодня булку за 36 рублей и круглый серый хлеб за 34. Сколько истратили? Правильно. Сложение° знаешь. Давай умножение. — addition

До деления° они ещё не дошли. А это выглядело бы так. Больше килограмма сливочного масла[2] в квартал семья разрешить себе не может. Но если бы купила, то на каждого пришлось бы меньше пайки° времён Отечественной войны. — division; ration

На каникулы дети едут к деду с бабушкой (родителям отца). У них под Москвой участок° и летний дом. Тане хотелось бы хоть иногда отправить их на Украину, где живут её брат, мать. К тому же у дочери плохое здоровье — низкий гемоглобин. Она стоит на учёте в тубдиспансере. Нужен санаторий. Но стоимость путёвок доходит до 120 тысяч. Даже при максимальной скидке° — это мечта. — plot of land; discount

Детям пора заниматься спортом. У Миши есть велосипед. Требуется он и Ире. Значит, трата в 26 тысяч?

Родители Иры и Миши — спортсмены. Здоровье было заложено сызмальства. А сейчас им доступно° только одно — побегать с детьми в ближайшем к дому лесу или погулять у деда на даче. — accessible

За последний год на одежду Таня потратила 40 тысяч — цена пары ботинок. Из драгоценностей° не имеет ничего, кроме золотого обручального кольца. Правда, есть ещё серебряные серёжки, полученные к юбилею свадьбы. Отпраздновать его хотели в ресторане. Но не вышло[3]: безумные деньги! Даже если — valuables

---

[2] сливочное масло butter

[3] не вышло *it didn't work out*

вдвоём, всё равно не по карману. Праздновали дома, с детьми — в четыре раза меньше истратили.

Это было счастливое путешествие в своё прошлое. В будущее супругам заглядывать тревожно°: они оба принадлежат° науке, но кому нужна сейчас наука? Кто готов за неё платить?

it's scary
belong

---

Из журнала «Спутник» (1994)

**Ответьте на вопросы**

1. Сколько человек в этой семье?
2. На что денег не хватает?
3. Вам жалко эту семью? Почему?

## ЧАСТЬ III ИНТЕРВЬЮ

**Разговор с Максимом и Романом.**

**Прослушайте интервью и ответьте на вопросы.**

*Самая главная общественная проблема сейчас в России — это, наверное, экономика. Как бы вы охарактеризовали современную экономическую ситуацию в России?

1. Что отвечает Роман?

**Слова**

ха́ос

*Объясните, приведите примеры.

2. Что разрушили? Что ещё не построили?

**Слова**

пусть *though*
ра́звитая *developed*
высокора́звитая
тоталита́рная
администрати́вная
ры́ночная

---

All numbered questions should be answered. Starred questions are those of the interviewer.<BEEP> indicates end of segment on the student tape.

для того, чтобы её постро́ить *in order to build it*
разру́шить *to destroy*
мы успешно спра́вились *we were successful in...*
зача́тки *small beginnings*
в основно́м *basically*
разру́шенная *destroyed*

<BEEP>

*Как современная ситуация в экономике влияет на жизнь вашей семьи?

**3.** Как люди справля́ются с но́вой экономи́ческой ситуа́цией? (отвечает Максим)

У некоторых есть ________. Другие начинают свой ________, но это очень ______________, особенно людям ______________.

**Слова**

уча́сток
огоро́д
удаётся

***4.** Роман, как это влияет на жизнь вашей семьи?
Раньше не надо было думать о ________________, а теперь надо.
Надо искать ________________. Это очень ________________.

**5.** Что думает Роман: каждый работоспосо́бный человек может найти́ работу или нет? Может ли он зарабатывать столько, как раньше, или нет?

**Слова**

гла́вное достиже́ние *the main achievement*
за́втрашний д(е)нь = завтра
уве́рены *sure*
дохо́д *income*
броса́ть *leave*
искать *to look for*
спосо́бен *capable*
найти *to find*
трудоспосо́бный *able-bodied, able to work*

<BEEP>

*А чем они занимаются — ваши родители — если можно спросить?

**6.** Чем занимается отец Романа?

**7.** Для каких предприятий он создаёт оборудование?

**8.** Какую зарплату он получает?

**Слова**

электри́чество
совме́стное предприя́тие *joint venture*
рекла́ма *advertising*
прибо́р *apparatus*
электри́ческий
комме́рческое предприя́тие *commercial enterprise*

<BEEP>

**9.** К чему люди не привыкли, что они не умеют делать, особенно люди ста́ршего поколе́ния?

*Насчёт будущего экономики, вы пессимист или оптимист?

**10.** Что отвечает Роман?

**Слова**

пятьдеся́т проце́нтов (50%)
ры́ночная эконо́мика
тип
Индия
стра́ны тре́тьего мира
Южная Америка
бо́лее и́ли ме́нее *more or less*
стаби́льный
ра́звитая страна *developed country*

**11.** Как Максим характеризует экономи́ческую ситуа́цию в Индии?

**Слова**

демокра́тия
благосостоя́ние *well-being*
вероя́тный *probable*
пуга́ть *to frighten*
нищета́ = бедность

# ЭКОЛОГИЯ: «БЕДНАЯ НАША ПРИРОДА»

## ЧАСТЬ I ДИАЛОГ

Две женщины, Надя и Маша, разговаривают в электричке.

Н: Мне кажется, что стало трудне́й дышать,° воздух° стал гораздо ху́же. — °to breathe; °air

М: Да, это, наверное, ещё и потому, что коли́чество машин в Москве резко увели́чилось. А в не́которых райо́нах, где располо́жены большие предприя́тия, во́здух особенно плохой из-за вы́броса вре́дных веще́ств[1] в атмосфе́ру.

Н: Бе́дная наша приро́да°! У нас есть небольшой уча́сток под Москвой. Он располо́жен недалеко от бы́вшего колхо́за. Ты бы посмотрела на количество пестици́дов, которыми они «удобряют»[2] землю. А мы потом еди́м всё это и получа́ем рак°. — nature; cancer

М: При Горбачёве всё-таки люди бо́льше обраща́ли внимание на эколо́гию. Были це́лые движе́ния°, которые боро́лись с загрязне́нием окружа́ющей среды́[3]. А сейчас, после всего, что пережи́ли — переворо́т[4], распа́д страны, «прихватизацию»[5] — никто ни на что не обраща́ет внимания. — movements

Н: Я всё-таки надеюсь, что мы, наконец, придём в себя́[6] от всех этих собы́тий и займёмся[7] экологи́ческими пробле́мами. Не для нас, так хоть для детей это надо. И ты знаешь, сейчас эта проблема опять заинтересова́ла людей и я даже читала, что у нас стала активной па́ртия «зелёных».

### Ответьте на вопросы

1. О каких экологи́ческих проблемах говорят женщины?
2. Сейчас в России есть экологи́ческое движе́ние?
3. Какие из этих экологи́ческих проблем существуют в вашей стране?

---

[1] выброс вредных веществ *harmful emissions*

[2] удобрять *to fertilize;* used here ironically.

[3] загрязнение окружающей среды *pollution* (грязный *dirty*)

[4] переворот *coup d'état* (1991)

[5] прихватизация (instead of приватизация). From the verb прихватить *to grab*, used by ordinary people to show their disdain for government officials who use the process of privatization to steal state property.

[6] приходить/прийти в себя *to come to, to recover*

[7] заняться (pf.) *to take up, to occupy oneself with*

И вы знаете: пестици́ды, экологи́ческие проблемы.

# ЧАСТЬ II ЧТЕНИЕ

## ТЕКСТ 1 И ВОДА ГРЯЗНАЯ!

Экологи называют воду в Санкт-Петербурге «коктейлем из грязи» — она имеет столь[1] дурной запах и цвет, что жители, придя домой и открыв кран°, всякий раз рискуют получить отравление[2]. faucet

Из газеты «We/Мы» (1994)

**Ответьте на вопросы**

1. Какая проблема с водо́й в Санкт-Петербурге?
2. Почему жители боя́тся её пить?

## ТЕКСТ 2 ВОЗДУХ СТАНЕТ ЧИЩЕ

К 2010 году воздух в Москве станет чище, если столичное правительство сумеет реализовать° программу экологических мероприятий° в энергетике города. to complete; measures

Из газеты «Московские новости» (1993)

**Ответьте на вопрос**

1. Что вы узнали из этого текста?

## ТЕКСТ 3 ИНТЕРВЬЮ С МИНИСТРОМ УКРАИНЫ

**Киев. (Соб. кор. К. Мищенко).** 29 января министр охраны окружающей среды[1a] Украины Юрий Костенко заявил на пресс-конференции, что в республике неблагоприятная экологическая ситуация.

[1] столь..., что = такой..., что *such... that*

[2] получить отравление *to get poisoned*

И вы знаете: коктейль, эколог, рисковать

[1a] охрана окружающей среды *environmental protection*

И вы знаете: министр, пресс-конфере́нция, экологи́ческая ситуа́ция, компроми́сс

По его мнению, для её исправления необходимо добиться компромисса между развитием° экономики и состоянием° экологии.

development
state

Из газеты «Экспресс-хроника» (1993)

**Ответьте на вопросы**

1. Какую должность занимает Юрий Костенко?
2. В Америке есть такой министр?
3. Что Ю. Костенко сказал об экологи́ческой ситуации на Украине?

## ТЕКСТ 4 ЭПИДЕМИЯ

В Волгодонске Ростовской области[1] в результате аварии° в водонапорной системе города произошло заражение° питьевой воды. С подозрением° на брюшной тиф госпитализированы 87 человек. Диагноз подтвердился у шестерых. Проводятся лабораторные исследования.

accident
contamination / suspicion

Из газеты «Московские новости» (1993)

**Задание**

1. Как вы думаете, что такое питьевая вода?
2. Какое слово во втором предложении указывает на то, что случилось?
3. Как сказать тиф по-английски?

**Ответьте на вопросы**

1. Что случилось с водо́й в Волгодонске? Почему? Как это случилось?
2. Кто-нибудь заболел?

**Упражнение**

■ Заполните пропуски.

Из-за __________ в водонапорной системе, вода стала __________. 87 человек заболело (чем?) ______________.

[1] область is an administrative district. Волгодонск is in the Ростовская область.

## ТЕКСТ 5 «НАШ ГОРОД САМЫЙ ГРЯЗНЫЙ»

Я живу в Усть-Каменогорске. Это объясняет всё, но я хочу рассказать вам то, о чём хотела сказать многие годы.

Наш город самый грязный и гиблый на всём белом свете[1]. В нашем городе отлично живёт и преуспевает почти развалившийся от старости Улыбинский металлургический завод. Проще говоря — УМЗ. Возможно вы слыхали[2] об аварии на этом предприятии, но лишь слыхали, а я, как и многие, в это время находилась на улице. Я слышала, как разом замолкли птицы, чувствовала, как помертвел воздух. Я видела прошедшую[3] над городом «бериллиевую тучу» и белую плёнку на лужах, после прошедшего через несколько дней дождя. Моя жизнь сократилась на десять лет! Жутко! И после этого нам пытаются внушить, что ничего не случилось!

А вы знаете, что в момент аварии в Зыряновске родился ребёнок с тремя ногами? А сколько ещё детей, родившихся в тот день, вынуждены были с первых минут жизни дышать бериллием?! А сколько ещё уродов и инвалидов рождается в нашем городе и области? Ведь кроме УМЗ в нашем городе ещё множество предприятий, загрязняющих землю, воду, воздух, всё, что только возможно, ядовитыми выбросами!

Нашим воздухом, насыщенным всеми элементами таблицы Менделеева, нельзя дышать! Наши продукты, пропитанные кислотой, нельзя употреблять в пищу! В наших домах, построенных под самыми заборами наших страшных предприятий, нельзя жить! А знаете ли вы, как надо пить нашу воду? Надо набрать её из крана, отстоять в течение нескольких дней, вскипятить, отстоять и лишь тогда пить. Опасность отравления снижается, но НЕ ИСЧЕЗАЕТ!

А кто родится у меня? Страшно подумать об этом! Хочу выйти замуж за человека, который никогда, даже во сне, не видел днём и ночью чадящих труб, которые я вижу с рожденья! Я не хочу, чтобы это осталось лишь мечтой! Хочу вырваться отсюда! Помогите!

Мария Литвинова
Усть-Каменогорск

---

Из журнала «Вы и мы» (1992)

---

[1] на всём белом свете *in the whole wide world*

[2] слыхать *to hear* (coll., used only in past)

[3] прошедший p.a.p. of пройти

### Упражнение

■ Заполните пропуски в этом пересказе письма Марии Литвиновой.

Мария Литвинова пишет, что её город очень ________________, потому что на заводе была ________________. В день этой ________________ в городе родился ребёнок с ________________. В городе и области рождается много ________________ из-за этого ________________ и других ____________. Женщина пишет, что нельзя дышать их ____________, и нельзя __________ овощи и фрукты. Просто там __________ жить! И поэтому она хочет ________________.

## ТЕКСТ 6 ОБ ОЗОНОВОМ СЛОЕ

Интервью с профессором Владимиром Захаровым.

Немало тревожных сенсаций было связано в последние годы с озоновым слоем земной атмосферы, который становится всё тоньше. Эта проблема обсуждалась на представительной международной конференции в Монреале.

### ОЗОН НУЖДАЕТСЯ В ЗАЩИТЕ

— Что ожидает нас в XXI веке? Каковы темпы разрушения° озонового слоя? — destruction

— Расчёты показывают, что к середине первой половины следующего столетия защитное «покрывало» уменьшится на 6–7 процентов.

— Чем грозит° людям дальнейший спад? — threatens

— Примерно тем же, чем грозит жителю северной или средней полосы поездка в южные широты° на длительный срок. Не надо[1] злоупотреблять° солнечными ваннами, и ничего с ним не случится. Обычная одежда вполне предохраняет человека от избытка ультрафиолетовых лучей. — latitudes; to misuse

— А что будет с животным и растительным миром?

— Если человеку несложно защитить себя от ультрафиолетового излучения, то изменившаяся обстановка обязательно скажется на растениях и

---

[1] не надо *one shouldn't*

животных. Например, на микроорганизмах — на том же планктоне, являющемся основным кормом для морских обитателей. Данные° исследований говорят о том, что урожайность° некоторых сельскохозяйственных культур может снизиться на 30 процентов. Увеличение ультрафиолетового излучения может вызвать рост числа смоговых ситуаций в районах с повышенной концентрацией промышленности.

data
yield

---

Из журнала «Спутник» (1989)

Эти слова вам помогут в разговоре:

эколо́гия
экологи́ческий
экологи́ческие пробле́мы, группы
экологи́ческое движе́ние
экологи́ческая ситуа́ция, обстано́вка

вода́, во́здух (чи́стый, загрязнённый)
атмосфе́ра
озо́новый слой
разруше́ние озо́нового сло́я *destruction of the ozone layer*
дыша́ть (+ inst.) *to breathe*
парнико́вый эффект *greenhouse effect*
глоба́льное потепле́ние *global warming*

окружа́ющая среда́ *environment*
загрязне́ние окружа́ющей среды́ *environmental pollution*
разруше́ние окружа́ющей среды́ *destruction of the environment*
охра́на окружа́ющей среды́ *protection of the environment*
очища́ть *to clean up*
загрязня́ть *to pollute*

**Причины экологических проблем**

испо́льзование (+ gen.) *use*
испо́льзовать *to use* (пестици́д, гербици́д, добави́тель *additive*)

вре́дные вы́бросы *harmful emissions*
вы́бросы вре́дных веще́ств
выбра́сывать (куда) *to emit*
токсические отходы *toxic wastes*

**Как сказать по-русски?**

*chemicals* хими́ческие вещества́
*poisonous chemicals* ядовитые вещества́
*chemical emissions* вы́бросы ядови́тых/хими́ческих веще́ств
*recycle* втори́чно испо́льзовать
*landfill* сва́лка
*to prevent pollution* предотврати́ть загрязне́ние
*acid rain* кисло́тный дождь

## ЧАСТЬ III ПОДВОДЯ ИТОГИ

**А.** Заполните пропуски.

1. Воздух в моём городе _______________.
2. У нас _______________ плохая. Её пить нельзя.
3. Заводы выбрасывают вредные вещества в _______________.
4. Многих учёных волнует разрушение _______________ слоя.
5. В Москве воздух плохой, им неприятно _______________.
6. _______________ окружающей среды — проблема во всём мире.
7. Наши реки и озёра загрязнены́. Их надо _______________.
8. Наши фермеры используют _____________ и _____________.
9. Моя подруга интересуется _______________ окружающей среды. Она хочет стать _______________.
10. _______________ — это наука об окружающей среде.

**Б.** Давайте поговорим!

1. Какие са́мые загрязнённые города в Америке?
2. Како́ва экологи́ческая ситуа́ция в вашем городе? Хорошая? Плохая? Како́в воздух — можно им дышать? Какова́ вода — можно её пить?
3. Есть ли экологи́ческое движе́ние в Америке? Назовите несколько экологических групп.
4. Назовите главные экологические проблемы в Америке.
5. Как вы думаете, это серьёзные проблемы или нет?

**В.** Сочинение.

Ваш русский друг описывает экологическую ситуацию в России и потом спрашивает: а как у вас? Ответьте ему.

**УРОК**
**9**

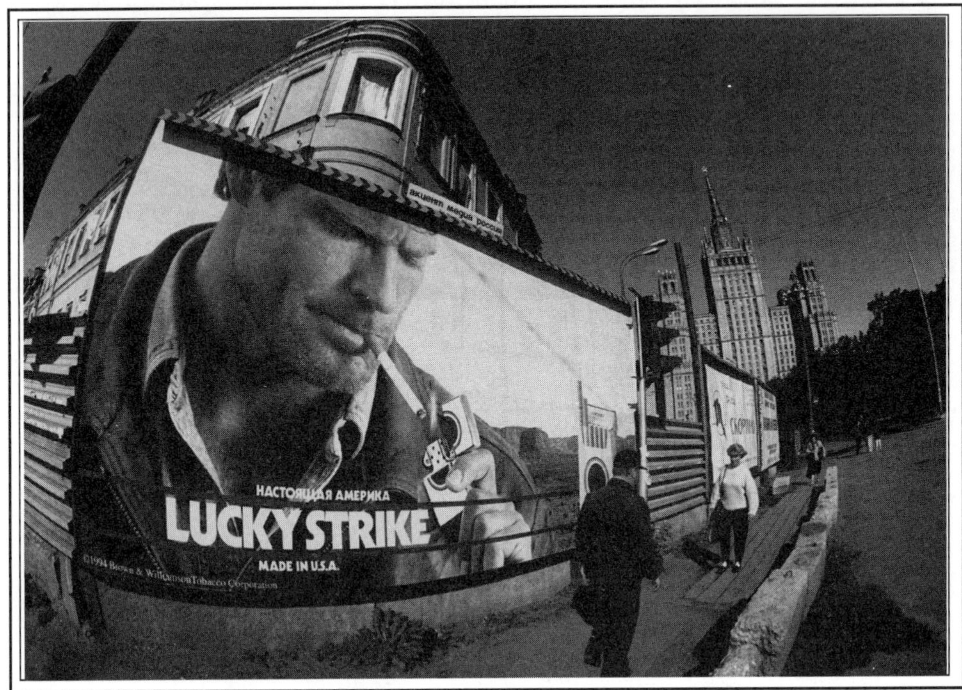


Американские сигареты в Москве

# РОССИЯ И ЗАПАД

Умом[1] Россию не понять,
Аршином[2] общим не измерить.
У ней — особенная стать[3],
В Россию можно только верить.

Ф. И. Тютчев

---

[1] ум *mind, intellect*
[2] аршин. Old Russian unit of length equal to approximately 28 inches.
[3] стать — общий склад фигуры; *figure, build*

# ЧАСТЬ I НАЦИОНАЛЬНЫЕ СТЕРЕОТИПЫ

Как американцы представляют себе русских? А как вы думаете, как русские представляют себе Америку и американцев?

## А. Что мы любим?

**1.** Закончите предложения.

Американцы любят...

Американцы много...

Американцы не знают...

У американцев...

Американцы интересуются...

**2.** Теперь скажите то же самое о русских.

**3.** Если вы знаете русских или были в России, скажите, правильны ли эти стереотипы.

## Б. Что мы це́ним?

**1.** Расположите слова из списка в порядке важности для вас. Добавьте свои слова.

деньги
дисципли́на
дру́жба
и́скренность
любо́вь
отноше́ния с друзьями, например: до́лгие разговоры, доброта́, ще́дрость, забо́та, пункту́альность
работа
рассу́дочность
рационали́зм
религия
свобо́да
семья
соблюде́ние зако́нов
спонта́нность
спорт
хорошие манеры

2. Что ценят русские? Выберите слова из того же списка и расположите их в порядке важности.
3. Сравните ваши результаты с результатами других студентов. Согласны ли вы с ними? Потом решите, какая разница между русскими и американцами, и что между ними общего.

**В. Что в Америке хорошо, а что плохо? А в России?**

Следующие слова помогут вам ответить:

архитекту́ра
бога́тая культу́ра и тради́ции
возмо́жность быстро сделать деньги
возмо́жность найти хорошую работу
возмо́жность путеше́ствовать
дру́жба
духо́вность
загрязне́ние окружа́ющей среды́
интерес к деньга́м
комфо́рт
люди
материали́зм (любовь к веща́м)
межнациона́льные конфли́кты
метро
обще́ственный тра́нспорт
полити́ческая система
престу́пность
приро́да
раси́зм
свобо́да
систе́ма здравоохране́ния
систе́ма образова́ния
уме́ние отдыхать
хорошее обслу́живание
челове́ческие це́нности
экономи́ческая система

**Г. Скажите**

1. Вы хотели бы жить в России или в другой стране? Объясните почему?

2. Если бы вы жили заграни́цей, то по кому или чему бы вы скучали? По еде́? Например, по пи́цце или чи́збургерам? По друзьям, родителям, своей собаке (или кошке)?
3. Почему многие русские хотят жить в Америке?
4. Что Америка может дать России? Например: экономи́ческую по́мощь, техни́ческую помощь, проду́кты, деньги, хорошие сове́ты. А что Россия может дать Америке?
5. Могут ли американцы научи́ться чему-нибудь у русских? Например: дру́жбе, отзы́вчивости, доброте́, ще́дрости.

## ЧАСТЬ II ЧТЕНИЕ

Очень часто в своём историческом развитии Россия должна была выбирать — идти с Западом или оставаться в изоляции. Сегодня перед страной опять стоит тот же выбор. В следующих отрывках вы прочитаете о том, как некоторые современные русские писатели смотрят на эту проблему. Вы узнаете, что русские думают о Западе, и вы также ближе познакомитесь с «загадочной» русской душой.

## ТЕКСТ 1 В ПОИСКАХ ГРУСТНОГО БЕБИ

В этом отрывке из произведения «В поисках грустного беби», написанного известным современным писателем Василием Аксёновым, речь идёт[1] о пятидесятых годах, ставшими началом «холодной войны», когда контакты с иностранцами были запрещены, а доступ к зарубежной культуре (литературе, музыке, живописи) был ограничен. Джаз ассоциировался с американским образом жизни, и его можно было услышать только по американской радиостанции «Голос Америки» или на пластинках, которые привозили из-за рубежа.

Несмотря на то, что[2] было очень мало контактов, люди всё же[3] стремились понять некоторые аспекты американской жизни и найти в них смысл. Василий Аксёнов был одним из таких людей.

В 1980 году за организацию и публикацию за границей литературного альманаха «Метрополь» Аксёнов был вынужден уехать на Запад. Сейчас он живёт в Вашингтоне.

---

[1] речь идёт о (+ prep.) *it is a question of*

[2] несмотря на то, что *in spite of the fact that*

[3] всё же *nevertheless, still*

Прочитайте следующий отрывок из книги Аксёнова и ответьте на вопросы.

### Любовь к Америке

В 1952 году девятнадцатилетним провинциальным студентом случилось мне[4] попасть в московское «высшее общество». Это была вечеринка в доме крупнейшего дипломата, и общество состояло в основном из дипломатических отпрысков° и их «чувих»[5]. Не веря своим глазам, я смотрел на американскую радиолу, в которой двенадцать пластинок проигрывались без перерыва. А что это были за[6] пластинки! Мы в Казани часами охотились° на наших громоздких приёмниках за обрывками этой музыки, а тут она присутствовала в своём полном блеске°, да ещё[7] сопровождалась портретами музыкантов на конвертах: Бинг Кросби, Нат Кинг Кол, Луи Армстронг, Пегги Ли, Вуди Герман...

Девушка, с которой я танцевал, задала мне страшный вопрос:

— Вы любите Соединённые Штаты Америки?

Я промычал° что-то нечленораздельное. Как мог я открыто признаться в этой любви, если из любого номера газеты на нас смотрели страшные оскалённые зубы империалиста дяди Сэма, свисали° его вымазанные в крови свободолюбивых народов мира длинные пальцы, алчущие всё новых жертв°. Недавний союзник по второй мировой войне стал злейшим врагом°.

— Я люблю Соединённые Штаты Америки! — девушка, которую я весьма осторожно поворачивал в танце, с вызовом подняла кукольное личико. — Ненавижу Советский Союз и обожаю° Америку!

offspring

hunted

splendor

mumbled

hung down

victims

enemy

adore

---

4 случилось мне (+ inf.) *I had occasion to*

5 чувиха *girlfriend* (sl., esp. of 1950s and 1960s)

6 что это за (+ nom.) *what kind of*

7 да ещё *and even*

Потрясённый таким бесстрашием, я не мог и слова вымолвить. Она презрительно меня покинула°. Провинциальный стиляжка[8] не тянет[9]! — deserted

Сидя в углу, я смотрел, как передвигаются по затемнённой комнате загадочные молодые красавцы. Разделённые на пробор блестящие волосы, белозубые сдержанные улыбки, сигареты «Кэмел» и «Пэл-Мэл», словечки «дарлинг», «беби», «летс дринк». Парни° были в пиджаках с огромными плечами, в узких чёрных брюках и башмаках° на толстой подошве. — guys; shoes

Наша компания в Казани тоже изо всех сил[10] тянулась к этой моде. Девушки вязали нам свитера с оленями и вышивали галстуки с ковбоями и кактусами, но всё это было подделкой°, «самостроком», а здесь всё было настоящее, американское. — forgery

— Вот это класс! — сказал я своему товарищу, который привёл меня на вечеринку. — Вот это стиляги!

— Мы не стиляги, — высокомерно поправил меня товарищ. Он явно играл здесь второстепенную роль, хотя и старался вовсю «соответствовать». — Мы — штатники[11]!

Это был, как выяснилось, один из кружков московских американофилов. Любовь их к Штатам простиралась настолько далеко, что они попросту отвергали° всё неамериканское, будь то даже французское. Позором° считалось, например, появиться в рубашке с пуговицами, пришитыми не по-американски, не на четыре дырочки, а на три или две. «Эге, старичок, — сказали бы друзья-штатники, — что-то не клёво° у тебя получается, не по-штатски». — rejected; disgrace; cool (sl.)

Та вечеринка завершилась феерическим буги-вуги с подбросами. Я, конечно, в этом не принимал участия, а только лишь восторженно смотрел, как

[8] стиляжка. Dim. of стиляга. Стиляги — молодёжь 50-х и 60-х годов, которая одевалась по последней моде, под Элвиса Пресли.

[9] тянуть (coll.) *to measure up; to cope*

[10] изо всех сил *with all (our) might*

[11] штатники — поклонники всего американского

взлетают к потолку юбки моей недавней партнёрши. Под юбками тоже всё было настоящее! Впоследствии я узнал, что девчонка была дочерью большого кагэбэшника[12].

В разгар «холодной войны» Соединённые Штаты и не подозревали°, сколько у них поклонников среди правящей советской элиты. Мы недавно фантазировали с одним западно-германским кинорежиссёром на тему его будущего сатирического фильма. В большом европейском отеле несколько месяцев подряд идут советско-американские переговоры по разоружению°. Главы делегации сидят напротив друг друга. Это мужчины лет пятидесяти. «Они полностью не понимают друг друга, — говорил режиссёр, — люди разных миров, совершенно разный «бэкграунд». — «Не совсем так, — возражал я, — возможно, в молодости оба танцевали под рок-н-ролы Элвиса Пресли».

suspected
disarmament

[Проамериканские чувства среди народа]

В «низах» проамериканские чувства базировались на более существенных° материях. В памяти народа слово «Америка» связано было с чудом° появления вкусной и питательной пищи° во время военного голода. Мешки с жёлтым яичным порошком, банки сгущёнки и консервированной ветчины спасли от смерти сотни тысяч советских людей.

Во время войны возникло стойкое ощущение° Америки как страны сказочного богатства и щедрости. Встречи в Европе на волне победной эйфории породили идею о том, что мы, то есть русские и американцы, «очень похожи». Если бы вы попробовали уточнить, в чём же мы так похожи, в большинстве случаев ответ бы звучал так: «Они, как мы, простые и любят выпить». И побезобразничать° что ли[13] любят? — попробуете вы ещё больше

essential
miracle
food
feeling
to behave outrageously

---

[12] кагэбэшник — агент КГБ

[13] что ли *perhaps*

уточнить. «Ну, не то что[14] побезобразничать, но пошуметь не дураки», — будет ответ.

---

**В. Аксёнов**

### Ответьте на вопросы к первому отрывку

1. Где оказа́лся автор в 1952 году?
2. Где проходи́ла вечеринка, и кто на ней прису́тствовал?
3. Какую музыку слушали на вечеринке? Каких певцо́в и музыкантов?
4. Какой вопрос задала́ автору девушка?
5. Как он отреаги́ровал на этот вопрос?

   а. Он быстро призна́лся, что любит Америку.

   б. Он сказал, что не любит.

   в. Он не хотел отвечать, боялся.

6. Почему девушка переста́ла с ним танцева́ть («презрительно покинула» его)?
7. Как автор опи́сывает московских стиля́г, которые были на вечеринке?
8. Чем кончилась та вечеринка?
9. Что думает немецкий режиссёр об американцах и русских?
10. Согласен ли автор с этим мнением?

### Как по-вашему?

1. Почему автор не пове́рил своим глаза́м, когда увидел американскую радио́лу и пластинки?
2. Почему вопрос, который задала́ ему девушка, был стра́шный?
3. Почему девушка могла так смело сказать, что ненави́дит Советский Союз и обожа́ет Америку?
4. О каком парадо́ксе пишет Аксёнов в первом отры́вке?

### Ответьте на вопросы ко второму отрывку

1. Почему советский народ любил Америку?
2. В воображе́нии просты́х людей, какие люди жили в Америке?
3. Как советские люди познако́мились с американцами?

---

[14] не то, что *it's not so much that*

4. Что они думали об американцах после знако́мства?
5. Почему возни́кла иде́я о том, что русские и американцы «очень похожи»?

**Согласны ли вы?**

1. Мнение немецкого кинорежиссёра: «Они полностью не понимают друг друга, люди разных миров, совершенно разный «бэкграунд».
2. Мнение русских людей того времени: «Они, как мы, простые и любят выпить».

**Скажите**

Что интересного вы узнали о русских из этих отры́вков?

Я узнал, что...
Я узнал, как...
Я узнал о том, что...
Я узнал о том, как...
Мне было интересно, что...

## ТЕКСТЫ 2–3 РУССКИЕ НА ЗАПАДЕ

Русские всегда имели двойственное отношение к Западу. С одной стороны, их привлекали материальное богатство, условия жизни, возможность свободно передвигаться. Но, с другой стороны, это же их и отталкивало. Взамен материализма русские выдвигали духовные ценности: доброту, дружбу, бескорыстие.

## MAIN READING

## ТЕКСТ 2 РОДНАЯ ДУША

**До чтения**

**1.** Вы уже познакомились с некоторыми выражениями со словом «душа» (урок 6). И вы знаете выражения «родной язык» и «родной город». Как вы понимаете название рассказа «Родная душа»? Есть ли эквивалент этого понятия на английском языке?

Вот ещё три выражения со словом «душа», которые вы встретите в этом рассказе: задушевный друг, разговор по душам, хватать за душу. Догадайтесь об их значении из контекста.

**2.** В этом рассказе автор, который эмигрировал в США в 1975 году, размышляет о дружбе в Америке и России. Понятие «дружба» в России отличается от этого же понятия в Америке. Дружба для русских значит гораздо больше, чем для американцев, у которых на первом месте обычно стоит семья.

## РОДНАЯ ДУША

Всем хороша жизнь в Америке. Изобилие°, свобода, неограниченные возможности. Одно плохо — не хватает нам задушевных друзей, которых оставили в России. С американцами у нас редко удаются тесные отношения. Если и есть приятели° среди местных жителей, то часто всего-то разговоров что «привет» да «хау ду ю ду» — и разбежались[1] по своим делам. А нам ведь хочется дружбы, кровного интереса, пристального внимания. Разговора по душам не получается°. Улыбаются, черти. Доброжелательны° до умопомрачения, как будто даже что такое зависть и знать не знают[2]. В тех случаях, конечно, когда есть чему позавидовать. Что, прямо скажем, не часто с нами случается...

abundance / acquaintances / come about / friendly

Я уже отчаялся° встретить родную душу среди аборигенов, как вдруг однажды на вечеринке подвели ко мне симпатичного человечка примерно моих лет и сказали, что он просто жаждет со мной познакомиться. Ну, думаю, это мы уже слышали. Сейчас спросит про семью, про трудовые успехи, поулыбается, похлопает по плечу, и отойдёт под предлогом добавить льду в стакан с «дринком». И сам растает, как лёд. Дело знакомое...

despaired

Но нет. Симпатяга[3] проявляет пристальный, можно сказать, кровный ко мне интерес. Говорю ему про семью, а он и возрастом детей интересуется, и жёниным° здоровьем, и как внедряемся в американскую почву. Спросил, где живу — в своём ли доме или снимаю. Доволен ли квартирой? Хозяин не

wife's

---

[1] разбежались. The prefix раз- and the suffix -ся indicate motion in different directions from a central point.

[2] знать не знают *they haven't the slightest idea*

[3] симпатяга. -яга is a colloquial expressive suffix, as in бедняга *poor thing*, and работяга *hard worker.*

очень ли привередлив, даёт ли детям порезвиться? Есть ли парк неподалёку — детей выгуливать? Есть ли на кого их оставить, чтобы в кино съездить? Слышал даже, сообщает, что я чего-то там пишу.

— Как интересно, — говорит. — Никогда раньше не видел живого писателя.

И глазами на меня сверкает.

Я, конечно, скромничаю°, мол, какой там писатель. Вот Шайкин — тот писатель, а я так, между прочим, пишу когда случится... — act modest

Американец стал настаивать°, что, дескать°, нехорошо зарывать в землю талант, даже если он небольшой. Дескать, надо находить время и не давать подавлять себя авторитетам. — to insist / he says

Вобщем, постепенно, чувствую, очень начинаю тепло относиться к американцу. Надо же, думаю, семь лет в стране, и вот всё-таки повезло, встретил родную душу, дай ему Бог здоровья!

Уже время уходить, а мы всё ещё не можем наговориться[4]. И конечно, хочется поскорее° ещё встретиться. А он, как будто читает мои мысли, достаёт визитную карточку и протягивает мне. — as soon as possible

— Очень, очень рад познакомиться, — говорит с хватающей за душу искренностью°. — Непременно вам позвоню на днях. Нам есть о чём с вами поговорить. — sincerity

Что-то такое я вдруг в его взгляде прочитал. Раскланялись, и только он отошёл, прежде чем надёжно спрятать его карточку, я всё ещё улыбаясь, поднёс её к глазам. Но — улыбка начала сползать с моего лица. На карточке ниже его имени стояло:

«Агент по страхованию° жизни, здоровья, недвижимости. — insurance

Пожар, землетрясения, наводнения. Лучшие расценки».

...Ничего не скажешь[5], профессиональная работа.

**Эмиль Дрейцер**

---

[4] наговориться *to talk one's fill*. The prefix на- plus the suffix -ся mean to do an action to satiety.

[5] ничего не скажешь *what can you say*

**Ответьте на вопросы**

1. Чего нет у автора в Америке?
2. Какое у автора было первое впечатле́ние об американце, которого он встретил на вечеринке?
3. Почему он разочарова́лся?
4. Какие черты́ хара́ктера автор находит у американцев и у русских?
5. Кто винова́т в разочарова́нии автора: сам автор, который наде́ялся найти друга, или аге́нт, который ве́жливо делал свою работу?

**Давайте поговорим!**

1. Вы согласны с тем, как автор описывает мане́ру общения американцев во вре́мя встре́чи на вечеринке: спросить про семью, трудовы́е успе́хи; поулыба́ться; похло́пать по плечу́; отойти под предло́гом доба́вить льду в стака́н с «дри́нком».
2. Можете ли вы сказать, как ведут себя русские при встрече на вечеринке?
3. Как вы считаете:

   а. Американцы быстро и легко́ стано́вятся друзья́ми?
   б. Американцы любят разговаривать по душа́м?

4. Выразите свою точку зрения относительно утверждения автора, который считает, что

   а. русские и американцы редко стано́вятся друзья́ми.
   б. русские хотят дру́жбы, кро́вного интереса, при́стального внима́ния.
   в. у русских не получается «разговор по душа́м» с американцами.
   г. американцы доброжела́тельны до умопомраче́ния.

## ТЕКСТ 3 ВОЗВРАЩЕНИЕ, ИЛИ КАК ЭТО ДОЛЖНО БЫТЬ НА САМОМ ДЕЛЕ

**До чтения**

Ирина Войнович — жена известного русского прозаика-сатирика, Владимира Войновича. В 1980 году из-за преследований КГБ они вынуждены были покинуть Советский Союз. Теперь они живут в Германии. В этом отрывке Ирина Войнович размышляет о новой жизни на Западе — и о старой.

---

[I]

Много было чужого в нашей новой чужой жизни на Западе. Вот, например, манера общаться. Звонит нам одна знакомая, приглашает на борщ. Специально для нас она сварит настоящий русский борщ. Когда? Ну, скажем, в ближайшее воскресенье. Нет, в воскресенье мы не можем, в воскресенье мы заняты. Тогда в следующее воскресенье? И в следующее тоже заняты. Тогда ещё через неделю? Ну что ты будешь делать! Так и записала я себе в календарь: борщ, знакомая, через три недели.

Ну разве может быть такое в Москве? Сварила ли я борщ, или приехал кто-то, или книгу интересную принёс, или просто гениальная мысль пришла — неужели же я буду ждать три недели! Сейчас! Немедленно°! Бросай всё и приходи! И приходили. И по телефонному звонку приходили, и без звонка приходили, тем более что[1] телефон наш последние четыре года по распоряжению известной организации был вообще выключен.[2] И званые приходили, и незваные приходили, и знакомые, и незнакомые, и советские, и иностранцы. Утомительно°, скажете? Конечно, утомительно. И работать в такой суматохе не очень получается. А зато° — спонтанно. Спонтанная русская жизнь, спонтанная русская душа. Не то что здесь, в Германии: чуть что,[3] они за свой календарь — а что у нас в эту субботу, а что у нас в то воскресенье? А через два месяца у нас лыжные каникулы в Австрии, а через четыре — летние в Италии, и всё уже заказано, а через год золотая свадьба у бабушки с дедушкой: мы её празднуем в таком-то ресторане, и всё уже заказано тоже. И смотрим мы на них и думаем: да откуда же ты знаешь, что будет у тебя через год? Да, может, бабушка твоя к этому времени умрёт или дедушка ногу сломает? Или, может, комета с неба упадёт или землетрясение случится, да разве же может человек знать, что с ним будет через год? Но смотрим, время подходит, и едет он сначала в лыжный отпуск, потом на море, а потом-таки[4] на золотую свадьбу к бабушке и дедушке. Точно так, как записано в его календаре.

immediately

tiring

on the other hand

[II]

Уже потом я поняла, что чем нормальнее жизнь, тем больше она поддаётся планированию. Наш последний год в Москве с моими родителями, которые

---

[1] тем более что *all the more since*

[2] КГБ выключал телефоны диссидентов, чтобы изолировать их и прервать контакты с русскими и западными журналистами.

[3] чуть что *at the drop of a hat*

[4] -таки. Particle used for emphasis.

до последней минуты не могли решить, что им делать, оставаться без нас в Москве или ехать с нами на восьмом десятке неизвестно куда, наша жизнь с отключённым телефоном плохо поддавалась планированию. В самые худшие дни я думала только о настоящем моменте, что сделать сейчас, через час. И всё равно ничего не могла изменить. Я желаю всем своим близким, всем моим соотечественникам, чтобы они тоже, как все нормальные люди на Западе, могли планировать свою жизнь спокойно и заранее°. А спонтанность — это хорошо, конечно, но Бог с ней,[5] со спонтанностью, если такой выбор. Пусть люди заранее планируют свою жизнь — так это должно быть на самом деле.

in advance

Ещё о спонтанности. Так называемые[6] «парти», приёмы, гости, называйте как хотите. Первое время они нас совершенно подавляли° и расстраивали. Ну что такое, посудите сами? Собираются люди, часто даже совсем незнакомые. На большом столе стоит несколько блюд с едой. Здесь же тарелки. Подходи, бери, что хочешь, говори, с кем хочешь, а не хочешь, ни с кем не говори. И разговоры все какие-то необязательные (особенно потрясло меня это в Америке): «Ху ар ю? Вери найс ту мит ю!», всё не о главном, и есть-пить никто не заставляет, хочешь — пей, не хочешь — не пей. То ли дело у нас:[7] нет, так дело не пойдёт, ешь, пей, а теперь давай выпьем за успех нашего безнадёжного дела, ура, ты меня уважаешь, ты меня не уважаешь, господа, а о Боге-то мы ещё не говорили! Крик, гвалт, кто-то поёт

depressed

---

[5] Бог с ней *forget about it*

[6] так называемый *so–called*

[7] то ли дело у нас *it's not that way with us.* Voinovich next evokes the atmosphere of a Russian party by means of a few well-chosen phrases:

Нет, так дело не пойдёт. *Spoken disapprovingly by a host to a guest who declines food or drink.*

Выпьем за успех нашего безнадёжного дела. Безнадёжное дело *refers here to dissident activities, which were assumed to be doomed to failure.*

Ты меня уважаешь? Этот вопрос часто задаётся людьми, которые много выпили.

Окуджаву,[8] кто-то уже заснул, а кто-то на кого-то обиделся на всю жизнь. И так нам этого поначалу не хватало!

[III]

А теперь — приехали мы в Москву. Счастливы, сидим все за одним столом и говорим все хором, ну, словом, всё — совсем как раньше и всё об одном: быть или не быть? и со страстью°, с накалом[9], с надрывом: быть или не быть? быть или не быть? И подумала я тогда, что даже, может, и неплохо было бы, если бы подошёл кто-то, пусть даже и не очень знакомый, и спросил бы меня так просто: «Ху ар ю? Вери найс ту мит ю!» И отдохнула бы я от этой напряжёнки°, которая совершенно справедливо называется интенсивной духовной жизнью. Только при такой интенсивной духовной жизни на работу сил уже совсем не остаётся. А на Западе люди очень много работают. И вечером хочется им не напрягаться, а наоборот, расслабиться°. Я вовсе не[10] хочу сказать, что это лучше. Но так уж здесь получается, и мы уже к этому привыкли. А кто знает, как это должно быть на самом деле?

passion

intensity

to relax

**И. Войнович**

## Ответьте на вопросы

Вам помогут следующие слова: заранее, планировать, записывать в календарь, спонтанно, спонтанность.

I.

1. Что порази́ло Ирину Войно́вич в жизни на Западе?
2. Как приглашают на борщ в России и в Германии?
3. Как автор называет русскую жизнь и русскую ду́шу?
4. Как живут в Германии?

---

[8] Булат Окуджава (р. 1924)—писатель и поэт, автор очень популярных лирических, мягко-иронических песен.

[9] с накалом *heatedly*

[10] вовсе не (+ verb) *not at all*

II.

5. Что поняла автор?
6. Как автор описывает свой последний год в Москве?
7. Почему нельзя было ничего плани́ровать в Москве?
8. По мнению автора, где жизнь «нормальна»?

III.

9. Что желает автор всем своим близким и сооте́чественникам?
10. Почему первое время их подавля́ли и расстра́ивали так называ́емые «парти»?
11. О чём подумала автор, когда снова приехала в Москву? Как она теперь относится к русской мане́ре обще́ния в гостя́х?
12. По мнению автора, какая связь между работой и интенси́вной духо́вной жизнью?
13. Какой образ жизни предпочитает автор: русский или западный?

**Упражнение**

■ Закончите предложения словосочетаниями из списка справа.

1. Уже потом я поняла, что
2. Наша жизнь в Москве плохо
3. В самые худшие дни я думала только
4. Пусть люди заранее

а. планируют свою жизнь.
б. о настоящем моменте.
в. поддавалась планированию.
г. чем нормальнее жизнь, тем больше она поддаётся планированию.

**Давайте поговорим!**

1. Вы жили когда-нибудь заграницей? Где?
2. По чему вы скучали? Чего вам больше всего не хвата́ло?
3. Вы знакомы с культурой другого народа (этнической группы)? Что вам в ней нравится? Что вас поража́ет или удивля́ет?
4. Скажите, что вы любите делать спонтанно, а что плани́ровать? Плани́руете ли вы свой день, год, следующие 5 лет, жизнь? Приведите примеры. Любите ли вы спонта́нность?
5. Разве человек может знать, что с ним будет через год?

Как принимать западных бизнесменов

6. Вы любите ходить на вечеринки? Опишите типи́чную студе́нческую вечеринку. Были ли вы в гостя́х в России?
7. Дру́жба и открове́нность. Когда вы встречаете кого-нибудь и спрашиваете «Как дела?», вам действи́тельно интересно или это просто форма́льность?
8. Что значит для вас дружба или друг?

### Если вы были в России

Сравните манеру общения людей на Западе на вечеринке и манеру общения русских на приёме, в гостях. Что вам нравится, а что нет? Почему? Вспомните поведение американцев на вечеринке из текста «Родная душа» и поведение русских из эссе И. Войнович:

На Западе: «На большом столе стоит несколько блюд с едой. Подходи́, бери́, что хочешь, говори́, с кем хочешь, а не хочешь, ни с кем не говори́. И разгово́ры всё какие-то необязательные, ... всё не о главном, и есть-пить никто не заставляет, хочешь — пей, не хочешь — не пей».

В России: «Нет, так дело не пойдёт, ешь, пей, а теперь давай выпьем за успех нашего безнадёжного дела, ура, ты меня уважаешь, ты меня не уважаешь, господа́, а о Боге-то мы ещё не говорили! Крик, гвалт, кто-то поёт Окуджаву, кто-то уже заснул, а кто-то на кого-то обиделся на всю жизнь.... сидим все за одним столом и говорим все хором ... всё об одном: быть или не быть? и со страстью, с накалом, с надрывом: быть или не быть?»

## ТЕКСТЫ 4–5 АНТИЗАПАДНЫЕ НАСТРОЕНИЯ

## ТЕКСТ 4 ИМПЕРИАЛИЗМУ — НЕТ! БИГ МАК НЕ ПРОЙДЁТ!

В Иркутске создан антиамериканский клуб. Своей целью он ставит борьбу с культурой и духовной экспансией Америки. «Наши души — одни из немногих уголков на земле, находящиеся за пределами° национальных интересов Америки. Но мы не политическая организация, мы не будем брать заложников°, совершать теракты, так как наши враги не американцы, а американская «культура», заполнившая сегодня весь мир», — говорит председатель клуба Роман Днепровский.

limits

hostages

Антиамериканский клуб дистанциируется от русского национального движения° и объединяет в своих рядах людей с различными политическими взглядами. В основном[1] это молодые художники и поэты, студенты.

movement

Как считают основатели клуба, даже сам факт существования такой организации заставит людей о многом задуматься.

Алексей Михайлов
г. Иркутск

---

Из газеты «Комсомольская правда» (1994)

**Ответьте на вопросы**

1. Какой клуб со́здан в Ирку́тске?
2. Кто явля́ется чле́нами клуба?

---

[1] в основном *on the whole, basically*

**3.** Почему сóздали такой клуб?

**4.** Что вы думаете об этом клубе?

а. Это хорошая идéя! Надо борóться с американской культурой!

б. Это смешнó!

в. Это глупо! Невозмóжно борóться с американской культурой и, впрочем, американская культура не такая плохая.

г. Это интересно.

д. Это печáльно. Ведь в американской культуре есть много хорошего.

## ТЕКСТ 5 БЕСЫ ИЗ ХРУСТАЛЬНОГО ХРАМА[1]

### До чтения

**1.** Это заглавие над письмом в редакцию газеты «Советская Россия» перекликается с названием известного романа Ф. М. Достоевского «Бесы» (1871). В своём произведении русский писатель размышляет о судьбах России и Европы в XIX веке. Он считает, что болезнь безумия°, охватившая Россию — это болезнь интеллигенции, которая подражает° Европе и не верит в самобытные силы России. По мнению писателя, бесовская болезнь России — это временная° болезнь. Россия не только исцелится°, но и нравственно обновит «русской идеей» Европу.

madness / imitates / temporary / will be healed

**2.** Прочитайте первые два предложения. Можете ли вы предугадать, каким будет отношение автора к Западу после слов «совсем наоборот!»?

### Бесы из хрустального храма

Многие думают, что западная культура и цивилизация несут нам благо° и просвещение°. Совсем

benefits / enlightenment

---

[1] Хрустальный храм. The Crystal Palace was a huge iron and glass construction at the World Exhibition of 1851 that housed various examples of technological advances from the participating countries. Some saw in it a symbol of the promise of modern technology whereas others attacked it.

наоборот! На Западе давно перевёрнуты с ног на голову нравственные законы и духовные ценности, которые передавались на Руси из поколения в поколение даже в годы коммунистического режима. И если у нас до недавнего прошлого КПСС была ум, честь и совесть нашей эпохи,[2] то установки западных культурных ценностей — это ни ума, ни чести, ни совести... Оттуда в российской среде культивируется открытое растление° всех возрастных категорий. Дошкольникам преподносятся мультфильмы, персонажи которых родились не иначе как в глубинках ада: «вампирёныши»[3], «охотники за привидениями», кикиморы, зомби, убийцы-роботы и всякая нечисть... Знаменитые диснеевские шедевры при внимательном рассмотрении оказываются не чем иным, как[4] сплошной погоней на тему: «кто кому больше досадит, напакостит и навредит».

decadence

К видеоуслугам школьников — программа войн, космических и наземных, роботы-гангстеры, кровь, мордобой, боевые искусства и прочее°. Для молодёжи и того хуже — оболванивающая поп-музыка и секс во всех видах и разновидностях. Обрушив на молодёжную аудиторию шквал душераздирающих электронных звуков с сатанинским содержанием, рок-музыканты призывают своих поклонников к разнузданности, непокорности° старшим, к разбою, наркомании, убийствам и самоубийствам...

and so on

rebelliousness

Впрочем, пожилые и сентиментальные россияне тоже не остаются без внимания. Для этой категории Запад предусматривает бесконечные жвачки° типа «Санта-Барбары»[5] и прочих «Марий».

cud

---

[2] «КПСС — ум, честь и совесть нашей эпохи» — это был самый распространённый лозунг в Советском Союзе.

[3] вампирёныш *little vampire.* The suffix -ёныш designates the young.

[4] не чем иным, как *none other than*

[5] «Санта-Барбара» — очень популярный телесериал в России

Вот и вся «цивилизованность» Запада. Это ли нам нужно?

И. Иванов
г. Самара

---

Из газеты «Советская Россия» (1994)

**Скажите**

1. О чём говорится в этом письме?

   а. О ма́ссовой культуре.
   б. О «высо́кой» культуре.
   в. О поли́тике.
   г. Об эконо́мике.

2. По мнению автора, какой вид отдыха предпочитают следующие группы населе́ния?

| | |
|---|---|
| дошко́льники | Санта-Барбара |
| школьники | поп-музыка |
| молодёжь | мультфи́льмы |
| взро́слые | видеоигры |

3. Как вы думаете, автор статьи согласился бы со следующими утверждениями? Если нет, измените их, чтобы они выразили его мнение.

   а. В России все думают, что западная культура несёт им бла́го и просвеще́ние.
   б. В России — много духо́вных це́нностей.
   в. В годы коммунистического режима нра́вственные це́нности совсем исче́зли.
   г. Западная цивилизация очень нужна́ России.

**Давайте поговорим!**

1. Знаете ли вы мультфи́льмы, где играют «вампирёныши, охо́тники за привиде́ниями, кики́моры, зо́мби, уби́йцы-ро́боты»?
2. Действи́тельно ли рок-музыканты призыва́ют к «разну́зданности, непоко́рности старшим, к разбо́ю, наркомании, уби́йствам и самоуби́йствам»? Приведите примеры.

3. Вы согласны с автором письма? Ответьте и объясните, приведите примеры. Вы можете начать ваш ответ следующими фразами:

   Я согласен. Всё это (т. е. западная цивилизация) действи́тельно вре́дно.

   В этом (т. е. в том, что написал автор) много правды.

   Автор преувели́чивает.

   В западной цивилизации есть и плохое и хорошее.

## WORD STUDY

### Americanisms in Russian

One of the most striking features of the Russian language in the early 1990s was the large number of borrowings from American English, especially in popular culture, technology, and economics. Guess the meaning of the borrowed words in the following sentences. It will help if you read them aloud.

1. Корреспондентов пригласили на брифинг в Министерство иностранных дел.
2. Наша фирма не нуждается в паблисити.
3. Она создала себе интересный имидж.
4. Его книга была бестселлером.
5. Она занимается аэробикой, а он бодибилдингом.
6. В нашей газете есть рубрика «Хит-парад».
7. У певицы Аллы Пугачёвой много хитов.
8. Ты видел последнее шоу Спрингстина?
9. В нашем магазине компьютеров вы можете купить дисплеи, принтеры и софтвер любой марки.
10. В самолёте он открыл леп-топ и начал работать.
11. — Володя купил бээмвушку.
    — Какого года?
    — 93-го.
12. В Москве сейчас много холдинговых компаний.
13. Во время приватизации каждому жителю был выдан ваучер.
14. Скажи, кто твой спонсор, и я скажу, кто ты.

Заказчик для нас является важнейшим посетителем. Он не зависит от нас. Мы зависим от него. Он - не помеха в нашей работе. Он - ее цель. Он - не посторонний в нашем деле. Он - часть его. Мы не делаем ему одолжение, обслуживая его. Это он проявляет благосклонность в том, что дает нам возможность это сделать.

Новое отношение к покупателям (вывеска в магазине «Кодак-Экспресс» в Новгороде)

## ТЕКСТ 6 АМЕРИКАНЦЫ В РОССИИ

[I]

Во время моих «набегов» в Россию я почти всегда встречаюсь там не только с российскими, но и с американскими друзьями. Число последних растёт, и я уже не знаю, где у меня больше «американских связей»: здесь или там.

Кто же они — американцы, живущие в России сегодня? [...Я не буду говорить о студентах, дипломатах, или бизнесменах.] Я бы хотела рассказать о других американцах — о тех, кто поехал за мечтой, в надежде найти своё место в мире, помочь людям и, главное, пожить «в истории», как говорит большинство из них. Все они довольно хорошо знают русский язык, все живут в Москве или Петербурге, но увлекаются различными вещами.

**Сюзанна** в России уже третий год. Её мать — американка литовского происхождения. Других «русских корней°» у Сюзанны нет. Ещё студенткой Бостонского университета она ездила на семестр в тогдашний Ленинград и только и мечтала[1] поехать опять. «Там близкий друг?» — спрашивала я. — «Нет, близкий человек здесь, а там просто очень хорошие

roots

[1] только и мечтала (+ inf.) *all she could dream of was (to)*

друзья». Через два года Сюзанна поступила в аспирантуру Ленинградского университета на филологическое отделение, чтобы заниматься современной русской литературой. [...] Через полгода она ушла из университета, решив, что читать теперь может самостоятельно, и этого достаточно. Двадцатидвухлетняя девушка поселилась на Васильевском острове. Надолго ли? Она не знает. Приезжает в Америку раз в год на пару месяцев, но в конце отпуска начинает томиться°. Тянет[2] назад. Что именно? Ей очень трудно объяснить это. Смутное ощущение, что её место сейчас там.

to languish, pine

Работает внештатным корреспондентом[3] для нескольких американских газет. Каждый день просыпается с чувством, что ничего не надо выдумывать, ибо° вокруг происходит столько, что едва° успеваешь увидеть и услышать. Для статьи о нелегальном вывозе из страны икон и картин встречалась с людьми из КГБ, которые занимаются пресечением контрабанды, с таможенниками, с дипломатами, искала на аукционах исчезнувшие произведения искусства. Всё это требует не только прекрасного знания языка, но и умения находить контакты, хорошо ориентироваться в чужой культуре и ситуации. Настроение у Сюзанны очень разное — от отчаяния° к надежде и снова к отчаянию. Она понимает, что для настоящей карьеры ей надо вернуться в США, устроиться в газету на самую низшую ступеньку и подниматься вверх. В России же[4] сейчас много дорог неизведанных, и даже ближайшего поворота никто предсказать не может.

потому что

hardly

despair

Временами Сюзанне очень трудно. Она тоскует по американской культуре, по американским друзьям, с которыми ей во многих отношениях легче и проще. И в то же время уже не может отказаться от общения с русскими, от театра и выставок.

---

[2] тянет (impers.) *she longs to*

[3] внештатный корреспондент *stringer*

[4] же. Particle indicating contrast; в России же *in Russia, on the other hand*

[II]

«Ну как вы, американцы, можете жить в таком аду? Зачем вы по своей воле[5] приехали сюда?» — часто спрашивают **Стефана,** который работает координатором московской программы Бостонского университета и барменом в ресторане. Стефан обычно отвечает: «Я живу в очень важном месте, может быть, самом важном. То, что происходит в России сегодня, коснётся всего мира завтра. Через 10–20 лет я скажу себе: «Моя молодость прошла в России. Я сформировался там. Эта страна оказала на меня сильное влияние. И я не жалею об этом».

[Стефана никуда не тянет.] Не тянет потому, что дни заполнены до отказа, что экономически независим, а ещё потому, что есть настоящие друзья: «Ради своих друзей я могу простить многое. Я не встречал в Америке такой честности и доброты в отношениях». В этих людях Стефан уверен. Он считает, что они понимают и ценят его как человека, а не как американца, которого можно выгодно использовать. Ему нравится, что даже сегодня россияне не столь озабочены° своей финансовой ситуацией, сколь американцы. concerned

[III]

Начальница° Стефана **Су** живёт в Москве уже восьмой год. Впервые Су попала в Москву семнадцатилетней школьницей. Её самые сильные впечатления — собор Василия Блаженного и тихо падающий белый снег. Влюбилась в Россию, изучала в колледже русский язык и русский театр, часто приезжала в Москву то заниматься на семестр, то[6] как гид с группами туристов. В 88-м году Су вышла замуж за русского музыканта, преподавателя классической гитары. Она решила остаться в России и жить, как русская. Су стирала, готовила, стояла в очередях. Муж много пил: они развелись. Су помогла boss

---

[5] по своей воле *of one's own free will*

[6] то..., то *now..., now*

ему... уехать в Америку, а сама осталась. «Ну, скажите, где я ещё всё время могу говорить по-русски!» — восклицает она. Су говорит, что только теперь начинает понимать культуру и людей России. «Многие годы эта страна оставалась для меня загадочной°. Я не знала, хотят ли русские дружить со мною лично или со мной как с американской гражданкой». Сейчас Су в Москве — как рыба в воде. Бойко водит свою «Ладу», показывает мне такие закоулки, которые знает только московский старожил.

mysterious

Су увлекается классической музыкой и считает, что таких исполнителей, как в России, нет больше нигде в мире. Как и Стефан, любит своих русских друзей, помогает им.

Как сложится её дальнейшая жизнь, Су не знает. Иногда она беспокоится, что теряет американскую культуру, хочет иметь больше друзей-американцев, с которыми существует «общая память прошлого».

[IV]

С **Микки** я познакомилась в мой последний приезд. У неё фантастический русский язык, и это прекрасно. Родители Микки родились в Америке, но её бабушка и дедушка приехали с Украины. Между собой родители говорили по-русски, с детьми — по-английски. Сначала славянский дух дома был для Микки экзотикой, но потом она увлеклась им. В колледже занималась русской литературой, а дипломную работу писала о формалистах. Потом приехала на семестр в Москву и решила остаться. В конце 70-х — начале 80-х годов Микки работала в советском Агентстве печати «Новости» (АПН). С 82-го по 88-й год она работала в различных американских фондах, так или иначе связанных с Россией. С 1988 г. Микки начала много переводить. С 1989-го года стала надолго приезжать в Россию, занималась переводами и документальным кино. С 1992 года поселилась в Москве.

Держат Микки в Москве не только профессиональные интересы и не только ощущение, что она может быть здесь полезна, но и сама Россия:

«Она как любимая тётя. Может быть, вредная°, может быть, взбалмошная, но очень и очень близкая. Я воспринимаю здешнюю жизнь по принципу большой картины, где есть всё: и жуткий запой, и предательство, но и невероятная доброжелательность и открытость». bad-tempered

[V]

**Лиз,** директору и координатору фонда Макартуров в Москве, всего 29 лет. В России она живёт почти постоянно с 88-го года. Ещё в школе увлекалась политикой, мечтала стать первой женщиной-государственным секретарём. В годы холодной войны СССР был в центре американской политики, и Лиз захотелось узнать и понять эту страну. Поступив в Джорджтаунский университет, она стала изучать русский язык: «Без этого невозможно. Ведь много психологических особенностей° в поведении людей заложено в самом языке». Постепенно сфера увлечений Лиз изменилась: её стала меньше интересовать политика, больше — история и культура. Она, конечно, тоже ездила на семестр в Россию, после чего поняла, что хочет жить и работать там. peculiarities

Лиз довольна своими русскими сотрудниками, их профессионализмом и энтузиазмом. Но главная основа её оптимизма — это люди, получающие гранты — их талантливость и честность. «Большая радость наблюдать всё это», — так выразилась Лиз о своей работе. Конечно, у Лиз, как и у многих других американцев в России, с кем я разговаривала, давно кончился период романтизма, но в то же время нет и разочарования°. Её интерес к России сохраняется°: «Я всё ещё студентка русской жизни». Ей нравится чувство юмора русских, их смекалка, умение починить любую вещь, привязанность к земле. Первое время Лиз ощущала себя очень уязвимой в этой стране. Теперь у неё возникло чувство устойчивости, потому что появились настоящие друзья. disappointment / remains

Живут в Москве и мои совсем недавние студенты. Некоторые из них преподают английский в московской частной школе. Пока им всё нравится, они с упоением° изучают русский язык, заводят новых знакомых и друзей и находятся на стадии «романтического» восприятия страны. Перерастёт ли их отношение в «одну, но пламенную страсть»,[7] как у тех, о ком я рассказала, или они убегут оттуда — покажет время. А пока почётный титул чудаков я бы им не присвоила. Оставим его за теми, о ком я рассказала в этой статье. Они выдержали «испытательный срок»[8] и очень нужны России. От их присутствия там кому-то становится теплее. Так что — да здравствуют[9] американские чудаки и чудачки!

enthusiasm

---

Марина Хазанова, из газеты «Новое русское слово» (1994)

**Ответьте на вопросы**

1. Кто же они — американцы, живущие сегодня в России? Расскажите о них, используя следующие вопросы:

   Какое у них образова́ние?

   Когда они приехали в Россию?

   Где и кем они работают?

   Как они отно́сятся к России?

2. Какую работу, упомянутую в статье, вы бы предпочли и почему?
3. Как автор относится к американцам, живущим и работающим в России? Как она называет их?

## ТЕКСТ 7 «РОССИЯ — МОСТ МЕЖДУ ЗАПАДОМ И ВОСТОКОМ»

Прочитайте интервью с Александром Ивановичем, преподавателем из России, и ответьте на вопросы.

— Александр Иванович, как вы думаете, Запад может служить примером для России или нет?

— Это очень интересный вопрос. Мне кажется, что России есть чему поучиться у Запада.

---

[7] «одну, но пламенную страсть» *"a single, but burning passion"* from Lermontov's poem «Мцыри»

[8] испытательный срок *probationary period*

[9] да здравствуют *long live*

— Чему?

— Например, та же экономика, те же политические системы. Но, тем не менее, я считаю, Россия должна идти своим путём. Помимо того, что Россия должна учиться у Запада, она не должна удаляться от Востока, потому что Восток может дать очень многое России.

— Уточните, пожалуйста, что такое путь России, и как он связан с Востоком.

— Мне тоже очень трудно ответить на этот вопрос. Россия всё время, с начала своего существования, была связана с Востоком, с Византией, потом с Индией, Китаем и Среднеазиатскими республиками. Так что многие корни культуры России находятся на Востоке, а не на Западе.

— Да, но я всё ещё не понимаю, что есть восточного в России?

— В России от Востока — сердце, сердечные отношения, душа. Мы уже говорили, Запад — это разум, рационализм. Восток – это душа, душевность.

— Значит, вы действительно думаете, что в России больше душевности, сердечных отношений, чем на Западе, и что это от Востока?

— Я считаю — да, но Россия является как бы связующим мостом между Западом и Востоком, потому что здесь собрано всё. Здесь присутствуют и элементы Запада и элементы Востока.

**По мнению Александра Ивановича:**

1. Что Россия может взять у Запада?
2. Должна ли Россия следовать за Западом или у неё есть свой путь?
3. Где находится много корней русской культуры?
4. Что есть в России от Востока?
5. Что символизирует Запад для России?

**Скажите**

1. Чем было для вас интересно это интервью?
2. Что вы больше цените: ра́зум, рационали́зм или ду́шу, душе́вность, серде́чные отноше́ния?

## ЧАСТЬ III ПОДВОДЯ ИТОГИ

**А.** Ролевая игра.

Вы влюблены в русского (или русскую) и вам надо решить, где вы будете жить. Русский (русская) хочет остаться в России, а вы хотите жить в Америке. Постарайтесь уговорить друг друга.

Вариант: разговор с родителями. Вы хотите поехать жить в Россию, а родителям это не нравится.

**Б.** Письмо.

Ваш русский друг написал вам, что он читал, что американцы интересуются только деньгами, что они всё время работают, и что в Америке мало читают. Он спрашивает, правда ли это. Напишите письмо, ответьте на его вопросы.

Устный групповой вариант: преподаватель играет роль русского, студенты рассказывают об Америке.

**В.** Работа в группах.

Выберите 3 понятия из списка (Часть I, Б), определите их важность для вас (очень важно, важно, совсем не важно). Сравните результаты, объясните свой выбор, приведите примеры из жизни.

# RUSSIAN–ENGLISH GLOSSARY

This glossary contains a selective list of words with English equivalents that are appropriate to their use in readings. It does not include basic intermediate vocabulary. Because of space limitations, not all words containing the same root are listed. Verbs in -ся are given only when the meaning is not apparent from the root verb. Verbs listed singly are imperfective except as noted. Aspectual pairs are given only if both verbs appear in the text. Fleeting vowels are enclosed in parentheses.

### Abbreviations

*abbrev.* abbreviation
*acc.* accusative
*adv.* adverb
*arch.* archaic
*coll.* colloquial
*conj.* conjunction
*dim.* diminutive
*f.* feminine
*fig.* figurative
*gen.* genitive
*impf.* imperfective
*impers.* impersonal
*interrog.* interrogative
*m.* masculine
*mil.* military
*med.* medical
*n.* noun
*part.* particle
*pf.* perfective
*pl.* plural
*prep.* preposition; prepositional
*sl.* slang

### А

ад hell
авария accident
а́лчущий hungering for
амба́р storehouse
анаша́ hashish
антите́ло antibody

### Б

ба́бий women's
балде́ть (*sl.*) to get high
балл point (on an exam)
бараба́н drum
безве́стный unknown, obscure
безвы́ходный hopeless
безграни́чный boundless, infinite
безгре́шный without sin, innocent
безде́лье idleness
беззако́ние lawlessness
безнадёжный hopeless
безнра́вственный immoral
безогово́рочно unconditionally
безопа́сный safe, secure
безотлага́тельный urgent
безусло́вно certainly
безымя́нный nameless, anonymous
бере́менная pregnant
бере́чь to guard, protect
бес devil
бесе́да conversation
бесконе́чный infinite, endless
бескоры́стие unselfishness
бесо́вский diabolical
беспоко́ить to worry

беспоря́дочный disorderly
беспоща́дный merciless
беспреде́льный boundless
бесси́льный helpless
бессме́ртный immortal
бесспо́рный incontrovertible
бесстра́шие fearlessness
бестеле́сный incorporeal
бе́шеные деньги exorbitant price
би́ржа труда́ employment agency
бить to beat up; to shoot
бла́го good; benefits, blessings
благода́рность (*f.*) gratitude
благоду́шный good-natured
благоро́дный noble
благосостоя́ние welfare, well-being
блаже́нный blessed
блестя́щий gleaming
ближа́йший nearest; next
бли́жний near, nearby; (*n.*) neighbor, fellow human being
блю́до dish; food
Бог God
боево́й (*mil.*) live
боже́ственный divine
бо́йко briskly
бок side
болта́ть to talk, chatter
боль (*f.*) pain, ache
большинство́ majority; most
боро́ться to fight
борьба́ struggle, fight
боя́ться to be afraid
брак marriage
бра́чное marital
бровь (*f.*) eyebrow
броса́ть/бро́сить to give up, quit; to abandon, forsake
брюшно́й тиф typhoid
бу́бен tambourine
бу́рный violent
буты́лка bottle
бухга́лтер bookkeeper
быт daily life

## В

ва́жный important
валя́ться to lie around
ва́рварство barbarity
вари́ть to boil; to cook
вверх (*adv.*) upwards
вверху́ (*adv.*) above
вводи́ть (*med.*) to inject
ввоз importation
вдалеке́ (*adv.*) in the distance; far
вдали́ (*adv.*) far
вдво́е twice as much
вдвоём two together
вдова́ widow
вдов(е́)ц widower
веду́щие leading
ведь (*part.*) why; after all; you know
ве́жливо politely
везде́ everywhere
век century
вели́кий great
велича́во majestically
вели́чие greatness
ве́ра belief, faith
ве́рный faithful
вероя́тный probable, likely
ве́рующий believer
верхо́вный supreme
весе́лие gaiety, merriment
весьма́ highly, extremely
ветчина́ ham
ве́чный eternal
вещество́ matter, substance
вещи́чка (*dim.*) thing
вещь (*f.*) thing

взаимозави́симо interdependent
взаимоотноше́ние relation
взаимопонима́ние mutual understanding
взаме́н in place of
взба́лмошный (*coll.*) eccentric
взгляд view
взлета́ть/взлете́ть to fly up
взорва́ться (*pf.*) to explode
взрыв explosion
взя́тка bribe
вид look; kind; име́ть в виду́ to have in mind
ви́димо apparently
ви́дно clear; visible
винова́т at fault
вино́вник culprit
винцо́ (*dim.*) wine
вихля́ть to wiggle
ВИЧ-инфици́рованный HIV positive
вкус taste
владе́ть/овладе́ть to possess; to use with skill
власть (*f.*) rule; (*pl.*) the authorities
влезть (*pf.*) to climb into
влия́ть to influence
влюби́ться (*pf.*) to fall in love
влюблённый amorous
вме́сте (*adv.*) together
вме́сто (*prep.*) instead of
вме́шиваться to intervene
вне (*prep.*) outside
внебра́чный extramarital
внедря́ть to incorporate, adopt
внеза́пно suddenly
внести (*pf.*) to bring in; to introduce
вне́шне outwardly, on the surface
вне́шность (*f.*) appearance
внешта́тный not on the permanent staff
внизу́ (*adv.*) below
внима́ние attention
внима́тельный attentive; considerate, thoughtful
вновь once again
вну́тренний inner
внутрь (*adv.*) inside
внуша́ть/внуши́ть to instill, arouse; to convince
вовле́чь (*pf.*) to involve
во́все не not at all
вовсю́ (*coll.*) with all one's might
води́тель (*m.*) driver
водопрово́дчик plumber
воева́ть to fight (of a soldier)
воз cart
возвести́ (*pf.*) to erect; to elevate
возглавля́ть to head
возде́йствие influence; effect
во́здух air
возмо́жно possible
возни́кнуть (*pf.*) to arise
возража́ть/возрази́ть to object
возрожде́ние revival; rebirth
вои́стину truly; verily
война́ war
вокру́г around
во́л(е)н free
во́ля will
волнова́ться to be nervous
вообрази́ть (*pf.*) to imagine
вообще́ in general
вооруже́ние armament
вор thief
ворва́ться (*pf.*) to break into

ворова́ть to steal
во́рон raven
воро́та gates
воро́чаться (*coll.*) to toss and turn
восклица́ть to exclaim
воспи́танность (*f.*) good breeding
воспи́тывать to bring up
воспо́льзоваться (*pf.*) to use
воспомина́ния (*pl.*) memories
воспринима́ть/восприня́ть to perceive
восприя́тие perception
восто́рженно ecstatically
восхища́ть/восхити́ть to captivate; to enchant
вот-вот (*coll.*) just about to
впервы́е for the first time
впереди́ (*adv.*) ahead
впечатле́ние impression
вполза́ть to creep into
вполне́ completely
впосле́дствие afterwards
впра́ве having a right
впро́чем by the way
впрямь (*coll.*) really
враг enemy
враспло́х by surprise
вред harm
вряд ли (*part.*) hardly
всё-таки still, all the same
всепроща́юще all-forgivingly
всерьёз seriously
вскипяти́ть (*pf.*) to boil
вспомина́ть/вспо́мнить to remember; to reminisce
встре́ча meeting, encounter
вступа́ть/вступи́ть to enter
всхли́пывать to sniffle
всю́ду everywhere
вся́кий any; all sorts of
втолкну́ть (*pf.*) to push in
второстепе́нный secondary
вуз institution of higher learning *abbrev. of* вы́сшее учёбное заведе́ние
выбира́ть to choose
вы́бор choice
выбра́сывать to throw out, to emit
вы́брать *pf. of* выбира́ть
вы́брос emission
вы́бросить *pf. of* выбра́сывать
вы́вести (*pf.*) to lead out
вы́вод conclusion
вы́годно to (one's) advantage; profitably
выгу́ливать to walk
выдава́ть to give out; to issue
выдвига́ть to push (put) forward
вы́держать (*pf.*) to bear, endure; to control oneself
выду́мывать to think up
вы́звать *pf.* of вызыва́ть
вы́зов challenge
вызыва́ть to summon; to cause; to arouse, evoke
выи́грывать to win
выключа́ть/вы́ключить to turn off
вымога́тельство extortion
вы́молвить (*pf., coll.*) to utter
вы́мыть (*pf.*) to wash
вы́нудить (*pf.*) to force, compel
выпа́рхивать to fly out quickly
выпуска́ть/вы́пустить to publish; to put out
выража́ть/вы́разить to express

выраста́ть/вы́расти to grow up
вы́резать (*pf.*) to cut out
выска́зывание statement
выска́кивать to dart out
вы́скользнуть (*pf.*) to slip out
вы́слать *pf. of* высыла́ть
вы́страдать to achieve through suffering
вы́строить (*pf.*) to build
выступа́ть/вы́ступить to perform; to speak
вы́сший higher
высыла́ть to exile
выта́скивать/вы́тащить to pull out
вы́толкнуть (*pf.*) to push out
вытрезви́тель (*m.*) drunk tank
вы́ход(е)ц person originally from another country
выходи́ть to come out; to come of
вы́ходить (*pf.*) to nurse back to health
выходно́й day off
вышива́ть to embroider
вью́жный stormy (of snow)
вяза́ть to knit

## Г

га́дость (*f.*) filth, muck
гаси́ть to put out
гастроли́ровать to tour
гастроно́м grocery store
гвалт (*coll.*) racket, hubbub
гвоздь (*m.*) nail
ги́блый (*coll.*) hopeless; worthless
гла́вный main
гласи́ть to read; to say
гли́на clay
глубина́ depth
глубо́кий deep
глухо́й deaf
гнев anger
годи́ться to be good for
го́лод hunger
голый naked
гора́ mountain
гора́здо much
го́ре grief
горева́ть to grieve
горчи́ть to taste bitter
господа́ ladies and gentlemen
госуда́рство state; the State
грабёж robbery
гра́бить/огра́бить to steal
граждани́н citizen
гражда́нство citizenship
гра́мотный knowledgeable, competent
грани́ца border
грех sin
гроздь (*f.*) cluster, bunch
громо́здкий bulky; cumbersome
гру́бый rough; coarse, crude
грудь (*f.*) breast
гру́стный sad
гру́ша pear
грязь (*f.*) mud; dirt, filth
губи́тельный disastrous
гума́нно humane
густо́й thick; dense
гусь (*m.*) goose

## Д

давно́ long ago
давны́м-давно́ (*coll.*) long long ago, ages ago
да́лее further
дальне́йший further
да́нный given
дви́гаться to move

движе́ние movement
дво́е two
двойно́й double
двор courtyard
двор(е)ц palace
деви́чий virginal
девчо́нка (*coll.*) girl
деепричáстие verbal adverb
действи́тельно really, actually, truly
действи́тельность (*f.*) reality
де́йствовать to act; to function, work
делови́тый businesslike
делово́й businesslike
де́рево tree
деревя́нный wooden
дёрнуться (*pf.*) to lurch forward
деся́т(о)к ten; tens of
детдо́м orphanage
ди́кий wild
дли́тельный long, lengthy
днях — на днях the other day
доба́вить (*pf.*) to add
доби́ться (*pf.*) to achieve
добра́чный premarital
добро́ good
доброжела́тельный good-natured; friendly
добропоря́дочный decent
доброта́ goodness
дове́рчивый trusting
доверя́ть to trust
догада́ться (*pf.*) to guess
дока́зывать/доказа́ть to prove
до́лжность (*f.*) post, position, office
домохозя́йка housewife
дона́шивать to wear out
допусти́ть (*pf.*) to assume
досади́ть (*pf.*) to annoy, vex
достава́ть/доста́ть to take; to obtain, get
доставля́ть/доста́вить to deliver
дости́чь (*pf.*) to achieve, attain
до́ступ access
досту́пный accessible
до́хнуть to die (of animals)
дохо́д income
дража́йший dearest
дра́ка fight
дра́ться to fight
дре́вний ancient
дрова́ firewood
дро́жжи yeast
дру́жба friendship
дуга́ arc
дура́к fool
дурно́й bad
дух spirit
духо́вный spiritual
душа́ soul
душе́вный sincere, heartfelt
душераздира́ющий bloodcurdling
ды́рочка (*dim.*) small hole
дыша́ть to breathe

## Е

еда́ food
еди́нственный only
еди́ный alone
ежего́дно yearly
ежедне́вно daily
еженеде́льник weekly publication
езда́ drive
е́ле hardly; scarcely

## Ж

жа́жда thirst; craving
жа́ждать to thirst for, crave
жале́ть to pity
жа́ловаться to complain
жа́лость (*f.*) pity
же́нственность (*f.*) femininity
же́ртва victim; sacrifice
же́ртвенность (*f.*) self-sacrifice
жи́вопись (*f.*) painting
живо́тное animal
жили́ще dwelling
жильё (*coll.*) living quarters, place to live
жу́ткий frightful
жу́тко frightening

## З

заба́вный funny, amusing
забере́менеть (*pf.*) to become pregnant
забива́ть to hammer in
забо́р fence
забо́та care, concern; care, worry
забо́титься to care about
забо́тливый thoughtful, considerate
забра́сывать to throw
забра́ть (*pf.*) to take away
забы́ться (*pf.*) to forget oneself
заведе́ние institution
заверше́ние completion
заверши́ться (*pf.*) to be completed
заверя́ть to assure
зави́сеть to depend
зави́симость (*f.*) dependence
за́висть (*f.*) envy
заво́дик (*dim.*) factory
завоёвывать to conquer
зага́дить (*pf.*) to foul, dirty, pollute
загла́вие title
заглуша́ть/заглуши́ть to deaden
загля́дывать to look (into)
заголо́в(о)к heading
грани́ца foreign countries
загранпла́вание foreign sea voyage (*abbrev. of* загранй́чное пла́вание)
загрязня́ть/загрязни́ть to pollute
заду́мываться/заду́маться to ponder; to be lost in thought
задуше́вный intimate
зажму́риться (*pf.*) to squint
заказа́ть (*pf.*) to order
зака́нчиваться to end
закипа́ть to become agitated, wrought up
заключа́ться to consist of; to lie in
заключе́ние imprisonment
заколеба́ться (*pf.*) to hesitate
зако́н law
законода́тель (*m.*) legislator
закономе́рность (*f.*) regularity, pattern
закоу́л(о)к back street
заку́сочная snack bar
зало́жен put, placed (deep into something)
зама́лчивать to keep quiet about
заме́на replacement
заменя́ться to be replaced by
замести́тель (*m.*) deputy
заме́тно noticeable

замеча́тельный remarkable
замеча́ть to notice
за́мкнутый secluded
зам(о́)к lock
замо́лкнуть (*pf.*) to die away
заму́жество marriage (of a woman)
заму́чить (*pf.*) to torment, wear out
занести́ (*pf.*) to enter
за́ново all over again
заня́ться (*pf.*) to be occupied with; to take up
запасно́й spare
за́пах smell
запира́ть to lock
за́пись (*f.*) recording
запо́лнить (*pf.*) to fill; to fill out
запреща́ть/запрети́ть to forbid
запча́сть (*f.*) spare part (*abbrev. of* запасна́я часть)
зараба́тывать to earn
заража́ть/зарази́ть to infect
зара́нее in advance
зарубе́жный foreign
зарыва́ть to bury
заси́лье domination
заслу́га achievement
засну́ть (*pf.*) to fall asleep
заставля́ть/заста́вить to force
заста́ть (*pf.*) to find
засте́нчивый shy
засыпа́ть to fall asleep
зате́м then
затемнённый darkened
затиха́ть to quiet down
зато́ but; on the other hand
затолка́ть (*pf.*) to push, shove
захва́тывать to thrill, engross
захлёстывать to sweep over
захуда́лый run-down
зачи́слить (*pf.*) to enter, record
защити́ть (*pf.*) to defend
заявля́ть/заяви́ть to announce, state
зва́ный invited
звон(о́)к phone call
звук sound
звуча́ть to sound, be heard
зде́шний of this place, local
здоро́вье health
здра́вие (*arch.*) health
здравоохране́ние health care
землетрясе́ние earthquake
земля́ earth
земно́й the earth's
зле́йший worst
зло evil
злой cross, mean
значе́ние meaning, significance
зна́чит (*part.*) so; then
золото́й gold
зре́лость (*f.*) maturity
зре́ние sight

## И

ибо for; as
игла́ needle
изба́вить (*pf.*) to save (from); to deliver (from)
избра́ть (*pf.*) to choose
избы́т(о)к excess
изве́чный primeval, age-old, ancient
издава́ться to be published
изда́ние publication

издре́вле from time immemorial
изли́шний excessive
излуче́ние radiation
измене́ние change
измени́ть (*pf.*) to change
изме́рить (*pf.*) to measure
изму́ченный worn out, exhausted
изнаси́ловать (*pf.*) to rape
из-под out from under
изумле́ние amazement, astonishment
име́ть to have
име́ться to be, exist; to be available
иногоро́дний from another city
ино́й other, another
интерна́т boarding school
иска́ние search, quest
исключи́тельно exclusively
и́скренность (*f.*) sincerity
исполня́ть/испо́лнить to perform; исполниться indicates attainment of a certain age
испо́льзовать (*impf. & pf.*) to use
исправле́ние correction
испыта́тельный trial
испы́тывать/испыта́ть to experience; to feel
иссле́дование research
истека́ть (кровью) to bleed profusely
истле́ть (*pf.*) to rot, decay
исто́чник source
истра́тить *pf. of* тра́тить
исходя́ proceeding from
исчеза́ть/исче́знуть to disappear
ито́г conclusion

**К**

каба́к tavern
кайф (*sl.*) high
как-нибу́дь sometime
ка́к-то somehow
ка́м(е)нь (*m.*) stone, rock
ка́пелька drop, grain
ка́пля drop
карма́нный pocket
каса́ться/косну́ться to touch; to concern
ката́ние riding
ка́федра department (of a university)
ка́чество quality
кве́рху upwards
ке́гля bowling pin
кида́ться to throw oneself; to rush
кики́мора nightmare; fright
кирпи́чный brick
ки́слый sour
кла́вишник keyboardist
клюв beak
кни́жица (*dim.*) book
князь (*m.*) prince
коле́но knee
колесо́ wheel
коли́чество quantity
коло́ть to inject
кольцо́ ring
конь (*m.*) horse
констати́ровать to state
концла́герь (*m.*) concentration camp (*abbrev. of* концентрацио́нный ла́герь)
коренно́й native; fundamental
корм food
корми́ть to feed
коро́ва cow

ко́свенно  indirectly
косну́ться  *pf. of* каса́ться
кость  (*f.*) bone
кошел(ё)к  purse
кра́жа  theft
кра́йне  extremely
кра́тко  briefly
кра́шеный  wearing makeup
кре́стик  (*dim.*) cross
креще́ние  baptism, christening
кро́вный  vital
кровь  (*f.*) blood
кро́ме  except; besides, in addition to; кро́ме того besides, in addition
кро́шка  crumb
кругозо́р  outlook
круго́м  (*adv.*) around
круг  circle
круж(о́)к  club
кру́пный  large; important
крути́ть  to twirl
кры́ша  roof
кря́кнуть  (*pf.*) to quack
ку́рица  chicken
ку́рточка  (*dim.*) jacket
кус(о́)к  piece
ку́щи  (*pl.*) abode

## Л

ла́герь  (*m.*) camp
лад  way
ла́дно  okay
ла́пка  (*dim.*) paw
лар(ё)к  booth
ла́ска  caress
ла́сковый  affectionate, tender
легкомы́сленный  frivolous
л(ё)д  ice
лечи́ть  to treat
ли́бо  or
листа́ть  to leaf through
ли́ть  to pour
ли́чико  (*dim.*) face
ли́чность  (*f.*) person; personality
ли́чный  personal
лиши́ть  (*pf.*) to deprive
лишь  only
лоб  forehead
лови́ть  to catch
ло́вко  adroitly
ло́зунг  slogan
лу́жа  puddle
луч  ray
любе́зный  kind; gracious
люби́тель  (*m.*) lover
любо́вник  lover, paramour
любопытство  curiosity
лягу́шка  frog

## М

мальчо́нка  (*dim.*) boy
ма́рка  make, model
машини́стка  typist
мгла  gloom, darkness
мгнове́ние  instant
ме́бельщик  furniture maker
меня́ть  to change
мече́ть  (*f.*) mosque
милосе́рдный  merciful
мир  world
мне́ние  opinion
многора́зовый  multiple-use
многосло́вный  verbose
многочи́сленный  numerous
мно́жество  a great number
мо́да  fashion
мо́кнуть  to get wet
моли́ться  to pray
молодёжь  (*f.*) youth, young people
молодожёны  newlyweds
мо́лодость  (*f.*) youth
молча́ть  to be silent
монасты́рь  (*m.*) monastery

мора́ль (*f.*) morals; morality
мордобо́й fistfight
моро́з frost
морско́й marine
мудре́ц wise man, sage
му́дрость (*f.*) wisdom
мужи́к (*coll.*) man, guy
мука́ flour
му́сор garbage
мусоропрово́д garbage chute
му́тный turbid, murky
мы́слить to think
мысль (*f.*) thought
мышле́ние (*also* мы́шление) thinking
мя́млить (*coll.*) to mumble

## Н

набе́г foray
набра́ть (*pf.*) to accumulate
наблюда́ть to observe
наве́рно probably (*also* наверное)
наверняка́ (*coll.*) for sure
наводне́ние flood
навя́зывать to impose
нагля́дный graphic
наде́жда hope
надёжный reliable
наде́яться to hope
надое́сть (*pf., impers.*) to be tired of, sick of
надры́в emotional outburst
наедине́ alone
наибо́лее the most
нака́зывать to punish
накану́не the day before
наклони́ться (*pf.*) to bend down
накло́нность (*f.*) inclination
нала́диться (*pf.*) to take shape, work out
нала́живать to adjust
налётчик robber
налома́ть (*pf.*) to break (a quantity of something)
наме́рение intention
нападе́ние attack
напа́дки attacks
напа́костить (*pf.*) to do (a quantity of) nasty things
напа́сть (*pf.*) to attack
напе́в tune, melody
напеча́тать (*pf.*) to print
напра́вить (*pf.*) to direct
направле́ние direction; trend
наприме́р for example
населе́ние population
наси́лие violence
наско́лько as far as
наслажда́ться to enjoy
наста́ивать to insist
настоя́щий present, this; real
настрое́ние mood
насты́рный (*sl.*) insistent
насчёт concerning
насчи́тываться to number
насы́тить (*pf.*) to sate
нача́льник boss, chief
не́бо sky
неблагоприя́тный unfavorable
небыли́ца tall story
неве́жество ignorance
неве́рность (*f.*) infidelity
невероя́тный unbelievable
неве́стка daughter-in-law
неви́нный innocent
негодова́ть to be indignant
недви́жимость (*f.*) real estate
недоста́т(о)к defect
недоумева́ть to be puzzled
нежела́нный unwanted
нежный tender
незави́симый independent

незаме́тно without being seen
незауря́дный outstanding
незащищён defenseless
незначи́тельный insignificant
неизве́данный unexplored
неизъясни́мый inexpressible
неисповеди́мый inscrutable
нема́мин not mother's
ненави́деть to hate
необеспе́ченность (*f.*) neediness
необяза́тельный optional
неоднозна́чно ambiguously
неожи́данный unexpected
неопра́вданный unwarranted
неподалёку not far away
непоправи́мый irreparable
непосре́дственный immediate; direct
непостижи́мый incomprehensible
непреме́нно definitely
неприхотли́вый unpretentious; simple, plain
неприя́тности (*pl.*) trouble
несмотря́ in spite of
несовершенноле́тний minor (under age)
несостоя́тельность (*f.*) bankruptcy
несча́стье misfortune
неудо́бно uncomfortable; awkward
неуже́ли (*interrog. part.*) really; is it possible
нечленоразде́льный unintelligible
нижена́званный below-named
низы́ (*pl., coll.*) lower classes
низкопро́бный second-rate
нищета́ poverty
нове́йший newest
нра́вственный moral
нутро́ — не по нутру́ not to one's liking
ны́не (*arch.*) nowadays
ню́хать to sniff

## O

обедне́ть (*pf.*) to become poor
обе́их *gen., acc., prep. of* обе both
обеспе́чить (*pf.*) to ensure; to provide for
обко́м regional committee (*abbrev. of* областно́й комите́т)
облада́ть to possess
о́блако cloud
облегча́ть/облегчи́ть to ease
о́блик countenance
обма́нывать to deceive
обме́н exchange
обнару́жить (*pf.*) to discover
обнови́ть (*pf.*) to renew
обня́ть (*pf.*) to embrace
обожа́ть to adore
обокра́сть (*pf.*) to rob
оболва́нивать (*coll.*) to make a fool of
обора́чиваться to turn around; to look around
оборо́на defense
обору́дованный equipped
о́браз image; way
образова́ть (*pf.*) to form
образова́ние education
обраща́ть/обрати́ть to turn; to direct; — обраща́ть внима́ние to pay attention

обраща́ться/обрати́ться (*pf.*) to address
обре́занье circumcision
обруча́льный engagement
обру́шиваться to come tumbling down
обры́в(о)к snatch
обря́д ritual
обслу́живание service
обсо́хнуть (*pf.*) to dry off
обстано́вка situation
обстоя́тельство circumstance
обсужда́ть/обсуди́ть to discuss
обсчи́тывать to shortchange
обурева́ть to grip
обусло́влен caused
обуча́ть to teach
обуче́ние instruction
обходи́ть to go around
обща́ться to socialize (with)
обще́ние association, contact
обще́ственный social
о́бщество society
о́бщий general; common; — в о́бщем on the whole
объявле́ние announcement
объедине́ние association
объясня́ть/объясни́ть to explain
объясня́ться to have a talk with
обы́денный ordinary, everyday
овдове́вший widowed
огля́дываться to look around
оговори́ться (*pf.*) to point out in advance
ог(о́)нь (*m.*) fire
огоро́д vegetable garden
огра́бить (*pf.*) to rob
ограни́чить (*pf.*) to restrict
огро́мный enormous
огу́рчик (*dim.*) cucumber
одина́ковый identical
одино́чество loneliness
одна́ко however
одобря́ть to approve
одурма́нить (*pf.*) to dull one's mind, cloud one's mind
озабо́чен concerned
ока́зывать/оказа́ть to exert; to have
ока́зываться/оказа́ться to turn out
о́коло about
око́нчить (*pf.*) to graduate
окра́ина outskirts
о́крик shout, cry
окружа́ть to surround
оле́нь (*m.*) deer
онани́ст masturbator
онеме́ть (*pf.*) to be dumbfounded
опа́сность (*f.*) danger
опи́сывать/описа́ть to describe
опла́та payment
опозда́ние lateness
определённый definite
определя́ть/определи́ть to define
опро́с poll, survey
опрости́ться (*pf.*) to become simple
о́пыт experience
ору́жие arms; weapons
освобожда́ть/освободи́ть to free
осироте́ть (*pf.*) to be orphaned
оскалённый bared
оскорби́ть (*pf.*) to insult
осла́бнуть (*pf., coll.*) to weaken

осмéлиться (*pf.*) to dare
оснóва basis
основáтель (*m.*) founder
основнóй basic; main
оснóвываясь basing oneself
осóба person
осóбенный special
осóбенность (*f.*) distinctive feature
осóбый special
осознавáть to realize
оставля́ть/остáвить to leave
остальнóй remaining
óстров island
óстрый sharp
осуждáть to condemn
ось (*f.*) axis; axle
ответственный responsible
отдавáть/отдáть to hand over; to devote; to cast
отдáться (*pf.*) to give oneself up (to)
отдéл department
отделéние department
отéчество fatherland
отзы́вчивый responsive, kindhearted, sympathetic
откáзываться/отказáться to refuse
отключённый turned off
откровéнный sincere
отличáться to differ
отмéрен allotted
отмечáть to celebrate
отнести́сь *pf. of* относи́ться
отнимáть to take away
относи́тельно concerning
относи́ться/отнести́сь to have an attitude toward
отношéние attitude; relation; — в этом отношéнии in that regard
оторопéвший dumbfounded
отправля́ть/отпрáвить to send
отправля́ться/отпрáвиться to leave; to set out
óтпуск vacation
отравлéние poisoning
отражáть to reflect
отрéчься (*pf.*) to renounce
отрицáть to reject
отры́в(о)к excerpt
отстáвка retirement
отстáлый backward
отстоя́ть (*pf.*) to let stand
отсýтствовать to be absent
оттáлкивать to repel
оттóченный finely honed
отутю́жен ironed
отхóды (*pl.*) waste
отчáсти in part
отчáяться (*pf.*) to despair
охвáтывать to engulf
охóтиться to hunt
охрáна protection; guard

## П

пáдать/упáсть to fall
пáмятник monument
пáмять (*f.*) memory
пáр(е)нь (*m.*) (young) guy
пар steam
Пáсха Easter
пахáть to plow
пéна foam
перевёрнут turned over
переворóт coup
переговáриваться to converse
перегоня́ть to drive
передавáть/передáть to transmit; to hand over
передáча program

передвига́ться to move about
перека́тываться to roll over
переключи́ться (*pf.*) to switch
перело́мный critical
переме́на change
перепи́сывать/переписа́ть to rewrite; to copy
перепо́лненный crowded
переры́в break
переселе́ние transmigration
переспа́ть (*pf.*) to sleep with
переста́ть (*pf.*) to stop
перестро́йка reconstruction
перехо́д transition
петля́ть to weave
печа́ль (*f.*) sadness
печа́тать to print
печа́ть (*f.*) print
печь (*f.*) stove
пита́ние food
пита́тельный nourishing
пла́вный smooth
плач cry
плита́ stove
плоть (*f.*) flesh
побе́да victory
побежда́ть to win
поведе́ние behavior
пове́рхность (*f.*) surface
повле́чь (*pf.*) to lead
повлия́ть (*pf.*) to influence
по́вод grounds; cause; reason
повора́чивать to turn
поворо́т change; turning point
повреди́ть (*pf.*) to harm
повседне́вно daily
повсю́ду everywhere
повыша́ть to raise
пого́ня pursuit
подбро́с toss
подводи́ть/подвести́ to lead up to; — подводи́ть ито́ги to sum up
поддава́ться/подда́ться to yield
по́дданный subject
подде́лка forgery
подде́рживать/поддержа́ть to support
подде́ржка support
поде́йствовать (*pf.*) to affect
поджима́ть to draw up
подкреплён reinforced
по́длинный true, genuine
по́длость (*f.*) meanness, baseness
подо́бный similar
подобра́ть (*pf.*) to select
подозрева́ть to suspect
подо́лгу for a long time
подорожа́ть (*pf.*) to become more expensive
подо́шва sole
подпева́ть to sing along
подразумева́ть to mean, have in mind
подраста́ть to grow
подра́ться *pf. of* дра́ться
подро́бность (*f.*) detail
подро́ст(о)к adolescent
подря́д in a row
подта́ять (*pf.*) to melt slightly
подтверди́ться (*pf.*) to be confirmed
подхвати́ть (*pf.*) to catch
подчеркну́ть (*pf.*) to emphasize
пожа́луй possibly
пожа́р fire
пожа́ть (*pf.*) to reap
позабо́титься (*pf.*) to care for

позави́довать (*pf.*) to envy
позади́ behind
позаре́з urgently
позво́лить (*pf.*) to permit
познава́ться to become known
позо́р disgrace
по́иск search
пойма́ть (*pf.*) to catch
пока́ while; пока́ не until
пока́з showing
поки́нуть (*pf.*) to leave, forsake
покло́нник admirer, fan
поко́й peace
поколе́ние generation
поко́рный submissive
покоря́ть to win the heart of
пол sex
полго́да half a year
поле́зный useful
полёт flight
по́лностью completely
полноце́нный full-fledged
по́лный full; complete
положе́ние position
положи́тельный positive
положи́ться (*pf.*) to rely
полоса́ stripe
полоса́тый striped
полоте́нце towel
по́льзоваться to use
помертве́ть (*pf.*) to become numb
помести́ть (*pf.*) to place
поми́мо besides
поминове́ние remembrance
помири́ться (*pf.*) to make up (with)
по́мощь (*f.*) help
понача́лу at first
понести́сь (*pf.*) to dash off
поню́рить (*pf.*) to hang (one's head)
поны́не until now
поня́тие concept
попада́ть/попа́сть to get to; to get into
попы́тка attempt
поража́ть/порази́ть to strike; to astonish
порезви́ться (*pf.*) to romp
по́ровну equally
поро́г threshold
породи́ть (*pf.*) to give birth to
порохово́й powder
порош(о́)к powder
поря́дочный honest, decent
посади́ть (*pf.*) to imprison
посвяти́ть (*pf.*) to dedicate
посёл(о)к village
посети́ть (*pf.*) to visit
посе́ять (*pf.*) to sow
посла́ние message
после́дний last
после́дствие consequence
послу́шный obedient
посо́бие benefits
посре́дством by means of
постановле́ние decree
постепе́нно gradually
посторо́нний outside
постоя́нно consistently
постига́ть to cut
поступа́ть/поступи́ть to enter
посуди́ть (*pf.*) to judge
поте́ть to perspire
потихо́ньку (*coll.*) slowly
пото́к flood
поторо́пливаться (*coll.*) to hurry
потра́тить *pf. of* тра́тить
потреби́ть to consume
потре́бность (*f.*) need
потре́скаться (*pf.*) to crack
потрясти́ (*pf.*) to shock; to stun

похло́пать (*pf.*) to slap
поцелу́й kiss
по́чва soil
почётный honored
почини́ть (*pf.*) to fix
почита́тель (*m.*) admirer
по́шлый vulgar
пошуме́ть (*pf.*) to make noise
появля́ться/появи́ться to appear
пра́ведник righteous person
прави́тельство government
пра́во right
правоохрани́тельный law-enforcement
преврати́ться (*pf.*) to turn into
превыша́ть to exceed
прегра́да obstacle
пре́данный devoted
преда́тельство betrayal
пре́дки ancestors
предлага́ть/предложи́ть to propose
предло́г pretext
предложе́ние proposal
предме́т subject
предназначе́ние destiny
предоставля́ть to grant
предохраня́ть to protect
предполага́ть to suppose
предпосы́лка prerequisite
предпочита́ть/предпоче́сть to prefer
предпринима́тель (*m.*) entrepreneur
предприя́тие enterprise
председа́тель (*m.*) chairman
предсказа́ть (*pf.*) to predict
представля́ть/предста́вить to introduce; ~ себе to imagine; — представля́ть собо́й to be
представле́ние idea; performance
предупрежда́ть/предупреди́ть to warn
предчу́вствие premonition
презре́ние contempt
преиспо́лнить (*pf.*) to fill
преклоня́ться to worship; to revere
прекра́сный beautiful; excellent; wonderful
прекрати́ться (*pf.*) to stop
пре́мия prize
преодоле́ние overcoming
преподноси́ть to present
препя́тствовать to prevent, hinder
прерыва́ть to interrupt
пресле́довать to persecute
преслову́тый notorious; famous
преувели́чивать to exaggerate
преуспева́ть to thrive
приблизи́тельно approximately
при́быль (*f.*) profit
привиде́ние ghost
привлека́ть/привле́чь to attract
привя́занность (*f.*) attachment
пригова́ривать to repeat
приём reception
приёмник (radio) receiver
призна́ться (*pf.*) to confess
призы́в appeal
прикрыва́ть to cover up
применя́ть to use
приме́р example
приме́рно about, approximately
принадлежа́ть to belong
принужда́ть to force
приобрести́ (*pf.*) to acquire

приобщи́ться (*pf.*) to join; enter into; to become a part of
приподня́ть (*pf.*) to raise slightly
при́стальный intent
прису́тствовать to be present
прити́хнуть (*pf.*) to quiet down
прихвати́ть (*pf.*) to grab
причём in which connection (often not translated)
причи́на reason
пробо́р part (in hair)
пробра́ться (*pf.*) to make one's way
провали́ться (*pf.*) to fail
про́вод phone line
продолжи́тельный prolonged
прои́грывать/проигра́ть to lose
произведе́ние work
происходи́ть/произойти́ to happen
происхожде́ние origin
прокажённый leper
проколо́ть (*pf.*) to puncture
прокрича́ть (*pf.*) to shout
промока́тельный blotting
промы́шленность (*f.*) industry
прописка residence permit
пропове́довать to preach
про́пуск pass
просвеще́ние elightenment
прости́ть (*pf.*) to forgive
просту́женно showing the effects of a cold
проти́вный disgusting
противозача́точный contraceptive
противополо́жный opposite
противоре́чить to contradict
проти́скиваться to squeeze
протя́гивать/протяну́ть to hold out
прохуди́вшийся worn out
процвета́ть to flourish
проче́сть (*pf.*) to read
проявля́ть to show
проявля́ться/прояви́ться to reveal itself
проявле́ние manifestation
прямота́ directness
пря́тать/спря́тать to hide
пуга́ть to frighten
пу́говица button
пустота́ emptiness
пусть (*part.*) let
путь (*m.*) path
пу́ще (*coll.*) more
пыта́ться to try
пята́к (*coll.*) five-kopeck piece

**Р**

ра́венство equality
равни́на plain
равнопра́вие equal rights
ра́довать to gladden
ра́дость (*f.*) joy
разби́ть (*pf.*) to lay out
разбо́й robbery
разва́л collapse
развали́ться (*pf.*) to collapse
разви́тие development
развлече́ние amusement
разводи́ться to get divorced
развора́чиваться to unfold
развра́т debauchery
разга́р height
раздели́ть (*pf.*) to share, divide
раздража́ть to irritate

рази́тельный striking
разли́чие difference
размышля́ть to reflect
ра́зница difference
разнови́дность (*f.*) variety
разну́зданность (*f.*) rowdiness
разочаро́вываться/разочарова́ться to become disappointed
разру́шить (*pf.*) to destroy
ра́зум reason; intellect
разуме́ется of course
разу́мный rational
разъясня́ть to clarify
рак cancer
ра́на wound
раскла́няться (*pf., coll.*) to take leave of
раскрыва́ться to be uncovered
раску́плен sold out
распа́д breakup
распоряже́ние order
распространя́ть to distribute
распусти́ть (*pf., coll.*) to let get out of hand
распу́щенность (*f.*) dissipation
рассвести́ (*pf.*) to dawn
рассерди́ться (*pf.*) to get angry
рассле́довать to investigate
расслое́ние stratification
рассмотре́ние examination
расстра́ивать to upset
рассу́дочность (*f.*) rationality
раста́ять (*pf.*) to melt
расте́ние plant
растере́ть (*pf.*) to grind
расхоте́ться (*pf.*) to lose all desire
расце́нка price
расчёт calculation
расчётливый calculating
ра́товать to advocate
ревнова́ть to be jealous
режиссёр director
ремонти́ровать to repair
реше́ние solution, decision
ро́дина motherland
рожа́ть/роди́ть to give birth
ро́зыск investigation
рост growth
рубе́ж border
руководи́тель (*m.*) director
руково́дство direction
рукопожа́тие handshake
ру́хнуть (*pf.*) to collapse (suddenly)
ру́шиться to collapse
рыбопромы́шленный fishery
ры́н(о)к market

## С

самобы́тный distinctive
самонаблюде́ние introspection
самоотве́рженность (*f.*) selflessness
самостоя́тельный independent
самоуби́йство suicide
самоуве́ренный self-assured
сапо́жник shoemaker
сбыться (*pf.*) to come true
сва́дьба wedding
свари́ть *pf. of* вари́ть
сверка́ть to sparkle
све́рстник person one's own age

свершúться (*pf.*) to happen
свидéтельствовать to bear witness
свинúна pork
свинцóвый lead
свободолюбúвый freedom-loving
своеобрáзный distinctive
свóйственный characteristic
связáть (*pf.*) to connect
связь (*f.*) connection
свящéнник priest
священнослужúтель cleric
сгущёнка evaporated milk
сдвиг shift
сдéржанный restrained
седéть to turn gray
сердéчность (*f.*) warmth, cordiality
сéрдце heart
серебрó silver
серёжка (*dim.*) earring
сжать (*impers.*) to constrict
симпатя́га nice guy
synя́к black-and-blue mark
сказáться (*pf.*) to have an effect on
скáзка fairy tale
скáзочный fantastic
склад warehouse
склáдывать/сложúть to fold
склáдываться/сложúться to develop, take shape
склóнный inclined
сковáть (*pf.*) to forge together, unite; to chain
скрúпка violin
скрóмный modest
скрывáть/скрыть to hide
скýка boredom
слáбый weak
слáвный glorious
следúть to follow
слéдователь (*m.*) investigator
слéдовательно consequently
слéдовать to follow
слеза tear
слóвно as if
сложúть *pf. of* склáдывать
слóжный complicated
слой level
ломáться to break
слýжащий office worker
слýжба service
служúть to serve
слýчай incident
случáйно accidentally
случáться/случúться to happen
смекáлка native intelligence
сменúться (*pf.*) to be replaced
смертéльный mortal
смерть (*f.*) death
смýтный vague
смысл meaning
снóва again
сня́тие removal
соблюдáть to observe, abide by
собóр cathedral
сóбственность (*f.*) private property
сóбственный one's own
событие event
совершáть/совершúть to make; to commit; to carry out; to accomplish
совершéнно completely
сóвесть (*f.*) conscience
совмéстный joint
совсéм quite; entirely; совсéм не not at all
соглашáться to agree
согревáть to warm
содержáние content

содержа́ть to support
соедини́ть (*pf.*) to join
создава́ть/созда́ть to create
созрева́ние maturation
сократи́ться (*pf.*) to reduce
сомнева́ться to doubt
сообщи́ть (*pf.*) to report
соотве́тствие accordance
соотве́тствовать to conform
соотéчественник compatriot
сопровожда́ться to be accompanied by
сосло́вие class
сосно́вый pine
состоя́ние state; condition
сотру́дник colleague
спад decline
спасти́ (*pf.*) to save
спирт alcohol
спи́с(о)к list
сплéтничать to gossip
сплошно́й continuous
сполза́ть to fade
спо́соб way, method
спосо́бность (*f.*) ability
спосо́бный bright, talented; capable
справедли́во justly
спра́вка certificate
справля́ться to cope with
спря́тать *pf. of* пря́тать
спуска́ть (*coll.*) to forgive
спустя́ after
сравне́ние comparison
сравни́тельно comparatively
сре́дство means; way
сро́чно urgently
ссо́риться to quarrel
ссыла́ться to refer
ста́лкиваться to encounter
стара́ться to try
старина́ old times
старич(о́)к (*dim.*) old man
старожи́л long-time resident
сте́пень (*f.*) degree
стерпе́ться (*pf., coll.*) to come to accept
стесня́ться to be embarrassed
стира́ть to wash (clothes)
сти́снуть (*pf.*) to grit
сто́имость (*f.*) cost
сто́йкий staunch
сторона́ side; — с друго́й стороны́ on the other hand
страда́ть to suffer
страна́ country
страсть (*f.*) passion
страх fear
стрелко́вое ору́жие small arms
стреля́ть to shoot
стреми́ться to strive for
стро́йка construction site
стро́йный trim
ступе́нь (*f.*) step
стыд shame
стыди́ться to be ashamed
суда́ *pl. of* су́дно ship
суди́ть to judge
су́дорожно feverishly
судьба́ fate
сужде́ние opinion
сумато́ха commotion
сумасше́дший crazy
суме́ть (*pf.*) to be able to
су́нуть (*pf.*) to stick
суро́вый severe
существо́ being; creature
существова́ть to exist
су́щность (*f.*) essence
схлы́нуть (*pf., fig.*) to subside rapidly
счастли́вый happy
сча́стье happiness
счита́ть to consider

сы́змальства since childhood
сырьё raw materials

## Т

та́йна secret
тамо́женник customs official
таре́лка plate
тахта́ daybed
твори́ть to create
те́ло body
темнота́ darkness
терпели́вый patient
терпи́мо tolerantly
тёртый worn-out
те́сный close
тече́ние — в тече́ние in the course of
тле́ние decay
то́нкий thin
торга́ш dealer
торго́вля trade
тоска́ melancholy; boredom
то́чка point; — то́чка зре́ния point of view
то́чный exact
тра́тить to spend
тре́бовать to demand
трево́га fear, anxiety
трево́жный alarming
тре́звый sober
Тро́ица Trinity
труд work, labor
тру́дность (*f.*) difficulty
ту́ча cloud
тща́тельный careful, painstaking
тюрьма́ prison
тя́готы (*pl.*) rigors
тяжёлый hard, difficult; heavy
тяну́ть to pull; to speak hesitantly
тяну́ться to be drawn to

## У

убежде́ние conviction
убере́чься (*pf.*) to guard against
уважа́ть to respect
увели́чиваться to increase
уве́рен sure
увлека́ться/увле́чься to be fascinated by, enthusiastic about
уво́лить (*pf.*) to fire
уговори́ть (*pf.*) to convince
уго́да — в уго́ду to please
уго́дно anything; whatever you like
уголо́вный criminal
угол(о́)к (*dim.*) corner
угоня́ть/угна́ть to steal (a car)
угрожа́ть to threaten
угро́за threat
удава́ться/уда́ться to be successful; (*impers.*) to succeed
удаля́ться to withdraw from
уда́рник drummer, percussionist
уделя́ть to devote
удержа́ться (*pf.*) to restrain oneself
удивля́ть/удиви́ть to surprise
удово́льствие pleasure
у́жас horror; terror
у́зкий narrow
узнава́ть/узна́ть to recognize; to find out
ука́зывать/указа́ть to indicate, point out
укла́д system
уко́л injection
укра́сть *pf. of* красть

улу́чшить (*pf.*) to improve
ум mind, intellect
уменьша́ться/уме́ньшиться to decrease
умира́ть to die
умопомраче́ние daze
умудря́ться (*coll.*) to manage (to)
уни́зить (*pf.*) to demean
уника́льный unique
уничтожа́ть to destroy
упа́д(о)к decline
упа́сть *pf. of* па́дать
упе́ршись planted firmly
упира́ться to balk; to resist
упомина́ть/упомяну́ть to mention
упо́рно persistently
употребля́ть to use
упря́мый stubborn
у́ров(е)нь (*m.*) level
уро́д monster
уро́дливый distorted
усло́вие condition
услу́га service
успоко́ить (*pf.*) to calm
установи́ть (*pf.*) to establish
устано́вка precept
устаре́ть (*pf.*) to become obsolete
усто́йчивый stable
устро́иться (*pf.*) to get settled
уступи́ть (*pf.*) to give up
усугубля́ться to become (even) worse
утвержда́ть to maintain; to assert
уте́шить (*pf.*) to console
уткну́вшись buried
утоми́тельно tiring
утра́тить (*pf.*) to lose
уха́живать to care for; to court
ухвати́ться (*pf.*) to grab
уча́ствовать to take part in
участи́ться (*pf.*) to become more frequent
уча́ст(о)к plot (of land)
уче́ние teaching
учрежде́ние institution
у́шлый cunning, shrewd
ую́т comfort
уязви́мый vulnerable

## Ф

фа́ра headlight
фо́рточка hinged window

## Х

ха́нжество self-righteousness
хвата́ть to be enough
хлы́нуть (*pf.*) to pour
хозя́ева *pl. of* хозя́ин master
холм hill
холосто́й bachelor
хор chorus
хорово́д round dance with singing
храм temple
храни́ть to preserve
хромота́ lameness

## Ц

ца́рство kingdom
цветно́й colored
целико́м wholly
целому́дрие chastity
цель (*f.*) goal
цени́ть to appreciate; to value
це́нность (*f.*) value
цепене́ть to become numb
цепь (*f.*) chain

## Ч

чади́ть to smoke, emit fumes
части́чка (*dim.*) particle
части́чно partially
ча́стный private
часть (*f.*) part
чередова́ться to alternate
чёрт devil
черта́ trait
че́стный honest
честь (*f.*) honor
чёткий clear, distinct
числó number; — в том числé including
чи́стый clean; pure
член member
чрезме́рный excessive
чу́вство feeling
чудеса́ *pl. of* чу́до miracle
чужóй someone else's; strange, unfamiliar
чу́ткий sympathetic; kind

## Ш

шаг step
шар sphere
ши́на tire
шквал squall
шлюз sluice
шоссé highway
шприц hypodermic needle
штраф fine
шути́ть to joke
шутли́вый humorous

## Щ

ще́дрый generous

## Э

эстра́да stage

## Ю

ю́ноша youth, young man

## Я

явле́ние phenomenon
явля́ться/яви́ться to be
я́вно clearly
я́ркий bright
я́рый fervent
я́сный clear, bright

# PHOTO CREDITS

**Introduction**
Page 1: Bill Swersey/Gamma Liaison.

**Chapter 1**
Opener: A. Tjagny-Rjadno/Trip. Page 9: Courtesy of the Authors.
Page 20: N. Chesnokov/Trip.

**Chapter 2**
Opener: Ovduevsky/MIR Agency. Page 42: B. Turner/Trip.
Page 48: Steve Raymer/Black Star. Page 56: Itar-Tass/Sovfoto/Eastfoto.

**Chapter 3**
Opener: Rita-Novosti/Sovfoto/Eastfoto. Page 68: Buenaventura/The Image Works.

**Chapter 4**
Opener: O. Vlasov/MIR.

**Chapter 5**
Opener: Alexei Antonov/MIR.

**Chapter 6**
Opener: William Brumfield. Page 146: C. Steele-Perkins/Magnum Photos, Inc.
Page 155: Sovfoto/Eastfoto.

**Chapter 7**
Opener: Andanson/Sygma. Page 167: A. Antonov/MIR Agency.
Page 169: A. Antonov/MIR Agency. Page 181: Eric Lars Bakke/Black Star.

**Chapter 8**
Opener: Tass/Sovfoto/Eastfoto. Page 203: S. Ovduevsky/MIR Agency.

**Chapter 9**
Opener: V. Kristoforov/Sovfoto/Eastfoto. Page 232: Courtesy of the Author.